ノーベル経済学賞はとれなくてもかまわない

庄司 進

はじめに

税金の話から始めたい。

ノーベル賞の賞金は所得税の課税対象となるのだろうか。私がノーベル賞をもらう可能性はゼロなので税金の心配をする必要はないのだが、調べてみると、ノーベル賞の賞金は非課税である、ということだ。

所得税法の第9条は「次に掲げる所得については、所得税を課さない。」と規定し、十八の項目を掲げている。その十三号のホに「ノーベル基金からノーベル賞として交付される金品」と明記されている。この文言が追加されたのは1949年（昭和24年）の11月である。この年に湯川秀樹博士が日本人として初めてノーベル賞を受賞している。この日本人初の快挙に対し、課税すべきではないという世論がわきあがり、所得税法が改正されたのだ。

湯川博士のノーベル賞受賞は太平洋戦争の敗戦に打ちひしがれていた日本人に大きな勇気を与えた。戦後復興の契機の一つであった。それ以降、日本人がノーベル賞を受賞するとマスコミに大きくとりあげられるようになったのは私たちのよく知るところだ。

ところで、湯川博士の受賞以来、日本は多数のノーベル賞を獲得してきたが、経済学賞だけは受賞していない。その経済学賞の賞金には、現行法では、課税されることになるのだ。先述したように、「ノーベル基金からノーベル賞として交付される金品」には課税されないが、経済学賞の賞金はノーベル基金から出ているのではなく、スウェーデン国立銀行から出ているからだ。ノーベル経済学賞は、「ノーベル」という名称が付されているが、正式には「スウェーデン国立銀行賞」であり、ノーベル賞とは別物なのだ。

しかし、本家本元のノーベル賞と同じように、いわゆる「ノーベル賞ウィーク」に受賞者が発表されるから、ほとんどの人は経済学賞はノーベル賞とは別物だと思っていないだろう。だとすれば、かりに日本人が経済学賞を受賞すれば、賞金に課税されるのは不公平だという声があがることが予想される。

所得税法第9条十三号へには「外国、国際機関、国際団体又は財務大臣の指定する外国の団体もしくは基金から交付される金品でイからホまでに掲げる年金又は金品に類するもの（給与その他対価の性質を有するものを除く。）のうち財務大臣の指定するもの」という規定がある。したがって、財務大臣が指定すれば課税されない。

おそらく、日本人が経済学賞をとれば、財務大臣が指定して課税されなくなるだろうと私は考えているが、財務省は、いやいや経済学賞はノーベル財団がノーベル賞だと認めていないのだから課税しますよ、と言うかもしれない。

しかし、いまその議論をしなくてもいいだろうと私は考えている。日本人が経済学賞を受賞する可能性はきわめて小さいからだ。永久に受賞できないとまで言うつもりはない。プリンストン大学の清滝信宏教授は有力候補と言われているらしい。しかし、かりに清滝（以下、敬称は略させていただく。）が経済学賞を受賞したとしても、それに続いて日本人が次々と受賞するとは思われない。ノーベル経済学賞は日本人にとっては難しい賞だと言っていい。

ではなぜ日本人はノーベル経済学賞をとれないのか。

最初から結論めいたことを書いてしまうのは少し気がひけるのだが、書いてしまおう。「日本人はなぜノーベル経済学賞をとれないか」という問いに対する私の回答は「日本は特殊な社会であるから」ということだ。

この答えにはかなりの論理の飛躍があるように見える、いや、そもそも論理的でない突飛な見解、と言われるかもしれない。

これから、この突飛な答えについて、つまりなぜ特殊な社会だとノーベル経済学賞に縁がないのかを説明していこうとしている。

それでは、日本の社会はどんなふうに特殊なのか、どういう特質を持っているのか。

また結論めいたフレーズで恐縮だが、日本は宗教とは無縁の社会である、これが日本の社会の特質だと言える。無縁というよりは、日本人の宗教の概念は欧米人とは異なる、といったほうがより正確なのかもしれない。しかし私たちはふだんは宗教について考えることはほとんどない。だから、やはり、日本は宗教には無縁の社会だと言っておこう。

したがって、「日本人はなぜノーベル経済学賞をとれないか」という問いに対する回答は「日本は宗教に無縁の社会であるから」ということになる。

日本の政府要人は、欧米との会合などの場で、よく「同じ価値観を共有し」という決まり文句を連発するが、宗教に対する姿勢を考えてみれば、とても同じ価値観を共有しているとは言えない。

その意味では、日本はアメリカやEU諸国よりは中国や北朝鮮に似ていると言える。G7あるいはG8と呼ばれる先進諸国のなかでキリスト教国家でないのは日本だけだ。G20に拡大するとトルコやサウジアラビアなどのイスラム教国家が入ってくるが、宗教に無縁なのは中国と日本だけだ。G20には韓国も入っている。韓国をキリスト教国家というのには少し無理があるかもしれないが、全人口の三分の一はクリスチャンであるからキリスト教社会であると言っていいだろう、少なくとも日本や中国のような宗教に無縁の社会ではない。

ただし、日本と中国の宗教に対する姿勢は異なっている。中国でも憲法は信教の自由を謳ってはいるが、実際は「宗教事務条例」によって共産党の方針に従うことが求められており信教の自由はない。旧統一教会は認められていないので日本のような問題は起こりえない。一国二制度が崩壊してしまった香港ではプロテスタント団体への抑圧が強まっている。

現代日本では宗教団体が弾圧されることはない。オウム真理教への解散命令は刑事事件を起こしたことによるものであって弾圧ではない。オウム真理教事件のようなことを除けば、日常生活において宗教が意識されることは少ない。日本は先進諸国のなかでは特殊だと言っていい。

最近はそうでもないが日本社会の特殊性がよく議論された時期があった。そのブームのきっかけとなったのは1948年に翻訳出版されたルース・ベネディクトの『菊と刀』ではなかったかと思う。

『菊と刀』における日本人研究は日本に対する戦争の遂行と戦後処理のためのものであったが、しばらくすると、別の目的での日本研究が盛んになった。それは、日本はいかにして経済成長を成し遂げたかという、経済学経営学的視点からの日本社会の研究だ。

まず私たちが注目したのは1958年に出版されたジェームズ・アベグレンの『日本の経営』だ。そこでアベグレンは、日本の企業の特徴として、「終身雇用」、「年功序列」、「企業内組合」を挙げた。このことを私たちは彼に指摘されるまで強く意識してはいなかった。たとえば「終身雇用」は彼の造語であって、それまでの私たちの辞書にはなかった言葉だ。なぜなかったか、それはそれまでの日本では終身雇用があたりまえであったからだ。あたりまえのことを説明する必要はない。

1979年に出版されたエズラ・ヴォーゲルの『ジャパン・アズ・ナンバーワン』では、日本の高度成長の鍵として日本人の学習意欲と読書好きが強調された。これもまた私たちにとってはあたりまえであったが、日本が高度成長を成し遂げたのはユニークな日本人の資質と日本社会のシステムだったのだと思い込むことになった。それはまちがいではなかったが、私たちは外国人の日本人論、日本社会論によって私たちは特殊なのだという思い入れは強くなった。

私もまた『ジャパン・アズ・ナンバーワン』を読んだが、それが出版された当時私は東京四谷の日米会話学院で英語を学んでいた。そのときにアメリカ人のポラックという名前の先生から「あなたたちは、あなたたちが思っているほど特殊ではありませんよ。」と言われた。「あえて特殊だというとすれば、自分たちは特殊だと思い込んでいることが特殊なんですね。」とも言われた。

それからは日本人は決して特殊ではないのだと肝に銘じたつもりだったが、年を経るにつれて、やはり日本人は日本社会はあきらかに違うということを強く感じるようになっていった。私は学校を出てから政府系の金融機関に勤務することになり、いやがおうでも金融、経済、法律を勉強せざるを得なくなったのだが、それらを研究すればするほど、日本と欧米の違いを感じさせられることになった。特に日本の金融システムは、金融先進国といわれるアメリカ、イギリスのそれとはかなり異なるものだ。

私は2013年に『日本の銀行と世界のBANK』という本を出版し、日本と英米の金融システムの相違点について書いた。その中で、「日本で証券市場の発達が遅れたのは日本に神がいなかったからだ。」とおよそ非論理的なことを書いた。このことについては後に詳述するが、英米の金融システムはキリスト教、ユダヤ教に基礎、バックグラウンドがあるということを言いたかったのだ。日本はものづくりでは世界をリードしてきたが金融では欧米の後塵を拝している。それは日本人は一神教の考え方になじめないから、というよりはそもそも一神教を理解していないからだ。

このことが、つまり、宗教、特に一神教になじんでいないということが日本人の日本社会の最大の特質なのだと思い至った。

戦後の外国人による日本人論は日本人の宗教に対する無関心についてはあまりふれていない。1979年に出版されたライシャワーの『ザ・ジャパニーズ』（國弘正雄訳　文藝春秋）は日本人論の白眉だと私は考えているが、宗教については多くは語られていない（ライシャワーは宣教師の息子であったのに！）。「宗教」というセクションはあるが、437ページのうちわずか11ページしかさかれていない。グレゴリー・クラークの『日本人　ユニークさの源泉』（サイマル出版会1977年）は日本社会の特質はグループ社会、集団主義だとした名著であるが、宗教への無関心についてはまったく言及されていない。

それはなぜか。それは彼らの問題意識によっている。『菊と刀』では日本の行動原理を解明すべく日本の文化とはどういうものかアメリカの文化とどう違うのかなどが探られた。『菊と刀』は軍事目的であったが、それ以降の日本論、日本人論は、「日本はなぜ高度成長を成し遂げることができたか」ということが主なテーマになっている。

そしてこの疑問文には「日本はプロテスタント社会ではないのに」という暗黙の前提がある。フランスの外交官、政治家であったアラン・ペイルフィットは『フランス病』(実業之日本社1978年)で、1972年の国民所得が2500ドルを超す15か国のうち13か国(アメリカ、スウェーデン、カナダ、スイス、デンマーク、西ドイツ、ノルウェー、オーストラリア、オランダ、フィンランド、イスラエル、イギリス、ニュージーランド)がユダヤ・プロテスタント国家であり、フランスとベルギーだけが例外であった、と述べている。そして「反宗教改革後、カトリックにとどまった諸国は眠り込んでしまうことになる。他方宗教改革後に、プロテスタント国家はつぎつぎに目覚めていった。」と続けている。

つまり、発展している国はプロテスタント社会だというのが西欧の常識だったのだ。ところがそこに非キリスト教国家である日本が割り込んできた。

ライシャワーは、前掲『ザ・ジャパニーズ』の「宗教」というセクションを次のように始めている。

《もし本書が南アジアないしは中東の民族をとり上げているとすれば、恐らくは宗教についての考察から説きおこすのが妥当であろう。大部分の国々の場合も、もっと早い段階で、より十分な省察を宗教に加えることが必要とされよう。ところが、日本では、宗教はほんの周辺的な地位を占めるにすぎない。》

日本を除いた他の国々では、まず宗教ありき、なのだが、日本はそうではないとライシャワーは言っている。クラークも日本滞在歴は長いからもちろんそのことを知っている。日本が宗教に無関心の社会であることは当然の前提として論を進めている。当然のことだからあえて宗教にはふれていないのだ。

ところが、大部分の国では「まず宗教ありき」ということを、日本人は、自分たちが宗教に関心がないから、充分理解していない。これが問題なのだ。

日本は鎖国していた時期があったが、現代で鎖国できる国家はない。私たちはいやおうなしに外国とつきあうことを余儀なくされている。外国の行動原理を知ることは決定的に重要である。橋爪大三郎の言葉を借りれば「世界は宗教で動いている」のだ。このことを認識していないと諸外国の行動原理はわからない。

日本と最も関係の深い国はどこか、日本にとって最も重要な国はどこか。今後は中国という答えになるかもしれないが、やはりアメリカであることは当分動かないだろう。日本の文化はかなりアメリカナイズされているから私たちはアメリカ文化を身近に感じるが、宗教という観点から眺めれば、日本とアメリカは遠く離れたところにいる、対極にいる。アメリカほど「世界は宗教で動いている」というのにふさわしい国はない。

まずはアメリカとアメリカの支配的な宗教であるキリスト教について考えてみることにしたい。そしてそのあとでキリスト教と資本主義、キリスト教と経済学の関係についてふれることにする。そのなかで、「日本人はなぜノーベル経済学賞をとれないか」という問いに対する答えであった「日本は宗教に無縁な社会であるから」は、「日本はキリスト教社会ではないから」という表現に置き換えられうるということが明らかになるだろう。

CONTENTS
目次

第一章　資本主義十字軍

1　伝道師マッカーサー

大講堂のマリア像

数年前、江田島の旧海軍兵学校跡地を訪れた。現在は海上自衛隊第一術科学校となっている旧海軍兵学校の施設をめぐるツアーがあり、それに参加するためだ。司馬遼太郎の『坂の上の雲』や、阿川弘之の海軍提督三部作、特に最後の『井上成美』は私の愛読書であったので、このツアーに参加して旧海軍兵学校の雰囲気などを味わうことは私の長年の宿願だったのだ。特に教育参考館に展示されている資料は興味をそそるものばかりで私はすっかり満足したのだが、私の個人的感慨は置いておき話を先に進めよう。

案内してくれた海上自衛隊OBは、背筋のピンとした、歩く姿がとても美しい方であったが、その方が、大講堂を案内してくれたときにこう言ったのだ。
「ここは戦後まもなく米軍に接収されたのですが、彼らは演壇にマリア像を置いたんです。軍人なのに信心深いんですねえ。」

彼の言には意外だというニュアンスが感じられたが、私には意外でもなんでもなかった。GHQの最高司令官はマッカーサーであったが、彼は1951年トルーマン大統領に解任されるまで、日本でのキリスト教の普及に尽力した。袖井林二郎の『マッカーサーの二千日』（中公文庫1976年）によれば、マッカーサーは、日本がキリスト教化されるようにというのが自分の希望と信念だとして、アメリカ聖書協会に一千万部の聖書の配布を要請したという。一千万部の聖書は輸送船で日本に運ばれ日本中に配布された。彼は占領軍最高司令官という肩書をもったキリスト教伝道師として日本にやってきたのだ。

旧海軍兵学校の大講堂にマリア像が置かれたのはマッカーサーの指示ではなかったと思うが、袖井によれば、「マッカーサーのまわりには彼におとらぬ熱心な十字軍的信徒が存在し」たというから、像が置かれたのは何の不思議もない。

私には、知力の劣る人間によくありがちな、どうでもいい知識をひけらかしたくなるという悪癖があって、このときも、案内役の海自OBに、それはごく当然のことなのだと、説明しようと思ったが、他の参加者のことを考えてそれは思いとどまった。フェリーでの帰途、美しい瀬戸内海の島々を見ながら、アメリカ軍は日本軍とは根本的に異なるところがあるのだと考えた。

マッカーサー教皇

帝国陸軍にも海軍にも宗教的バックグラウンドはなかった、伝統的にそうなのだ。旧帝国陸軍の高級将校には神道の熱心な信奉者がいたが、外国の占領地に神道を広めることはしなかった。第二次世界大戦前に日本が朝鮮半島に神社を作ったことがあったようだが、それは例外的なもので、帝国軍人は神道の普及に熱心であったとは思えない。

しかし、マッカーサーは異なっていた。彼はエピスコペリアン協会に属する敬虔なクリスチャンであった。彼がいかに信心深い信徒であったかということを示す逸話は、彼について書かれたものにひんぱんに出てくる。たとえば、袖井は前掲書で、「ホイットニーの伝えるところによると、マッカーサーは毎晩寝る前に必ず、愛用の革装バイブルの一章を読むならわしであったという。」と書いている。また、『マッカーサー大戦回顧録』（中公文庫2003年）の訳者津島一夫は「解説」で、「フィリピンのコレヒドール島脱出という瀬戸際でも、家に伝わる聖書を大事に持参している。」と書いている。

マッカーサーより5歳年下だが、第二次世界大戦で、戦車部隊を率い北アフリカからドイツ軍を駆逐したことで有名な、ジョージ・S・パットンという軍人がいた。私ぐらいの年代の人なら「パットン大戦車軍団」という映画を知っているかもしれない。そのパットン将軍は、常に最前線にいて勇猛果敢なことで知られていたが、あるとき戦争神経症で入院治療を受けていた兵士を、「この臆病者！」と怒鳴りつけ殴打したという。

まったく思いやりのない人間のようだが、実はパットンは、讃美歌を歌うのが好きで、米国聖公会の朝の礼拝を空んじていた（ニューヨークタイムズの死亡記事から）という。アメリカでは、勇猛果敢な軍人ほど信心深いのだろうか。

話をマッカーサーに戻す。彼にとってキリスト教は多くの宗教の一つではなかった、至上のものであった。西鋭夫は『國破れてマッカーサー』（中公文庫2005年）で、「マッカーサーにとって、キリスト教は、「アメリカの家庭の最も高度な教養と徳を反映するもの」であった」とし、彼はアメリカとキリスト教を同一視したと書いた。また、半藤一利によれば、彼は「私のするところは、二つの理想にたいする深い信仰から生まれる。すなわちキリスト教と人間の尊厳性である。われわれはいま、それを民主主義と呼んでいる。」と語ったという(『アメリカはいかに日本を占領したか』PHP文庫2019年)。

つまり、マッカーサーにとっては、キリスト教はアメリカであり民主主義であり彼の理想そのものであったのだ。その理想を日本で実現すること、日本を民主化することは神から与えられた使命であった。彼はその仕事にあたっての心構えを、前出の『回顧録』に「私は経済学者であり、政治学者であり、技師であり産業経営者であり、教師であり、一種の神学者でもあることが要求されたのである。」と記した。

マッカーサーという占領軍最高司令官はもはやたんなる軍人ではなかった。袖井は前出『マッカーサーの二千日』で、ジョン・ガンサーの、「今日の世界でキリスト教を代表する二人の指導的人物こそ、自分と法王だとさえ考えている。法王が精神的な面で共産主義と戦っているとすれば、かれは地上でこれと取りくんでいるのだ、という考えだ」という見解を紹介している。

ここでいう「法王」とはローマ教皇のことを指している。「法王」というのは仏教の用語であって、popeの訳語としてはふさわしくない、と日本のキリスト教関係者は従来から指摘していた。1981年のヨハネ・パウロ二世の訪日にあわせて、日本のカトリック司教団は「教皇」に呼称を統一することにしたが、「法王」と「教皇」は混在して用いられてきた。2019年11月のフランシスコ教皇の訪日のさい外務省は呼称を「教皇」に統一すると発表し、各メディアもこれに追随し、「ローマ法王」は「ローマ教皇」と呼ばれることになった。

話が少し横道にそれたので元に戻そう。マッカーサーが自分のことを教皇に匹敵すると明言したとは思えないが、そう考えていたことはほぼまちがいない。それは占領政策の実施において示された彼の強権ぶりに如実に表れている。今ここでマッカーサーが強権を発揮した事例について詳細に述べる余裕はないが、彼の強権が日本に幸いしたことを一つだけあげておきたい。

ソ連はマッカーサーから独立した軍隊によって北海道を占領することを主張したが、彼はソ連の要求をはねつけた。ドイツにおいてはアメリカのほかにもイギリス、フランス、ソ連からも司令官がきていて分割統治が避けられないものになったが、ただ一人の連合国司令官に権力が集中した日本においては、そのような事態にはならなかった。ジョン・ガンサーがいうように、地上の教皇として共産主義と戦ったというわけだ。

その姿勢が最も色濃く出たのが言うまでもなく朝鮮戦争である。デイビッド・ハルバースタムは絶筆となった『ザ・コールデスト・ウインター　朝鮮戦争』（文藝春秋2009年）で、マッカーサーが1951年1月に水原に飛んだとき、詰めかけたジャーナリストたちに、「ここは私が聖戦をスタートさせた場所だ」と語ったことを記している。朝鮮戦争は彼にとって「聖戦」crusadeであったのだ。

もっとも、ソ連や中国の勢力拡大を防ぐ戦いを「聖戦」と認識していたのはマッカーサーだけではなかった。1946年3月にチャーチルはトルーマン大統領の招きでミズーリ州のウエストミンスター大学で講演した。のちに有名となる「鉄のカーテンが降りた」と語った講演であるが、そこでチャーチルは、「国際連合は武装し、キリスト教文明を共産主義の脅威から護らねばならない」と言った。（前掲『國破れてマッカーサー』）連合国指導者たちが全員そう考えていたわけではないと思うが、少なくともマッカーサーとチャーチルは認識が一致していた。

マッカーサーは「聖戦」をときおり本国の意向に逆らって遂行していった。それは自分がワシントンより現場をよく知っているという自負があったからに違いないのだが、自分は「地上の教皇」なのだという意識もあったのではないか。ハルバースタムは前掲書で、マッカーサーのことをよくは書いていない、いや、徹底的にこきおろしているように私には思える。たとえばこんな一節がある。

《残念ながら、将校として成功するのに不可欠な資質をマッカーサーは欠いていた。それは人の話を聞くということである。聞こうとする気持ちすらなかったのである。》

この一節は、マッカーサーは将校として成功しなかった、と読めるが、軍人としては功成り名を遂げたといってもいいのではないだろうか。しかしハルバースタムの評価は異なるようだ。それはさておき、マッカーサーが人の話を聞こうとしなかったのは事実のようだ。正確にいえば、聞くことは聞いたが、それによって自分の方針を変えることは決してなかったのだ。なにしろ教皇なのだから、神の言葉を代弁しているのだから、人の話など彼にはまったく関係なかったのだ。

伝道師としての功績

しかし、教皇マッカーサーの強権をもってしても、彼が最も熱望したこと、日本にキリスト教を根付かせること、は実現できなかった。袖井林二郎は前掲書でこう断言している。

《戦前の日本におけるプロテスタントの数は約十万といわれる。マッカーサーが日本を去った一九五一年に、その数はやはり十万を大きく越えていなかった。カトリック信徒の数は一九四一年の十万という数が、占領期をはさんだ十年後に十五万七千と増えてはいる。だが、占領下に注がれた膨大な資金と教会・宣教師の努力を考えると、これはほとんど信じ難いような貧しい成果である。》

先にマッカーサーが聖書一千万部を配布したことにふれたが、そのことについて、西鋭夫は前掲書でこう回想している。

《しかし、多くの日本人が聖書を受け取ったのは、タバコの紙がヤミ市では高いため、その代わりに聖書の薄い紙を使うからだった。私も近所の大人たちが辞書や聖書の薄い紙で刻みタバコを巻いているのを毎日見ていた。》

私はタバコを吸わないのでよくわからないが、聖書の紙巻きタバコはインクの臭いがしてまずかったのではないだろうか。それはともかく、マッカーサーが本国から取り寄せた膨大な聖書は、すべて燃やされたわけではないだろうが、あまり読まれることはなかったようだ。

マッカーサーの尽力にもかかわらず、日本にキリスト教が根付かなかったのはなぜか、それについては後で詳述することとして、ここでは、彼の尽力がすべて報われなかったわけではないということを指摘しておこう。

まず、ICU、国際基督教大学の設立があげられる。彼は財団の名誉理事長としてロックフェラー二世に自ら手紙を書くなどアメリカでの募金活動に尽力した。設立にあたって彼の果たした役割は大きい。

もう一つは教育基本法の制定だ。評論家の西部邁は『国民の道徳』（産経新聞ニュースサービス2000年）で、こう書いている。

《教育基本法は、日本国憲法が施行される直前の、一九四七年の三月に施行された。アメリカの派遣した教育使節団の要求に応じてのことである。

（略）

教育基本法は、きわめてアメリカ的なものである。それを強引に日本に注入しようとしたため、教育基本法は法律としてきわめて特殊な形をとっている。つまり、普通の法律には前文などというものはないわけであるが、教育基本法には前文があり、その前文と諸条項で強調されているのは、子供たちに「自主的精神」を持たせる必要があるということである。個人の尊厳性と個人の自主性、それがこの法律の眼目となっている。》

「アメリカの派遣した教育使節団」については、前掲、西鋭夫の『國破れてマッカーサー』の第三章「アメリカ教育使節団（マッカーサーの応援団）」で詳しく説明されている。

「マッカーサーの応援団」というカッコ書きがこの使節団の性格を表している。この使節団は国務省がマッカーサーの要請に基づいて派遣したことになっているが、西によれば、団員の候補者のリストはマッカーサーが作成したということであるから、マッカーサー主導で事が運ばれたのはまちがいない。

西部は、教育基本法が「アメリカの派遣した教育使節団の要求に応じて」制定されたと書いたが、西によれば、教育使節団は教育基本法の制定にあたってはそれほど重要な役割を演じたわけではないようだ。西は、教育使節団は物見遊山とマッカーサーに「諂うのに忙しかった」と書いている。おそらくはマッカーサーの草案はすでにできあがっていたのであるけれども、教育使節団の報告に基づいて事が進捗したように装ったのは、日本の教育改革がマッカーサーの独断で進められようとしているという批判をかわすためだったのだろう。教育使節団はまさしく「マッカーサーの応援団」であったのだ。

ところで、西部が強調する教育基本法の前文はこうなっている。

《我々日本国民は、たゆまぬ努力によって築いてきた民主的で文化的な国家を更に発展させるとともに、世界の平和と人類の福祉の向上に貢献することを願うものである。

我々はこの理想を実現するため、**個人の尊厳を重んじ**、真理と正義を希求し、公共の精神を尊び、豊かな人間性と創造性を備えた人間の育成を期するとともに、伝統を継承し、新しい文化の創造を目指す教育を推進する。

ここに、我々は、日本国憲法の精神にのっとり、我が国の未来を切り拓く教育の基本を確立し、その振興を図るため、この法律を制定する。(太字処理は庄司による)》

教育基本法をどう定めるかにあたっては文部省とGHQのあいだで厳しいやりとりがあったのだが、現代のほとんどの人は、前文も条文も受け入れがたいものだとは思わないだろう。しかし当時の文部省の役人にとってはコペルニクス的大転回であっただろう、西部が、「この法律の眼目」と指摘した「個人の尊厳性と個人の自主性」という概念で法律を組み立てることは、それまでの日本人には発想しえなかったからだ。

聖徳太子の十七条の憲法にも、大宝律令にも、御成敗式目にも、武家諸法度にも、五箇条の御誓文にも、大日本帝国憲法にも、そして教育勅語にも、「個人の尊厳」や「個人の自主性」は見当たらない。

特に、前文にある「個人の尊厳」という概念は、「滅私奉公」という考え方が、少なくとも道徳上は、支配的であった社会にはまったく新しいものであった。この概念こそキリスト教の精神にほかならない。つまり戦後の日本の教育は、キリスト教の精神によって遂行されたといっても過言ではない。

マッカーサーは日本においてキリスト教信者を飛躍的に増加させることはできなかったが、その精神を普及させることでは大きな功績をあげたといっていい。軍人としての彼の評価がどう定まっているのか私にはよくわからないが、同時代の米陸軍幹部であったマーシャルやアイゼンハワーに比べればマッカーサーの評価は芳しくないように私には思える。しかし、伝道師という側面から見るならば、彼はフランシスコ・ザビエルに匹敵すると言ってもいいだろう。

2 宗教国家アメリカの行動様式

キリスト教信者であることの誇示

マッカーサーが軍人でありながら敬虔なキリスト教徒であって布教に熱心であったということを奇異に感じる人もいるかもしれない。しかし、マッカーサーを風変りな人物とするならば、アメリカ人の大半が風変りということになってしまう。

アメリカにおいては、どんな職業であろうとも、職務に熱心であることと敬虔なキリスト教徒であることはまったく矛盾しない。むしろ、人々の信頼をえるためには、敬虔なキリスト教徒であることをアピールしなければならないのだ。たとえば大統領選挙。堀内一史の『アメリカと宗教』(中公新書2010年)には次のような記述がある。

《一九八〇年七月一一日、カリフォルニア州知事ロナルド・レーガンは大統領候補指名受諾演説を行った。レーガンは、そのリラックスした語り口や物腰で、神の定めた偉大さを取り戻すために自らがアメリカに必要な人物であると党や国家に対し説いた。レーガンは最後に感極まって声を詰まらせ、聴衆にアメリカの市民宗教に相応しい黙禱を促した後、「アメリカに神のご加護がありますように」と続けた。その後、拍手喝采が二〇分もの間続いたという。》

この受諾演説の一か月後、レーガンは、保守的な福音派の支持をえるために、テキサス州ダラスに赴き、宗教円卓会議が主催する国内政局説明会に出席した。堀内によれば、レーガンはそこで、

《「残りの生涯で読みたい書物を一冊だけ選択できるとしたら、それは『聖書』だ」と述べ、国の内外に山積する諸問題の解決策は『聖書』のなかに述べられていると力強く訴えた。》

という。そして、「出席者はスタンディングオベーションで応えた。」と続けている。ただし、堀内は、「実のところレーガンは、教会に定期的に通ったことさえなかったのである。」と書いている。堀内は、明示してはいないが、レーガン

は敬虔なキリスト教徒であることを装ったと言っているように私には思える。

私事で恐縮だが、私は1982年83年にアメリカに滞在していてワシントンDCにある大学に通っていた。当時の大統領はレーガンで、もちろん会ったことはないが、テレビで彼が話をするのを何度も見た。彼はよく「神のご加護がありますように」May God bless youと言っていた。彼は晩年に直筆の手紙で自分がアルツハイマー病を患っていることを告白したが、その手紙の最後は、May God always bless youと結ばれている。この手紙もそうだが、ふだんの彼の記者会見のさいの誠実さを感じさせるやりとり（日本の政治家は見習ってほしい）などを見ていると、私には彼が敬虔なキリスト教徒であることを装っていたとは思えない、演技であったとは思えないのだ。

堀内は、レーガンが「教会に定期的に通ったことさえなかった」と断定したが、彼は幼少のころ教会に行くのをかかさず、そこで説教の仕方を学んだことが後に名演説家といわれることにつながった、という人もいた。もっとも、それも選挙のための作り話かもしれない。そうだとすれば、レーガンの俳優としての実績は高く評価されておらず、大根役者だったという人もいるぐらいだが、敬虔なキリスト教徒であるカーターを破り当選し、その後もアメリカ国民からかなりの支持をえたのだから、実は歴史に残る名優であったということになる。

レーガンが真に敬虔なキリスト教徒であったかどうかはわからないが、信仰心をあからさまにした大統領としてはジョージ・W・ブッシュをあげることができる。ジュニアのほうだ。

堀内は前掲書で、ブッシュの「母バーバラ・ブッシュは息子の『聖書』への急激な没頭に懸念を抱いて諌めたこともあったという。」と書いている。そして、大統領となってからは、過去の政権とは際立って宗教色が目立ったと続ける。たとえば、ホワイトハウスでは「祈りは日常的な慣行となり、閣僚会議や食事は大統領の指名を受けた者が先導し祈りを捧げてからはじまった」し、ホワイトハウスとその隣接するオールド・エグゼキュティブ・オフィス・ビルディングには聖書研究会や祈祷グループが七つもあったという。

最近の大統領はどうか。ドナルド・トランプが敬虔なキリスト教徒であるかどうかは私は知らないが、彼の支持基盤であるキリスト教福音派にかなりの配慮をしたことは疑いがない。

たとえば、物議をかもした2018年の在イスラエルアメリカ大使館のエルサレムへの移転。これはエルサレムがイスラエルの首都であるということをアメリカが承認したことを意味する。歴代のアメリカ大統領の政策を180度転換したのだ。国際社会から非難されても、自分は歴代の大統領とは違うぞというところを福音派にアピールしたわけだ。

ところが、福音派のあいだでは反トランプの動きがあるということが2020年8月28日のNHKの朝のニュースで報じられた。福音派のある牧師が、人種差別や銃の暴力に対するトランプの対応が自分たちの信仰に反するとして、11月の大統領選挙では彼に投票しないようにとキャンペーンを展開しているというのだ。そして、「バイデンはいい大統領ではないが今回は彼を支持する」と語った福音派信者の女性を映していた。

もちろん共和党内にもトランプを支持しない人はいるのだから福音派の中にもトランプを支持しない人がいても不思議ではない。しかし、私は、福音派の信者が民主党の候補に投票することはありえないと思い込んでいたので、このニュースには驚いた。そしてトランプは敗北すると確信した。

実は、福音派信者として知られる当時副大統領のマイク・ペンスも危機感を表明していた。彼は2020年8月の共和党大会で再度副大統領候補に指名されたが、その指名受諾演説で11月の大統領選挙は「保守かリベラルかの選択ではなく、アメリカがアメリカとして残れるかの選択だ。」と語った。つまり、バイデンが大統領になったらアメリカは生き残れないと訴えたのだが、私はペンスが「保守かリベラルかの選択ではない」と言ったことに注目する。

日本では、「保守かリベラルか」という場合に、たとえば、「自民党が立憲民主党か」と置き換えるのが可能だと考える人がいるかもしれない。つまり、「保守対（共産党ではない）革新勢力」とイメージされるのではないか。しかし、自民党は英語ではリベラル・デモクラティック・パーティという。日本では「リベラル」の概念が曖昧だ。

しかし、アメリカでは明確だ。アメリカでの「保守」は宗教的な戒律を重んじる生き方を意味する。「リベラル」は、そうではなく宗教的しがらみから自由な生き方を目指すことだ。宗教、キリスト教に対する姿勢の違いなのだ。

保守的な福音派信者には、聖書の教えに必ずしも従わないリベラル派が国政をリードすることは認められない、だから福音派の支持をとりつけるには「保守」か「リベラル」かと訴えればよかった。しかし、ペンスは、それだけでは不十分だ、あるいはそれはもうさほど効果がないと考え、別の視点を打ち出したのだ。

もちろん、福音派信者にも引き続きトランプを支持する人はいる。新型コロナウィルスが爆発的に流行した時期に、アメリカでは、感染防止のために、教会での集会を禁じた自治体があった。NHKのニュースでは、トランプが「教会での集会を禁止するなんてひどい話だ、教会での集会は認められるべきだ。」と語ったとし、その言葉に感激したという牧師へのインタビューを放映していた。

まったくの偶然であるが、同じ日のNHK BS1のワールドニュースでは、韓国KBSが文大統領と韓国プロテスタント教会との会合の様子を伝えていた。教会がコロナウィルス拡散のクラスターになっている状況を踏まえ、文大統領が教会に対面による礼拝を行わないよう要請したというものだ。しかし、教会はコロナウィルス感染防止には協力するものの対面による礼拝禁止は受け入れられないと文大統領の要請を拒否したという。そのため話し合いは予定の時間を大幅にこえ、先に行われたカトリックとの話し合いでの和やかな雰囲気とはまったく異なるものであったと伝えた。

人口の3分の1がキリスト教徒である韓国はキリスト教社会であると言っていいと思うが、韓国政権はアメリカほどキリスト教信者に気を使っていない、というのがニュースを見た私の感想だ。しかし、大統領が教会と話し合いを持つこと自体が、宗教界にある程度の配慮を示しているといえる。無視できる存在ではないのだ。

日本では首相が宗教界に何らかの申し入れをしたり話し合いを持つということは、まずない。政権が宗教界にほとんど配慮しないという国家は日本と中国と北朝鮮ぐらいではないだろうか。宗教へのかかわりに限っていえば、アメリカが特殊なのではなく日本が特殊なのだと言っていい。社会学者橋爪大三郎の著書のタイトルにあるように「世界は宗教で動いている」のだ。

我々は神を信じる

トランプは露骨なまでにキリスト教信者への配慮を示したが、どうもそれは選挙目当てであったような気がする。大統領や首相の発言、行動は、トランプに限らず、多かれ少なかれ選挙を意識していると思うが、アメリカ大統領のなかには、選挙とか政局を超越していると思わせる宗教への配慮を示した人がいる。第34代大統領、ドワイト・アイゼンハワーだ。

アイゼンハワーは同じく第二次世界大戦を戦ったマッカーサーとは対照的な人物であった。国民からは絶大な人気があったが、マッカーサーのようなカリスマ性はまったくなかった。ドラッカーは、『新しい現実』（ダイヤモンド社1989年）で、「アメリカの軍事リーダーの中で、もっともカリスマ的だったのは、間違いなくダグラス・マッカーサー元帥だった。異論はあるかもしれないが、もっとも優秀な軍事リーダーも、彼だった。」として、「そのカリスマ性からくる傲慢さのゆえに」、大統領の命令も無視し独断で事を進めたから朝鮮戦争で敗北したと書いている。そして、ドラッカーは、カリスマ性のあったケネディは何もなしえなかったとしてから、カリスマ的リーダーは要らないと言って、こう書いている。

《今世紀における建設的な成果は、全くカリスマ性とは縁のない人たちの手によるものである。
第二次大戦において、連合軍を勝利に導いた二人の軍人は、いずれもきわめて規律に厳しく、きわめて有能であって、しかも恐ろしく退屈なアメリカ人、ドワイト・アイゼンハワーと、ジョージ・マーシャルだった。》

非常に興味深い指摘である。ドラッカーの経営学は人間に焦点があるのだ。
ところで、「きわめて規律に厳しく」、「きわめて有能で」、「恐ろしく退屈な」と訳出された部分は、原文では、それぞれ、highly disciplined, highly competent, deadly dullとなっている。disciplineは、たしかに「規律」とか「規律正しい振る舞い」という意味だが、動詞として用いられる場合には、第一義的には「訓練する」、「しつける」、「鍛錬する」という意味なので、ここでは、「よく訓練された」と訳したほうがいいと思う。competentは「有能」でまちがいではないのだが、特定のことをこなす専門的な能力があることをいう。「適格」とも訳せる。そして、「特に優れているわけではないが、まあまあ満足できる」という意味もある。dullは、「退屈な」と訳出されている。日本語の「退屈」は、本来は「暇をもてあます」という意味だが、最近は、「面白くない」、「つまらない」という意味でも用いられるようだ。今私の手元にあるAmerican Heritage Dictionaryでdullをひいてみると、10の意味があり、７番目に、Arousing no interest or curiosity; unexciting; boringと出ている、つまり、「面白くない」、「つまらない、うんざりさせる」という訳でまちがいではない。しかし、アメリカ人が、「アイゼンハワーは、まったくdullだ。」という文章を読むときに、アイゼンハワーはdullの10の意味のどれにあてはまるかと考えることはしない。「愚か」「ぼんやりした」「刃先が鈍い」「(痛みなどが）鈍い」「(景気などが）不振だ」など10の意味をすべて含んだ概念として理解するのだ。ところが翻訳する場合は、そのうちの10のうちから一つを選択しなければならない。

話が横道に入ってしまった。元に戻そう。

マッカーサーは陸軍士官学校で入学から卒業まで記録となる点数で首席を通した秀才であり、早くから華々しい軍歴を誇ってきたが、アイゼンハワーは士官学校では中ほどの成績であり、若いころはこれといった実績はなかった、つまり、マッカーサーに比べればあきらかにdullであったアイゼンハワーが大きな仕事ができたのは、よく訓練されていて規律正しかった（disciplined）し、専門的な能力をもっていた（competent）からであって、カリスマ性は関係ないとドラッカーは言っているのだ。

私がドラッカーを引用したのは、マッカーサーとアイゼンハワーは対照的な人物であったということを強調したかったからなのだが、二人には共通点がある。それは二人とも信心深いキリスト教徒であることを顕示していたということだ。アイゼンハワーは「いずれの宗派にも属していない」と語ったが、彼は長老派教会に所属していたことが知られている。彼の信仰の基礎はまちがいなくキリスト教である。堀内は前掲書で、アイゼンハワーが1948年のインタビューで「宗教への信仰なしに戦争は戦えなかった」と語ったことを紹介し、こう続ける。

《特定の教会に属していなかったアイゼンハワーだが、就任式前に首都ワシントンのナショナル長老教会で礼拝を行った。これは以後、大統領が就任式前に礼拝を行う慣例となる。また、アイゼンハワーは、閣議をはじめるときに黙禱を行ったが、これも慣例となった。

連邦議会ではキリスト教の祈祷朝食会が毎週開催されていたが、アイゼンハワーは大統領として初めて出席した。以来、大統領祈祷朝食会は年中行事として定着した。その後名称は国民祈祷朝食会と改められたが、現在では二月の第一木曜日が開催日となり、閣僚・上下院議員・最高裁判事・各国大使・軍高官・財界人などが出席している。》

つまり、アイゼンハワーは大統領の宗教儀式を定着化させたのだが、セレモニーのみならず、自分たちは信仰心が厚いのだよ、と自国民だけでなく全世界に向けてアピールすることをやってのけたのだ。

もし、今手元にドル紙幣をお持ちの方がいたら、裏面を見てほしい。中央部のやや上に **IN GOD WE TRUST　我々は神を信じる** と印刷されているのを見ることができる。（硬貨にもこのフレーズが刻まれている。）堀内によれば、このフレーズが加えられたのは1955年だという。つまりアイゼンハワー政権のときなのだ。（イギリスの歴史家ディアメイド・マクローチは『キリスト教の歴史』で、この文句がアメリカの硬貨に刻まれたのは1864年で紙幣に登場したのは1957年であると書いている。どちらが正しいのか私にはわからないが、いずれにしてもアイゼンハワーのときであることはまちがいない。）

私は1980年代の初めにアメリカで暮らしていたことがあり、この文句に気がついてはいたが、その当時はさして気にとめなかった。しかし、よく考えてみれば、これはすごいことだ。世界中の紙幣を調べたわけではないが、紙幣や硬貨にこのような文句を印刷、刻印しているのはアメリカだけではないだろうか。

反進化論法

なぜここまでするのだろうか。それはアメリカという国家が信仰の自由を求めてイギリスからやってきたピューリタンと呼ばれる人々によって作られた宗教国家であるからだ。私たちは、アメリカ史の専門家でなくても、中学や高校の歴史の時間に習ったから、ほとんどの人がそのことを知っている。しかし、ふだんは、ほとんどの人がそのことを忘れている、あるいは意識することがない。

それは、人種差別、銃乱射事件、極端な貧富の差、強欲資本主義など、私たちの抱くアメリカのイメージが、およそキリスト教のイメージとはかけ離れているからだ、そして、なによりも私たちの大半が宗教に無関心であるからだ。しかし、アメリカが宗教によって動いている国だということをしっかり認識しないと、おそらく、アメリカを理解できない。

並木伸晃の『宗教国家アメリカの「本能」を読め』（光文社1993年）によれば、1920年代にアーカンソー州、ミシシッピ州、テネシー州、フロリダ州、ユタ州で「進化論を学校で教えてはならない法律」いわゆる反進化論法が制定された。この反進化論法が、宗教の自由を保障した憲法に違反するとして撤回されたのは1968年だそうだ。

アメリカが月に人類を立たせたのは1969年だ。つまりその前年まで反進化論法は生きていた。アポロ計画はアメリカの科学技術が世界の最先端をいくものであることを示したのだが、その一方で、ダーウィンの説は聖書の教えに反するのだから学校で教えるなということが通ってきたことに私は驚く。キリスト教の教義に反するとガリレオが裁かれたの17世紀であったが20世紀までアメリカではガリレオの時代の考え方が堂々と通っていたのだ。

さらに驚くのは反進化論法の問題が1968年に決着したわけではなかったということだ。1981年にアーカンソー州とルイジアナ州で授業時間均等法が制定された。これは公立学校で進化論と「創造科学」を均等な授業時間で教えるという法律だ。「創造科学」creation scienceとは、宇宙や生命の起源は聖書の創生記に求められるべきだとする「創造論」に基づく「科学」で進化論を否定するものだ。つまり授業時間均等法は反進化論法の焼き直しと言っていい。アーカンソー州の授業時間均等法には1982年に、ルイジアナ州のそれには1987年に、「創造科学」は科学ではないとされて違憲判断が示された。

これで反進化論法の裁判は一応の決着を見るのだが、「創造科学」はその後、「インテリジェント・デザイン論」と名称を変え、ときおり裁判沙汰を起こしている。それにかんして、先にふれた熱心なクリスチャンであるジョージ・ブッシュ大統領は、2005年に、インテリジェント・デザイン論が学校で教えられるのはいいことだと発言して物議をかもした。

繰り返しになるが、科学技術の最も発達したところで、進化論を否定し「創造論」を信じる人が少なからずいるということに私は驚く。アメリカは私にとっては理解の難しい「不思議の国」だ。私がそうだから他の人もそうだとは断定できないが、やはりアメリカは、宗教に関心のない日本人にとっては理解が難しい国ではなかろうか。

思弁ではなく実践

大澤真幸は『アメリカ』(河出新書2018年)の「まえがき」で「アメリカへの愛着の大きさとアメリカへの無理解の程度の落差。これが、戦後日本を特徴づけている。」と書いた。見事な要約である。

最近は中国がアメリカにとってかわって日本の最大の貿易相手国になっているが、同盟国としてアメリカではなく中国を選択しようと考える人はごく少数だろう。上杉忍は、『アメリカの文明と自画像』(ミネルヴァ書房2006年)で「今日、自らの運命をアメリカとのかかわりなしに語ることのできる幸運な国や民族は世界中にもはや存在しない。」と書いたが、日本は特にそうである。しかし大澤が指摘したように、私たちはアメリカの何たるかをアメリカの行動原理を充分には理解していない。

たとえば、2001年から2008年にかけてアメリカから提出された「日米規制改革及び競争政策イニシアティブに基づく要望書」、通称「年次改革要望書」。この要望のなかでは、郵政民営化、建築基準法の改正、労働者派遣法の改正、法科大学院の設置、裁判員制度の導入などが実現している。実は日本もアメリカに対して要望を出したのだが何一つ実現していない。

それはさておきアメリカは自分の都合を一方的に押しつけてくる。トランプは「アメリカファースト」を掲げたが、それはトランプに始まったことではなく昔からそうだったのだ。どこの国でも国益を守るのは当然だからどこの国でも自国ファーストになるのは当然だ。しかし、「年次改革要望書」のなかの法科大学院の設置と裁判員制度の導入については首をかしげざるをえない。日本がこれらを取り入れるとアメリカにどんな利益をもたらすのだろうか。アメリカのどの産業が潤うのか、どの企業が利益をあげることができるのだろうか。

もしアメリカの国益に無関係であるならば、なぜそのようなことを押しつけてくるのか。

私はクリスチャンである作家の曽野綾子の講演を聴いたことがある。内容はほとんど忘れてしまったが、彼女が「キリスト教では善行は一人で行ってはならないとされている」と話したことだけは記憶している。

おそらくアメリカは自分たちの制度がいいものだと思っている。それを他の国にもやらせてあげようと思っているのではないか。陪審制やロースクールはいい制度なのだからアメリカだけで行っていてはいけない。日本にもやらせてあげようというわけだ。

イギリスの経済史家リチャード・トーニーは『宗教と資本主義の興隆』(岩波文庫1959年)で「宗教は実践的なものでなくてはならず、ただ思弁的であるだけのものであってはならない。」と語っている。実は、これはトーニー自身の言なのか、その前後で引用されている複数のプロテスタント神学者の言なのか(翻訳では)はっきりしないのだが、誰が言ったのかはそう問題ではない。ただ考えているだけでなく実践しなければならないというのがキリスト教徒の常識なのだ。

私たちは宗教を哲学と同列に置いて思弁的なものと考えがちだ。そして宗教とは心の問題だと思っている。信心という言葉には「心」という字があるではないか。しかし、プロテスタント牧師の息子であった小説家の田中小実昌は、「ふつう、宗教はココロの問題とされているが、宗教はココロの問題ではない。宗教は人のココロや気持ちの問題ではなく、神のことだ。ないしは神とのかかわりのことだとされている。」と語っている。田中はここでは「実践」には触れていないが、「ココロや気持ちの問題ではなく」と言っているのだから思弁的な傾向に陥ることを明らかに否定している。

田中は、SF作家都筑道夫の小説の解説で、「都筑さんぐらい、小説づくりをたのしんでるひとはいない」、「都筑さんは、自分でもニコニコたのしみながら、そのたのしみを、読者とわかちあってるといったふうだ。」と書いてこう続けている。

《場ちがいな言葉みたいだが、福音というのも、もともとそんなものではないのか。もう、自分はたのしくってしょうがない、このたのしさを、ひとりでたのしんでいるのはもったいない、おすそわけしなければ気がすまない》

この「おすそわけ」がトーニーのいう「実践」なのだろう。アメリカもまた、自分たちのいい制度を日本にそして世界各国に「おすそわけ」しているというわけだ。

現代の十字軍

キリスト教が思弁的でなく実践的な宗教であるということは、キリスト教が布教に熱心であるということを意味する。もちろん、布教に熱心でない宗教などない。しかしキリスト教の熱心さはけたが違う。私たちは16世紀の日本にはるばるヨーロッパからやってきたフランシスコ・ザビエルのことを知っている。

しかし現代のヨーロッパではキリスト教の影響は弱くなっている。キリスト教を世界に広めるという熱意は冷めてしまったかのように見える、ヨーロッパを見るかぎりは。

いまヨーロッパにかわってその役割を担っているのはプロテスタント国家のアメリカだ。先に述べたようにアメリカは自国の「いい制度」を世界におすそわけ、私に言わせれば無理強いだが、しようとしている。この「いい制度」とは資本主義経済システムにほかならない。資本主義経済システムというよりは徹底した自由競争に基づく市場主義経済システムと言ったほうがいいだろう。

後で詳述するが、この市場原理主義ともいえる資本主義経済システムはキリスト教、より正確にいえばプロテスタントのカルヴァン派、の思想を体現したものだ。だから資本主義経済システムを普及させることはキリスト教を普及させることとイコールなのだ。

私には現代のアメリカは11世紀に始まった十字軍のように見える。その十字軍の遠征は13世紀に終了してしまったが、アメリカは今でも世界各地に進軍しているように私には思われる。

マッカーサーは、前述したように、朝鮮戦争のさいに聖戦crusadeという言葉を使った。まさしく現代のcrusader十字軍であった。ジョージ・ブッシュは2003年のイラク侵攻のさいにマッカーサーのように聖戦だとは明言しなかったが、意識はあったと思う。ブッシュは2002年にイラン、イラク、北朝鮮をテロ支援の「ならず者国家」だとして「悪の枢軸」axis of evilと呼んだ。悪evil、は神の対立概念である。ブッシュにとってはイラン、イラク、北朝鮮は神に背く「ならず者」であったのだ。

先にふれた「年次改革要望書」はブッシュ大統領の在任時に出されている。ブッシュは武力を用いることはしなかったが非キリスト教国家である日本にやはり「聖戦」を仕掛けたと言っていい。そしてそれはマッカーサーの時代から脈々と引き継がれたものなのだ。

第二章 ユダヤ教、キリスト教と資本主義

前章ではアメリカの行動原理はキリスト教に基づいていること、そしてキリスト教と資本主義はイコールだと述べた。もう少し正確にいえば、資本主義の文化とキリスト教はほぼイコールだということだ。この章ではキリスト教と資本主義の文化がイコールだということについて考えてみたい。

1 マックス・ヴェーバー説の再検討

読まれないキャノン

キリスト教と資本主義の関係についての最高の評論はマックス・ヴェーバーの『プロテスタンティズムの倫理と資本主義の精神』（以下『プロ倫』と略す。）だろう。これは動かない。私はそう考えているのだが、最近は『プロ倫』の評判はあまり芳しくはない。時代遅れだという人もいる。

「最近は」と書いたが、昔からもちろん批判はあった。私は学生時代にマルクス経済学を学んだが、マルクス経済学者のあいだでは、言うまでもないことだが、評判はよくなかった。特に教条主義的マルクス主義者には、上部構造は下部構造によって決まるとされているのだから、その逆のヴェーバーの見解はとうてい受け入れられるものではなかっただろう。非マルクス経済学者、近代経済学者でもヴェーバーをとりあげたのは青山秀夫ぐらいではなかったか。『プロ倫』の訳者大塚久雄は東大経済学部の出身で東大経済学部の教授であったが、経済学者というよりは歴史学者といったほうがいい。つまり経済学者は概してヴェーバーには冷淡であった。

これは当然といえば当然で、「精神」とか文化的なものは経済学では排除されがちであるからだ。数式モデルで経済理論を構築しようとする理論経済学はいうまでもなく、資本主義がどのようにして発展してきたかを扱う経済史の分野においても、資本、天然資源、労働力、つまりカネとモノとヒトがどこからど

のように調達されたかを問題にするが、ヒトの資質については問題にしない。

ヴェーバーは社会学者、宗教学者であって理論経済学者ではないから「資本」は「資本家」として、「労働力」は「労働者」として問題にする、人の資質を問題にする。彼は『プロ倫』でこう述べている。

《近代資本主義の拡大の原動力はなにかという問題は、まずもって資本主義的に利用しうる貨幣が何処から来たかではなくて、むしろ何にもまして資本主義精神の展開ということなのである。この精神が生気を得て活動しうるところでは、活動の手段である貨幣も自分で調達していくのであって、その逆ではない。》

つまりヴェーバーは、資本主義が発展したのは「精神」によるとし、その精神がカネやモノを調達していくのだとする。「まず精神ありき」なのだ。経済学者は当然そのような考え方を容認できない。たとえばノーベル経済学賞受賞者の理論経済学者J.R.ヒックスは『経済史の理論』(講談社学術文庫1995年)で、銀行業は利子を基礎にして成り立つものであり、銀行業が登場することは利子に対する障壁が取り除かれていることを示しているとしてからこう述べる。

《このことが、宗教改革よりずっと以前に起こりはじめていたことは、強調しておかなければならない。「プロテスタントの倫理」がそのことに何らかの関係をもっていたとしても、実際に行われていたことがそのような「倫理」をつくり出したのであって、その逆ではないのである。》

ヒックスの言っていることはヴェーバーの言うこととまったく逆である。ヒックスは「まずカネ、モノありき」で、それが「倫理」をつくり出したのだという。ここではどちらが正しいかを論ずるつもりはない。二人が追及したテーマは異なっているのだからどちらがどうだといっても意味がない。ヒックスをとりあげたのは『プロ倫』が読まれずに批判されていることが多いということを示したかったからだ。

ヒックスの『経済史の理論』ではマックス・ヴェーバーの名前はまったく出てこない。引用した箇所も『プロ倫』の批判だとは断定できないが、「プロテスタントの倫理」を持ち出しているから『プロ倫』を念頭においていることはほぼまちがいないだろう。

『プロ倫』を読めばわかることなのだが、ヴェーバーは、プロテスタンティズムが近代資本主義文化をつくったとか、近代の資本主義は宗教改革の産物であるとは言っていない。

またヒックスは、銀行業の成立、つまり利子に対する障壁の除去は「宗教改革よりずっと以前に起こりはじめていた」と強調している。しかし利子の禁止と宗教改革は直接には関係はない。カトリックではたしかに利子をとることは禁じられていたが、プロテスタントのほうが利子に対してはより厳しかったのである。この点は『プロ倫』でヴェーバーが過剰と思われるほどに強調している。さらにいえば、『プロ倫』でいう「近代資本主義」は製造業のことであって金融業ではないとヴェーバーは明言している。

このほかにも『プロ倫』が読まれずに批判されている例をいくつもあげることができるが、本論からはずれるのでやめておく。問題にしたいのは読まれない理由だ。

まず、難解である、ということがあげられると思う。私は数回読んでいるが、最初に読んだときはさっぱりわからなかった。私の無能力はおいておくにしても、ヴェーバーの書き方にも問題があるように思われる。

ヴェーバーは言いたいことをストレートに言わない。細部をこねくり回すよう迂回しながら螺旋状に論を進めていく。そしてやたらと注が多い。字数を数えてはいないがおそらく本文より注の方がボリュームが多い。よほど忍耐強い人でないかぎり、最初の数ページで投げ出してしまうだろう。

もう一つの理由は、これは日本に特有のことなのだが、宗教に対する無関心ということがあげられると思う。『プロ倫』は一時期は社会科学の研究を志すものにとってはキャノンであった。（キャノンとは「正典」を意味するが、私は「読まなければならない本、あるいは読んだふりをしないといけない本」という意味で用いている。）

社会学者の仲正昌樹は『マックス・ウェーバーを読む』（講談社現代新書2014年）の「あとがき」で「私は一七年近く大学教員をしているが、ウェーバーを―部分的でもいいから―自分で読んだという学部生に出会ったことはない。」と書いている。つまり最近ではヴェーバーの著作は明確にキャノンではなくなっている。私たちの世代は読んだふりをしなくてはならかったが、今はそうする必要もなくなったようだ。

今はともかくキャノンと見なされていたときでも読まれなかったのは、特に私や私よりの上の世代に顕著なのだが、宗教から距離を置くのが科学的態度なのだという意識があったからではないか。かくいう私も学生時代はマルクス経済学を学んでいたこともあって経済学は宗教と無縁であるべきと思い込んでいてヴェーバーを遠ざけていた。ましてやマルクス経済学ではなく理論経済学を学ぶ者においておやである。

先にヒックスの『経済史の理論』について言及した。私はこの本を書店で見つけたときに大きな衝撃をうけた。あの理論経済学の大家であるヒックスと同じ名の経済史家がいるのかと思ったが、手に取ってみるとそれはまぎれもなくあの『価値と資本』のIS—SM理論のJ・R・ヒックスの著作であった。彼が経済史の本を書いたことがどうしても信じられなかった。この本の訳者も「訳者あとがき」で「原著の刊行が伝えられたとき、われわれは容易に信ずることができなかった。」と書いている。そして彼がノーベル経済学賞を受賞したときに、受賞理由が彼の後半の経済史の仕事ではなく前半の経済理論の仕事が評価されたものであることを知って不満をもらしたということに私はさらに驚いた。

しかしよく考えてみれば分析の対象となる市場がどのように生起し発展してきたかを研究することは不思議でもなんでもない。むしろ当然のことではないのか。

その経済史の分野で論争を巻き起こした『プロ倫』が、宗教に対する無関心によって読まれないのは残念なことだ。経済史の分野だけでなく社会科学全般の研究で一つの有力な視点を失うことになるだろう。

誤解されている『プロ倫』

読まれないことについてはこれぐらいにして次に私なりの『プロ倫』の読み方について述べてみたい。

ヴェーバーが『プロ倫』で言おうとしたことを、あえて一言で言ってしまうと、

プロテスタンティズムの倫理と資本主義の精神は相性がいい

ということになると思う。彼は宗教改革や禁欲的プロテスタンティズムが資本主義文化をつくり出したなどとは決して言っていない。いろいろ回り道をして膨大な注釈をほどこしているが結局はこの一言につきると私は読む。

彼の著作のタイトルに「相性がいい」とつけくわえただけだからすさまじく乱暴な要約だと思われるかもしれない。しかしヴェーバーは「プロテスタンテ

ィズムの倫理」と「資本主義の精神」の説明にほとんどをついやしているのだから、あながち乱暴な要約でもないと私は考えている。この要約を説明していこう。

まず「プロテスタンティズムの倫理」について。

プロテスタントといってもさまざまな宗派があり、当然、主義主張は宗派によって異なる。したがって「プロテスタンティズムの倫理」は一つではなくいくつもある。そのなかでヴェーバーが重要視しているのがカルヴァン派の倫理である。

「倫理」と訳された言語はEthikである。これは英語のethicに相当する。「倫理」としか訳しようがないのだが、国語辞典で「倫理」をひくと「人の守るべき道」とある。つまり日本語の「倫理」とは「道徳」のことのほかならない。Ethikは「道徳」でまちがってはいないのだが、もっと広い概念であり、「行動様式」とでも訳したほうがいいかもしれない。

したがって、ヴェーバーのいう「プロテスタンティズムの倫理」は、「カルヴィニズムの行動様式」あるいは「カルヴィニズムの物の考え方」と言いかえることができる。ただしヴェーバーは、たとえば、ルターの天職の概念なども説明しているから、タイトルをカルヴィニズムに限定することなく「プロテスタンティズム」とした。このことが『プロ倫』が（読まれずに）誤解される一因となっている。プロテスタンティズムは宗教改革の産物であるから、『プロ倫』では資本主義は宗教改革の産物だとしていると思われてしまい、「資本主義は宗教改革以前にも存在していた」などという批判がなされる。繰り返しになるが、ヴェーバーは宗教改革が資本主義文化をつくりだしたとは言っていない。

彼が重要視するカルヴィニズムについては後で言及することとして、次に「資本主義の精神」について述べてみたい。

この「資本主義の精神」が実は難しい。『プロ倫』の訳者大塚久雄は「訳者解説」で、「勤労と節約などがヴェーバーのいう「資本主義の精神」そのものであるかのように読み取っている人々が日本などでは意外に多い。しかし、そうではないのです。」と言い、こう続けている。

《勤労とか節約とか、そういう個々の徳性ならばなにもピュウリタニズムだけではなく、どこにでも見られる。日本の二宮尊徳の思想にだって立派にあるではありませんか。そうした徳性がただちにヴェーバーのいう「資本主義の精神」

ではないのです。》

ではヴェーバーのいう「資本主義の精神」とはどういうものか。ヴェーバーは『プロ倫』の「第一章　問題」の「二　資本主義の「精神」」の冒頭で詳しく説明しているのだが、かなり難しい。大塚に解説してもらおう。

大塚は、「個々のさまざまな特性を一つの統一した行動のシステムにまでまとめ上げているようなエートス、倫理的雰囲気、あるいは思想的雰囲気、そうしたエートスこそが」、ヴェーバーが重要視した「資本主義の精神」なのだと言う。「エートス」または「エーティク」は、社会的、民族的な慣習、風俗のことだが、大塚は、「社会の倫理的雰囲気とでもいうべきものなのです。」といい「もう客観的な社会心理となってしまっている。そういうものが「エートス」だ、と考えてよいのではないかと思います。」と説明している。

ここでは大塚にしたがって、「資本主義の精神」とは、「資本主義社会の倫理的雰囲気」であるとしておく。

次に、順番が逆になったが、「資本主義」について考えてみよう。

この「資本主義」という用語もまた『プロ倫』が（読まれずに）誤解される一因となっている。capitalism, Kapitalismusは比較的新しい言葉だ。

高島善哉は『アダム・スミス』（岩波新書1968年）で、「資本主義という用語もマルクスの著作には見当たらない。一八五九年の『経済学批判』や一八六七年の『資本論』においては、資本主義というべきところで、マルクスは資本主義的生産様式という言葉を使っている。してみると、まだマルクス以前には資本主義という言葉もなかったか、あるいはあってもほとんど使われていなかったと思われるのである。」と書いている。

では「資本主義」という言葉が使われるようになったのはいつからか。1870年代以降にマルクス主義者が使い始め広まった、と何かで目にしたことがあるのだが、出典が思い出せない。いずれにしてもヴェーバーが『プロ倫』を書いていた当時は新しい言葉であったから人によって「資本主義」のイメージは異なっていた。ヴェーバーもそれは承知していたから、『プロ倫』では自分の「資本主義」を説明している。

《ここにいう資本主義とは、もちろん西洋に独自な近代の合理的経営的資本主義であって、中国、インド、バビロン、ギリシャ、ローマ、フィレンツェから現代にいたるまで、3000年来世界の各地にみられた高利貸、軍需品調達業者、官職＝徴税の請負業者たちの資本主義ではない。》

ヴェーバーはあきらかに、いわゆる金融資本を除外している。彼が想定しているのは、おそらくマルクスと同じで、イギリスの繊維工業システムであっただろう。今流行りの言葉を使えば「ものづくり資本主義」を想定しているのであって、投機やマネーゲームに走る投資ファンドなどではない。だから、先に引用したヒックスが『経済史の理論』で言っていること、銀行業は宗教改革以前から存在していたからプロテスタンティズムの倫理と無関係だという指摘は、『プロ倫』を批判しているとすればだが、まったくの的外れなのだ。

ゾンバルトの見解

ヴェーバーと同時代人であって彼の朋友であり論敵でもあったゾンバルトは『プロ倫』に刺激をうけて『ユダヤ人と経済生活』（講談社学術文庫2015年）を著した。しかし両者の結論は異なっている。ゾンバルトは資本主義の興隆はプロテスタントではなくユダヤ人、ユダヤ教によるところが大きいとした。プロテスタントは世俗的な資本主義を憎んでおり経済活動には冷淡であったと彼はいう。そして、アメリカ合衆国を発展させてきたのはユダヤ人でありユダヤ人気質であったと主張する。ゾンバルトは『ユダヤ人と経済生活』で「われわれがアメリカニズムと呼んでいるものは、それこそ大部分が流入してきたユダヤ精神に他ならない」と書いている。

アメリカニズムはユダヤ精神とは別物だと私は考えているが、これまでアメリカ経済を牛耳ってきたロスチャイルド、ロックフェラー、モルガンなどの大財閥がユダヤ系であることを考えてみればゾンバルトの主張はヴェーバーのそれよりも説得力があるように見える。

しかし、両者の議論はかみあっていない。イメージしている「資本主義」が異なっているからだ。ヴェーバーはゾンバルトの見解に対し、近代経済組織の企業家にはユダヤ人はいない、そもそも彼らは同業組合からは締め出されていて合理的資本主義の成立にはなんら貢献していないと反批判している。

ヴェーバーの「資本主義」は前述したとおり工業システムだが、ゾンバルトは「資本主義」をヴェーバーよりも幅広くとらえている。というよりはゾンバルトの「資本主義」のイメージは銀行業などの「金融資本」であっただろう。

『ユダヤ人と経済生活』には次のような記述がある。

《ユダヤ人があらゆる点で、資本主義の促進に適していることが証明されるとすれば、それはとくに金貸し（その規模の大小を問わない）としての彼らの特性に負うている。

なぜなら、金の貸付から、資本主義が生まれたからだ。

資本主義の基本理念は金の貸付のなかにすでに萌芽がある。資本主義は、そのもっとも重要な標識を金の貸付から受け取った。》

ゾンバルトの立場は、まずカネありき、だ。

私はヴェーバーが読まれなくなったことを嘆く者だが、ゾンバルトはヴェーバーよりも読まれることはない。現代ではゾンバルトを評価する人はほとんどいないのではないか。私も彼の見解に全面的に与することはできないが、もう少し評価されてもいいと思う。

ゾンバルトがユダヤ人の宗教生活と経済活動の関連を分析し、ユダヤ人が資本主義、特に金融資本主義の発達に大きく貢献したと主張したのは知られているが、資本主義についてもう一つユニークな見解を披露している。彼は『恋愛と贅沢と資本主義』（講談社学術文庫2000年）で、奢侈が、そして奢侈の背後にある色欲が資本主義を発展させたと説く。この本は「非合法的恋愛の合法的な子供である奢侈は、資本主義を生み落とした。」という一文で終わっている。

私は、「奢侈が資本主義を生み落とした」とは思わないが、資本主義経済における消費の役割は無視できない。資本主義経済における消費の役割を重視したのは、たとえば恐慌論におけるローザ・ルクセンブルクの過少消費説に見られるようにゾンバルトが最初ではないが、女性の関心をあつめ、奢侈のもととなった絹織物、レース、リネン、帽子、陶器などの製造業がいかに資本主義的発展を促進したかを統計資料に基づいて説明したのは評価されてよい彼の功績だと思う。

私以上の年代の経済学徒は資本主義発展の原動力は工業に代表される生産力、供給力の発展だと考えがちであるが、歴史学者はそう思ってはいないようだ。イギリス史研究者の川北稔は『イギリス繁栄のあとさき』（講談社学術文庫2014年）で「ところで、マクス・ウェーバーや戦後日本の歴史学が共通して持っていた、いまひとつの強烈な誤解は、生産こそが経済発展のすべてだ、という見方である。生産は善であるが、消費はどちらかと言えば悪であり、まじめな歴史研究の対象にはならないというものである。しかし、**「禁欲と勤勉」のウェーバー的ピューリタンばかりからなる経済社会では、誰が商品を買うのか。**」（太字処理は庄司による）と書いている。

「ウェーバー的ピューリタン」というのは意味不明だが、それはさておき、ピューリタンは自給自足と決められているわけではないから生活必需品は買わざるをえないだろう。川北がここでいう「商品」とは嗜好品、贅沢品のことだと思われる。

川北は前掲書で、研究者として駆け出しのころにカリブ海の奴隷制砂糖プランテーションがイギリスの工業化に大きな役割を果たしたとする論文を発表したら、当時の西洋経済史の大御所から「紅茶や砂糖のごとき嗜好品に何の意味があるか」と酷評された、と語っている。つまり川北は若いころから嗜好品の消費に着目していたということだ。ゾンバルトを思わせるところがある。

そして『イギリス近代史講義』（講談社現代新書2010年）では、近代的な労働がなぜ出てきたかについて、それがプロテスタントに由来するというヴェーバーの主張は行きすぎだとして、「そうではなくて、**ゾンバルト風に、とてもくだけた言い方をすると、きれいな服を着て、女の子に好かれたい、そのためには働かなくてはいけない、**などと考えることもできるわけです。」（太字処理は庄司による）とゾンバルトの名前を出している。

川北はいたるところでヴェーバーをこきおろす。だいたいイギリス人学者やイギリス研究者はドイツ人の書いたものなどばかにして読まないと私は思い込んでいたので、ヴェーバーについてはまあそんなものだろうと思っていたが、ゾンバルトについては肯定的に言及していることに少し驚いた。

それはさておき生産を重視するか消費を重視するかということについては、どちらが正しいかを判定することは難しい。たとえば恐慌とよばれるような経済的不況の原因が、供給の過剰か消費の過少かと問われれば、それは同一の事象を別々の面からみているにすぎないといえるだろう。そして個々の事象によっても異なる判断がなされるであろう。

ただし最近の、ここ十年二十年ぐらいの不況については消費の過少が主因のように見える。そのことを考えれば、やや論理的でないところもあるが、早くから消費の重要性を指摘していたゾンバルトの功績はもう少し評価されてもいいだろう。

「資本主義」の話に戻ろう。

ヴェーバーとゾンバルトはそれぞれ異なる「資本主義」をイメージしているので議論がかみあっていない。ただしその論争が不毛なものであったとは思われない。ヴェーバーは資本、天然資源、労働力さえあれば経済発展は十分可能であると考えられていた時代に精神的なものが発展の原動力になりうることを、ゾンバルトらとの論争をとおして明らかにしていったのだ。

その「精神的なもの」とはヴェーバーにあっては「プロテスタントの倫理」であってゾンバルトにあってはユダヤ精神なのだが、もう再三述べている理由から、ここではどちらが正しいかをいうつもりはない。

おおまかな整理になるが、製造業を中心とした資本主義システムにおいてプロテスタントの倫理が、投資銀行などの金融業においてはユダヤ精神がそれぞれの発展のバックボーンになっている、としておこう。

2 金融業の民ユダヤ人

私はこの章の冒頭で、「キリスト教と資本主義文化はほぼイコールである」と書いた。しかし上記のような整理をしてみると少し修正を加える必要があるだろう、「ユダヤ教、キリスト教と資本主義文化はほぼイコールである」と。

こう修正して論述を再スタートさせたい。ユダヤ教、キリスト教とはどういう宗教であるかを概観しながら資本主義文化との関連を考えてみよう。

唯一の神

ユダヤ教、キリスト教、イスラム教は同じ神をいだく宗教である。こういうと意外に思われる人もいるかもしれない。少しでも世界史を学んだ者なら、この三つの宗教がいかに仲が悪いかを知っている。その原因はそれぞれが異なった神をいだいていて他の神を認めないからだと思われるかもしれない。それは誤りだ。

ユダヤ教の神「エホバ」（あるいはヤハウエ）、キリスト教の神「聖なる父」、イスラム教の神「アッラー」は同一人物なのだ。神を「人物」というのは変だから、エホバ＝聖なる父＝アッラーだと言おう。キリスト教がユダヤ教から分かれたものであることは知られているからキリスト教とユダヤ教の神が同じだということは理解できるが、イスラム教の神、アッラーがユダヤ、キリスト教のGodと同じだとは理解しがたいという人もいるだろう。

イスラム教の聖典コーランには、アッラーが、「イスラエルの子らよ、わしが汝らにほどこしてやったかつての恩恵を憶い起すがよい。」とユダヤ教徒に呼びかけている箇所が何度か出てくる。またアッラーが「イスラエルの子らと契約を結んだ」とか「ムーサー（モーセ）に聖典を授けた」という記述がみられる。アダムにものの名前を教えたとか旧約聖書に出てくる話もある。そしてアッラーは「汝らの神は唯一なる神。そのほかに神は絶対にない。」と言っているのだから、ユダヤ教の神ヤハウエとアッラーは同じなのだ。

ユダヤ教、キリスト教、イスラム教は同じ一つの神をいだいているから一神教とよばれている。マックス・ヴェーバーは『宗教社会学』（創文社1976年）で、キリスト教の三位一体論は「本質的には一神教的なはたらきを示しているが、他方ではカトリックのミサ儀礼や聖者崇拝は事実上多神教にきわめて近づいている。」として、厳密に一神教といえるのはユダヤ教とイスラム教だけだと言っている。

しかし、キリスト教徒が聖者をあがめるのは、おそらく神の意志の具現者として尊敬するからであってGod以外の神を信じることではないと思う。ここでは一般的に認識されているようにキリスト教も一神教とする。

理解しにくい一神教

日本は八百万の神々がいるといわれ、あちこちに「神」がいるから、神が一人しかいない一神教のことがよく理解できない。そもそも日本の「神」とGodは違うのに、Godを「神」と訳してしまったのが問題であった。でも他に適当な訳語があるかといわれても私には思いつかない。

一神教は三つしかないが信徒の数は多く世界で約40億人といわれている。つまり人類の半数以上は一神教の信徒なのだ。一神教はよくわかりません、というのは地球上の人間の半分以上はよくわかりませんと言っているのに等しい。

私は将棋が好きで将棋にかんする雑誌や棋士の書いたエッセーなどをよく読む。もう引退しているが名人でもあった加藤一二三九段は、よく「将棋の神様はいない」と言っていた。将棋界では、「将棋の神様は」とか「将棋の神様なら」とかよく言われるのだ。しかしそれは敬虔なカトリック教徒である加藤九段には耐えられないことだったのだ。彼は長考派なので残り時間がなくなり一分将棋（持ち時間がなくなると1分以内に指さなければならない）になってしまうことが多い。しかし一分将棋になっても指し手は正確でまちがえないので「一分将棋の神様」とよばれるようになった。彼はそう呼ばれるのを嫌って「達人とでもよんでほしい」と言った。

そんなのどっちでもいいじゃないかと思う人は一神教を理解していない。一神教を信じる人がGod以外の神を信じることはありえない、いや、あってはならないのだ。旧約聖書の「出エジプト記」には「私をおいてほかに神々があってはならない」と書いてある。

一神教の神Godは、ほかに神々はいないのだから、絶対的なものである。Godは宇宙と人間を創造した。人間はGodの所有物なのである。

日本の神話では神々と人間の関係はあいまいだ。高天原から降臨してきた神々は国土を作ったが人間は作らなかったようだ。どうも私たちはその神々の子孫らしい。

一神教の世界ではGodと人間の関係は明確だ。繰り返すが、人間はGodの所有物なのである。だからGodは人間を絶対的に支配できる。

橋爪大三郎は『世界は宗教で動いている』（光文社新書2013年）で、このGodと人間の関係を、人とモノの関係に当てはめたのが近代的所有権だと言ってこう続ける。

《一神教の社会では、近代的所有権は導入しやすい。いっぽう、多神教の社会や近代化が進んでいない社会では、この考え方はなじみにくい。

人間がモノに対して絶対的な支配権を及ぼすという考え方から、近代ができあがってきたのですが、それは、Godが人間に絶対的支配権を及ぼすという考え方があったから受け入れられた、とも言えるのです。》

興味深い指摘である。近代的所有権とはモノを自分の好き勝手に使える処分できるという権利なのだが、そのようなおよそ宗教的な考え方からほど遠い、宗教とは対極にあるように思われる概念が、実はGodと人間の関係のアナロジーだというのだ。これは、営利を敵視するピューリタニズムが近代資本主義の発展に貢献したと主張するマックス・ヴェーバーを思わせる。

それはさておき、橋爪の指摘が正しいとすれば（たぶん正しい）、所有権の確立なしに資本主義はありえないのだから、資本主義の源泉は一神教にあるということになる。

では同じ一神教であるイスラム教社会で資本主義が発達しなかったのはなぜかという疑問が当然提示されるだろう。これについては後で触れることにして先に進もう。

一神教のわかりにくさの話であった。

偶像崇拝禁止

一神教に共通するもので偶像崇拝禁止がある。これもまた私たちにはわかりにくい。2001年にバーミアンの石仏がタリバンによって跡形もなく破壊されたことを記憶している人も多いだろう。実質的にはともかく形式的には仏教徒が多い日本では理解しがたい行動と思われた。しかし偶像崇拝禁止であるイスラム教の教義からすれば自国に偶像があること、しかも異教徒の偶像が存在することは神に対する冒瀆にほかならなかった。石仏を破壊したのはタリバンにとっては当然のことだったのだ。

私たちはイスラム教徒が一日に数回メッカの方を向いて礼拝することを知っている。彼らが礼拝している先には何もない。私たちは仏像や神殿など祈りをささげる対象が目前になければ礼拝をすることができないが、彼らは虚空に向かって礼拝することができるのだ。そのこと自体は理解しがたいところがあるが、少なくとも彼らが偶像を崇拝していないことは目に見える。ムハンマドの像というのを聞いたことがない。

その意味ではイスラム教の場合はわかりやすい。キリスト教、ユダヤ教ではどうか。

第1章の始めに私は米軍が江田島の大講堂にマリア像を設置したことを書いた。ではキリスト教では偶像崇拝が認められているのだろうか。

モーゼの十戒には、「偶像をつくってはならない」とある。ところがカトリックに伝わるモーゼの十戒にはそれがないのだ。それでは九戒かというとそうではなく、カトリック以外の正教会やプロテスタントに伝わる十戒にはない「隣人の妻を欲することなかれ」というのが入っているのでやはり十戒になっている。ヴェーバーがカトリックは多神教に近づいていると言ったのもこのあたりを考慮しているのかもしれない。

キリスト教はユダヤ教やイスラム教と比べていいかげんなところ、よく言えば柔軟なところがあって、そのことが資本主義的発展を促進したと私は考えているが、それは後で詳述するとして、ここではキリスト教でも偶像崇拝は禁止としておこう。

峻厳なプロテスタントであったカルヴァンは「偶像崇拝を禁止し、カトリック教会の絵画や彫刻などを広場に持ち出して、壊したり燃やしたり」した。（『世界がわかる宗教社会学入門』（橋爪大三郎　ちくま文庫2006年）から）つまり、2001年にタリバンが行ったことと同じようなことをカルヴァンもしていたのだ。

プロテスタントは偶像崇拝を禁止するが、カトリック界にあっても原則は禁止のはずだ。

一神教であるかぎり神は一人しかいないのだから、あきらかにGodではない、たとえばマリアを拝むことが許されるはずはない。

ユダヤ教では明白に偶像崇拝禁止である。十戒にそう書いてあるからだ。ユダヤ教においては、イスラム教でもそうだが、法律と戒律は一致する。ユダヤ教にはキリスト教のようないいかげん、いや、柔軟なところはない。

厳格なユダヤ教

ユダヤ教徒が「嘆きの壁」に向かって礼拝するのは知られているが、壁はもちろん偶像ではない。そもそも彼らはカトリックのようには儀式を重視しない。エルサレムの神殿にいなくても、世界中どこにいてもトーラー（タナハ（キリスト教徒のいう「旧約聖書」）のうち、モーゼ五書といわれる『創世記』『出エジプト記』『レビ記』『民数記』『申命記』を指す。）を読んで、それに則り食事をしたり行動したりすることで信仰を保てるのだ。

ゾンバルトは『ユダヤ人と経済生活』で「合理主義」が「ユダヤ教と資本主義両者の根本特徴である。」として「ユダヤ教は何らの秘教をも知らない！ユダヤ教はこの地上で秘教を知らないおそらく唯一の宗教であろう。」と言っている。

人がある宗教に惹きつけられる理由は数多くあるだろうが、たとえば教祖さまが手をかざしただけで重病で瀕死の患者が元気になったとか、いわゆる奇蹟を体験したり、あるいは見聞きしたからというのもあるだろう。つまり何か神秘的な力を信じて信徒になるというケースだ。ところがゾンバルトはユダヤ教にはそういうものはいっさいないという。

ではGodとユダヤ教徒を結びつけているものは何か。それはGodとユダヤ民族との契約である。旧約聖書の世界の中心概念は契約である。ゾンバルトのいう「合理主義」はこの契約のことだと私は解釈している。この「神との契約」がまた私たちにはなじみのないもので理解しにくい概念なのだが、橋爪大三郎は前掲『世界がわかる宗教社会学入門』でわかりやすく説明してくれている。橋爪は「一般に契約は対等の関係ですが、神との関係は上下の契約です。」と言ってからこう続ける。

《上下の契約とは、日米安保条約みたいなものと思えばよいでしょう。上下でも契約であるからには、双務的です。ユダヤ民族は偶像を拒み、ヤーウェ以外の神を信仰しません。神はその代わりに、ユダヤ民族の安全と繁栄を保障します。契約は、ノアの契約、アブラハムの契約、モーセの契約、ダビデの契約……と繰り返し結ばれ、その内容が律法（英語ではlaw、すなわち法律）です。聖書は、この契約をしるす書物なのです。》

非常にわかりやすい文章だ。あまりにもわかりやすいので見落としてしまいそうだが、見落としてはいけない非常に重要なポイントが二つある。

まず一つは安全と繁栄を保障されるのは「ユダヤ民族」であること。個々のユダヤ教徒ではない。つまり、ユダヤ教は個人救済の宗教ではなく集団救済の宗教であるということだ。キリスト教、仏教は個人救済の宗教である、イスラム教も個人救済だ。集団救済の宗教というのは非常に珍しいのではないか。

もう一つは契約である法律が聖書、つまり啓典になっているということ。要するにユダヤ教は法律が根本にある宗教なのだ。法律が基本である宗教が存在することは私たちにはなかなか理解できない。

ヴェーバーは前掲『宗教社会学』の「ユダヤ教における律法的宗教性と伝統主義」というセクションで各宗教の自制心の根拠について説明している。ユダヤ教徒の自制心のユニークさは次のような意識からくるという。

《すなわちそれは、ユダヤ教とその民族だけがこうした律法を所有し、そのため全世界から迫害され名誉を汚されてきたが、しかもなおそれは彼らに義務として課せられており、そしていつの日か突如として現われる業を通じて　―　その時点がいつであるかは誰ひとり知らず、またそれを早めるのに力を貸すことも誰にもできないが　―　神が地上の序列を覆し、すべての点で律法に忠実であった者たちのためにメシアの国をもたらし給うのであるという意識であった。》

律法を遵守することがユダヤ教なのだということがよくわかる。律法が基礎にあるということはゾンバルトがいうように「合理主義」にならざるをえない。彼が「合理主義」は資本主義の特質でもあるといったが、それが妥当かどうかは別にして、ユダヤ教の律法遵守、契約は守らなければならないという考え方は資本主義の発展に貢献したことは疑いない。契約は資本主義的取引活動のもっとも有力な手段である。

契約は昔の日本人には苦手であった。民法学者の川島武宜は『日本人の法意識』(岩波新書1967年)で「契約は成立するかしないかの何れか―いわゆる「すべてか、無か」all or nothing―の二者択一であって、その中間はないのが原則である。」と言っている。私たちには、この「中間がない」というのが困るのだ。いまだに、どんなアンケートでも「どちらともいえない」という回答がいつも最大多数派だ。それに契約というものは堅苦しいものだという意識もあったと思う。

それでも日本は資本主義発展をかなりうまく成し遂げることができた。それはどうしてか。川島は『日本人の法意識』で福沢諭吉が維新直後に東京芝の屋敷を三五〇両で買ったことにふれている。「当時東京は国内戦争で、家屋は何時焼きはらわれるかわからぬ状態であったが、福沢は契約を忠実に守った。」福沢は期日に代金を支払ったのだ。そのときの心情を福沢は『福翁自伝』で説明しているのだが、川島は「すなわち、信義を重んじ、約束した以上確定的に拘束されるということ、約束の拘束力は金銭上の損得についての考慮によって侵されてはならないということ、が武士の規範意識であった」と「信義」という言葉を用いて福沢の説明を補強している。

そして川島は「このような法意識が、明治以後の日本の経済取引のどのような部面で、どのように機能したのか、しなかったのか、ということは私にとってきわめて興味のあるところであるが、今私はこれに関する何らの資料ももたないので、問題を提起するにとどめるほかはない。」と書いて、「武士の規範意識」についての評価を避けている。

私は「信義」に代表される「武士の規範意識」が日本の資本主義発展にある程度は貢献したのではないかと思う。日本資本主義の父といわれる渋沢栄一は武士の出であり「武士の規範意識」を引き継いでいた。彼は自分の思想のバックグラウンドは論語、儒教であると自ら語っているが、富を否定する朱子学は認めなかった。彼の経済思想はきわめて日本的なものである。それについては後でふれるとして、日本が他のアジア諸国に先駆けて資本主義発展に向けて離陸できたのは、契約の概念に幾分かは重なり合う、他のアジア諸国が有していなかった「信義」という「武士の規範意識」がある程度は貢献したと思う。

日本人は金融業に向いていない

そうは言っても「信義」と「契約」は根本的には異なる概念である。多少は重なりあうところがあるにしても、やはり昔の日本人には契約の概念はなじまないものだったと思う。

そのことが日本の金融業の発達に影響を及ぼしていると私は考えている。

日本は「他のアジアの諸国に先駆けて資本主義発展に向けて離陸できた」と書いたが、日本が後発の資本主義国であることはまちがいない。先進資本主義国といわれる英米は第二次産業から第三次産業へのシフトが進んでいる、というより完了してしまったといったほうがいいかもしれない。いわゆるサービス経済化の進展だ。私に言わせれば「産業の空洞化」だが、それはさておき、第三次産業をけん引しているのは金融業、金融サービス業である。

日本の金融機関は世界の潮流から遅れているとよくいわれる。私はそうは思っていない。その理由は私が以前出版した『日本の銀行と世界のBANK』に書いたので興味のあるかたは参照していただきたい。

遅れているとは思わないのだが、世界でヒットした日本発の金融商品はない。輝かしい製造業の業界とは異なり金融業界でのイノベーションは生み出されていない。遅れているといわれてもしかたがないところはある。

特にそう思われるのは証券市場の発達が遅れたことではないか。現在は東京市場は、ニューヨーク市場、ロンドン市場と並んで世界の中心市場となっているのだが、それは最近の話であって以前はたしかに製造業の発達の華々しさに比べれば、とても日本経済をけん引しているとはいえなかった。

麻生自民党副総裁が首相であったときに「株をやっている人はうさん臭いと思われている」と発言し物議をかもしたことがある。彼は政治家としての資質が疑われるような発言をするのが常であるから、またかと、つぶやいて無視することにしているのだが、この発言は忘れられない。古き日本人の一つの経済思想が現われていると思ったからだ。

アメリカのビジネススクールの卒業生にもっとも人気がある就職先はゴール

ドマン・サックスなどの投資銀行だ。投資銀行は銀行という名称があるが日本でいえば証券会社である。日本でも最近は成績優秀な学生が証券会社に就職するようになったけれども、以前は、東大の経済学部からはじめて野村證券に入った人が、帝国大学を出て「株屋」になったのかと親戚中から言われたことがあったのだ。麻生元首相の発言はそういう時代の名残なのだが、いまだにそのような発言が出てくるということは、やはり日本資本主義では製造業が主役であって証券業をはじめとした金融業は脇役であったのだ。

日本人は金融業が苦手だ、あるいは嫌っていると言ってもいいかもしれない。私は前掲『日本の銀行と世界のBANK』で「日本で証券市場の発達が遅れたのはGodがいなかったからだ」と書いた。

我ながら突拍子もない意見だと思う。私も大学で経済学を学んだ経済学徒の端くれであるから、日本で証券市場の発達が遅れた理由を問われたら、「証券会社よりも早くから存在していた銀行が、短期資金のみを扱う欧米の商業銀行とは違って、長期資金も扱っていた、つまり余剰資金は銀行の定期預金に向かっていた、この傾向を後発の証券会社が崩すことは難しかった。」とでも答えるべきであっただろう。あるいは、「明治期の日本の証券市場は鉄道会社の株式を軸にして発展してきたが、1906（明治39）年の鉄道国有化によって鉄道の株がなくなり、それが発展しつつあった証券市場に大きな影響を与えた。」と書いてもいい点をもらえる答案になるかもしれない。

いずれにしても「Godがいなかったから」という私の答えはいい点をもらえそうにもないが、この考えは今でも変わってはいない。基本的には変わっていないのだが少し修正を加えたい。『日本の銀行と世界のBANK』には、「日本で証券市場の発達が遅れたのは、Godがいなかったからだと私は考えています。つまり神との契約という概念がないために、約束を守るという度合いはどうしても小さくなります。証券に書いてあることが必ず実行されるとは思わなかったのです。資産を証券で保有するよりは、不動産で、あるいは銀行預金の形で保有することを好みました。証券を信用していなかったのです。」と書いた。

「証券を信用していなかった」というよりは証券が意味しているところの債権債務関係が日本人にはなじみのないものであったと言ったほうがいいかもしれない。金銭の貸し借りに伴って証文を書くということはあっただろう。しかし、その証文の類のようなものを商品として売り買いする、市場に流通させるということは昔の明治より前の日本人には考えにくいことであっただろう。

たとえば初鰹を食うために女房を質に入れようと思ったが、いくら何でもそれはできない、でも他に質草がないので、証文を差し入れて金銭を借りたとする、質屋が証文で金を貸すことはないのだが、とりあえずそう仮定する。その質屋はその証文を誰かに売ってしまおうなどとはまず考えない。女房を質に入れようとする輩の差し入れた証文などに何の価値もないが、資産家の差し入れた証文だとしてもそうであろう。そこに書いてあることが本当に実現するかどうかは保証されていないとすれば、たんなる紙切れではないかと思うのだ。

武士の倫理

しかし、ユダヤ人はそうは考えなかった。Godとの契約を守ることは当然のことであったが、ユダヤ人は人間と人間との契約も当然守られるべきものであった。紙に記されている債権債務の関係の実現を疑わなかった。だからそれはたんなる紙切れではなく価値のあるものと考えた。価値を有するもの、つまり有価証券の誕生である。

有価証券を最初に考えついたのはユダヤ人であるといわれている。それを論証するのは難しいが、契約を守るということが当然のことと考えられる世界でなければ有価証券は意味を持たないからGodとの契約を生活の根本とするユダヤの民が有価証券を考えついたということは充分ありうることだと思う。

それでGodとの契約が存在しない日本では金融業の発達が遅れたというのが私の主張なのだが、契約の概念の欠如のほかに、昔の日本を支配していた武士階級に金銭にかんすることを嫌悪するという思想があったことも要因だと思う。

先に川島武宜が『日本人の法意識』で福沢諭吉の考え方を紹介していることについてふれた。川島は日本人の契約観を考えるために『福翁自伝』から諭吉の考えを説明している。川島の叙述を引用しておいてこんなことを言うのは気がひけるのだが、『福翁自伝』のあの箇所は契約に対する考え方というよりも金銭に対する武士の考え方を表していると私は読む。

川島は諭吉が東京芝の屋敷を三五〇両で買ったとしか書いていないので、経緯を少し詳しく書いてみよう。(『福翁自伝』から)

慶応三年に芝新銭座の有馬家の中屋敷が売りに出されるという話を諭吉がきいた。以前は大名屋敷の売買は禁じられていたが幕末になるとさまざまな規制が緩和されて大名屋敷の売買が許可されるようになったのだ。それで諭吉は、同じ新銭座に居住していた木村摂津守の用人である大橋栄次という人に仲介してもらい、有馬家屋敷を三百五十五両（『日本人の法意識』では「三五〇両」となっているが金額の相違は大きな問題ではない）で買う約束をした。

支払期日に諭吉が三百五十五両を風呂敷に包んで木村の屋敷を訪れると、屋敷内は騒然としていた。大橋に会って騒ぎの理由を聞くと「庄内藩が三田の薩摩江戸藩邸を焼き討ちした。もう戦争だ。」と言う。そして「もう江戸じゅうの屋敷が一銭の価値もなくなるから屋敷を買うなんてばかなことはやめろ。」と言う。それでも諭吉は口約束であっても約束は約束だからと支払おうとする。さらに大橋は説得を続ける、「約束と言ったって、時勢による。それに今だったら半値にしろといえば半値にするに違いない、百両でも喜んで売るだろう、とにかくこの話は見合わせだ、やめだ」と。諭吉は大橋に反論する、「今日支払うという約束のほかには何の約束もなかった。世の中に変乱あれば破約する、その価を半分にするという約束はなかった」と。そしてさらに「マダ私がいうことがある」と続ける。「もし大橋さんの言うとおりにこの三百五十五両を半値にせよとか百両にせよとかいえば、時節柄有馬家は承知するだろう。天下泰平となって私があの屋敷に住めば、人々は福沢は二百五十五両得をして有馬家では二百五十五両損をしたというだろう。それは不愉快だ」と言って金を渡してしまった。

そのときの心境を諭吉は、

《そういうわけでまことに私が金ということについてきわめて律義に正しくやっていたというのは、これはやはり昔の武家根性で、**金銭の損得に心を動かすは卑劣だ**、気が餓えるというようなことを思ったものとみえます。（太字処理は庄司による）》

と語っている。私は諭吉が「金銭の損得に心を動かすは卑劣だ」と言っていることに注目する。川島はここに、金銭の損得によって契約が左右されるものではないという諭吉の契約観が現われていると読んだのだと思う。それはまちがいではないが、契約とか約束に関係なく、そもそも武士たる者は金銭の損得を語るべきではないと諭吉は考えていたのではないか。

損得だけでなく金そのものを汚らわしいものと思っていた武士もいた。直江兼続は伊達政宗からヨーロッパの金貨を見せられたときに、「このようなものに触れれば采配をふるう手が汚れる」といって手にとろうとしなかったという話が伝えられている。

作家の佐藤愛子の祖父は元津軽藩士であったが、ある学校の式典で校長先生が貯蓄倹約を説いたところ、その祖父が立ち上がって大きな声で「武士の子に金を貯めろとは何事か！」と言ったそうだ。また、彼は郷土史の研究家で、そのことで講演などもし、謝礼を受け取ることもあったが、そのときは胸からしゃもじを取り出してそれに載せてもらい、決して直接さわることをしなかった、お金は汚いものだと常々言っていたそうだ。

いくら約束は守るという精神があったとしても金銭を金銭にかんすることを避けようとする人々は金融の世界から遠く離れたところにいる。

紙で資産を増やす文化

日本の話が長くなった。日本の資本主義文化については後で詳述することにしてユダヤ教ユダヤ人の話に戻ろう。

ユダヤ人が基礎をつくった金融業は、やはり一神教のイギリスのプロテスタントが大きく発展させることになる。ただし、イギリスの初期のバンカーの多くはユダヤ系であったかもしれない。とにかく金融業はイギリスでめざましい発展を遂げる。

世界最初の中央銀行といわれるイングランド銀行が設立されたのは金匠銀行の独占を排除するのが目的であった。アンドレアデスの『イングランド銀行史』によれば、チャールズ二世は金匠の高利に苦しんでいたという。1665年以前は年8%ぐらいであったのだが、その後は国王の借入れ額が増加するのにともなって年20%、30%を要求するようになったという。国王が高利貸しの手中にあるのはしのびないということで金匠銀行にかわって国王に融資する銀行としてイングランド銀行が設立されることになるのだが、なぜ、金匠が金を貸すようになったのか。

その原因をつくったのはほかならぬチャールズ二世の父チャールズ一世である。1640年に財政難に苦しんでいたチャールズ一世は市民がロンドン塔に預託していた金品20万ポンドを押収してしまった。ロンドン市民はあらたな預託先をさがさなければならなくなり、そこで目をつけたのが金庫を持っている金匠であった。

ロンドン市民は金を金匠に預け、金匠は預かり証書を発行した。最初は預金者は金を使うときに預かり証書を金匠のところにもっていき金を引き出していたが、いちいちそうするのはめんどうなので、頻繁に支払いなどをする商人は預かり証書で決済をするようになった。つまり預かり証書が貨幣と同じ役割をはたすようになった。これが銀行券の起源といわれている。イングランド銀行が発行した銀行券はこの金匠の預かり証書をまねたものだ。

そのうちに一部の金匠は預金者がすぐには金の払い戻しを請求しないことに気がつき、預金者の金を運用するようになり、本職である金細工をやめて預かり証書の発行に専念する金匠が出現した。これが金匠銀行である。

ところで金匠はGoldsmithゴールドスミスという。イギリスでは現在でもゴールドスミスという姓を名乗っている人がいる。多くはユダヤ系だ。金匠銀行が近代銀行の前身だとすればやはりユダヤ人が銀行業の発展に貢献したのだといえる。

銀行券も証券も紙だ。ユダヤ人やイギリス人は金、ゴールドを紙にかえた。そして債権という権利も紙にかえてしまった。紙で資産を増やす文化をつくりあげたのだ。

アテネ大学教授であったアンドレアデスは『イングランド銀行史』で、1797年のピットの銀行条例を風刺した当時巷ではやった詩を紹介している。

《オーガスタスとローマについて詩人達は今もなお語り伝えている
　オーガスタスは煉瓦のローマを見出し
　大理石のローマを残した。
　ピットとイギリスについても同じである。
　人々は空想でなしに云えるであろう
　ピットは黄金のイギリスを見出し
　紙のイギリスを残した。》

このイギリス流の、紙で資産を増やす方法を最大限に活用したのはアメリカの投資銀行だ。彼らは最も流動性の低い資産、動かざる資産である不動産をも抵当証券という紙にして世界中で販売した。サブプライムローンまでをも世界中にばらまいた。それを購入した世界の金融機関が大損したことは記憶に新しい。

世界最大の投資銀行はウオール街のゴールドマン・サックスであるが、この投資銀行の創業者マーカス・ゴールドマンはユダヤ人であった。日露戦争時に高橋是清が依頼した600万ドルの外債発行を引き受けたジェイコブ・シフもユダヤ人であった。アメリカの金融界におけるユダヤ系の役割についてはここであらためて記すまでもない。

ユダヤ人が紙で資産を増やす方法の発達に貢献できたのは、特にユダヤ教における契約遵守の思想が大きかったと私は考えているのだが、それはユダヤ人が流浪の民であったからだという人もいる。

ユダヤ人は不動産に興味を示さない。いざというときに持って逃げることができないからだという。だから金塊よりもダイヤモンドを好むし、金塊よりも英国債を好むのだという。紙も大量になれば重いが金塊ほどではないだろう。なるほど、逃げるときに容易だからという理由はもっともらしく聞こえる。

そういうこともあるかもしれないが、ユダヤ人は金融をなりわいにするしかなかったということが大きいのだと思う。彼らは土地を所有することが困難であったから農業をなりわいにすることはできなかった。製造業はといえば、偶像崇拝禁止であったからモノ作りは苦手であっただろうし、技術を習得したとしても手工業ギルドに加盟することはできなかったから、それもなりわいにすることはできなかった。

ユダヤ人にとっては金融業以外の選択肢はなかった。しかし彼らには金融業に向いている資質があった。

それ自体はほとんど価値がない紙きれである証券が信用されて流通するためには証券に表示されている約束事がよほどのことがないかぎり必ず守られるのだ、という前提が必要だ。そしてそれを法律が保証するという前提が必要だ。つまり契約遵守の概念がなければ、紙で資産を増やす文化は成立しなかったのだ。この契約遵守の概念が確立していたのがユダヤ教社会であったことはこれまで再三述べてきた。

ユダヤ教と利子

もう一つ、ユダヤ人にとっては金融業を発展させるうえでのアドバンテージがあった。それは利子についての考え方である。

キリスト教社会にとって利子はやっかいな問題であった。教会法では利子をとることが禁じられているのだが、現実の社会では利子をとること払うことなしには経済活動が立ち行かない。マックス・ヴェーバーは『プロ倫』でフィレンツェの毛織物商人ギルドの規約を紹介している。それには「利子と利潤とはすべて「贈与」として記帳すべしとの命令」があるそうだ。そのほかにもさまざまな抜け道があったと思うが、利子については長い間無数の論争があった。やはりヴェーバーによれば、利子禁止が聖職会の教書で無効とされたのは19世紀であったという。

ではユダヤ教ではどうであったか。

ユダヤ教では利子をとることは容認されていたと思っている人がいるかもしれないが、そうではない。最初から利子を容認していた宗教は、たぶん、ない。ユダヤ教でも利子をとることは禁止されていた。たとえば『出エジプト記』の第23章25節には「汝もし汝とともにあるわが民の貧しき者に金を貸す時は金貸しのごとくなすべからず又これより利息をとるべからず」とある。また、『レビ記』の第25章37節には「汝かれに利をとりて金を貸すべからず」とある。

ただし、例外があって異教徒からは利子をとることができた。ゾンバルトは『ユダヤ人と経済生活』でその根拠は『申命記』の第23章20節と28節にあるとしている。それぞれの文言を見てみたい。ところが私の手元にある日本聖書協会発行の聖書の『申命記』の第23章には28節はない。25節で終わっている。ゾンバルトがまちがえているのか、翻訳がまちがえているのかわからない。あるいは私の持っているものとゾンバルトが参照した聖書は版が異なるのかもしれない。おそらく後者であろう。ここでは私の手元の聖書の『申命記』の第23章19節と20節を記す。

《汝の兄弟より利息をとるべからず　すなわち金の利息食物の利息などすべて利息を生ずべき物の利息をとるべからず

他国の人よりは汝利息を取るもよし　ただ汝の兄弟よりは利息をとるべからず　さらば汝が往きて獲るところの地において汝の神エホバすべて汝が手に為すところの事にさいわいをくだしたまうべし》

ゾンバルトはこの例外規定について『ユダヤ人と経済生活』でこう解説している。

《申命記の二十三章二十八節ははっきりと、「外国人には利息を取って貸してもよい。ただ兄弟には利息を取って貸してはならない」といっている。もちろん曖昧さがすでに、この原テキストのなかにもうかがわれる。それというのも、へブライ語では、未来と命令が同一形をとるので、この箇所は「あなたは外国人から取ることができるだろう」どころか「外国人からあなたは、高利をとるべきだ」と読むこともできる（「高利を取る」はつねに利息をとることしか意味しない）。》

この箇所が「外国人から高利を取れ」という命令であれば、チャールズ二世に高利を要求した金匠は、彼がユダヤ系であったとしたらの話だが、神の教えを忠実に実行したということになる。

いずれにしてもユダヤ人は中世をつうじてキリスト教徒を悩ませていた利息禁止令には無縁であった。だからキリスト教徒に先んじて金融業を発展させることができたのだ。

それにしても啓典で利子を語る宗教とはいったいどんな宗教であろうか。仏教は啓典宗教ではないが、仏教のさまざまな経典には利子のことなど触れられていないだろう。空海や親鸞が利子について語るなど想像すらできない。ユダヤ教は、キリスト教もそうなのだが、私たちの想像を絶する宗教なのだ。神の教えについて語ることとビジネスについて語ることは同じなのだ。

私はこの章でユダヤ・キリスト教と資本主義文化がイコールだということを説明しようとしている。もう説明してしまったといえるが、さらに続けよう。

ところでユダヤ人は利子禁止から完全に解放されていたわけではなかった。異教徒から利子を取ることはできたが、同胞から利子を取ることはできなかった。外国人だけを商売相手にしているかぎりは問題ないが、同胞を相手にする場合は問題があったのだ。

ではユダヤ人はどのようにしてこの問題を解決したか。

市川裕は『ユダヤ人とユダヤ教』（岩波新書2019年）の第4章第1節「ユダヤ人の経済活動」で「利子取得の正当化」というセクションを設け、この問題についてこう説明している。

《賢明なるラビたちは、同胞に対する無利子の規定に抵触することなく、有利子の金銭貸借ができる方法を考え出した。**債権者と債務者が共同で商いを行い、取引で生ずる利益と損失を双方が負担し、債務者は労働の報酬を債権者の利益の中から受け取るという方法である。**『シュルハン・アルーフ』は、これを「商いの許可」として認めた。

このような方法が許されるとなれば、同胞であるユダヤ人に対しても、異教徒の非ユダヤ人に対してと同様に、利子取得を適用できるようになるのは必然である。実際、商取引における金銭貸与と利子取得は、ユダヤ人に対しても、非ユダヤ人に対してと同様に認められるようになった。（太字処理は庄司による。）》

上記文中の『シュルハン・アルーフ』とは、市川によれば、「三人の偉大な律法学者の見解を総合するという方針で編纂された律法典」だということだ。つまりラビたちの考えた方法が正式に認められたということなのだが、このラビたちの考えた方法が、私が太字にした部分だが、私には理解できない。どうしてこの方法で利子取得ができるようになるのだろうか。

太字部分の前段、債権者と債務者が共同で商いを行い利益は山分け、損失はどちらもかぶる、というのはわかる。後段の「債務者は労働の報酬を債権者の利益の中から受け取る」というのがわからない。

「労働の報酬」を文字通り労務費だとすれば、経費であるから、利益から差し引かれるものではない。利益は売上から原価と労務費などの経費を差し引いたものであるからだ。そもそも利益処分と利子は直接は何の関係もない。

それで私は太字部分をこう解釈する。

市川の記述は、利益処分に重点があるのではなく、「共同で商いを行い」に重点があるのではないか。

つまり、ある人がある人の事業のために幾ばくかの金銭を提供したとする。事業完了後に元金は返してもらうとしても利息を受け取ることはできない。しかし共同で事業を行ったことにしておけば、そこからの利益は事業所得であって、利子ではないから、利子相当分を受け取れることになる。実際には債権者が自ら働くことはなくても（「債務者は労働の報酬を債権者の利益の中から受け取る」とあるので、実際は債権者は働いていないと思われる。）、事業に参画したということにすれば、不労所得ではないとかわすことができる。

ラビたちはそう考えたのではないだろうか。

ただし、利子取得の正当性をどうやって理由づけするかというのはそう大きな問題ではない。決めの問題なのだからラビたちがそれでいいといえばそれでいいのだ。大事なことはそれが『シュルハン・アルーフ』で認められたということ、つまりキリスト教が長い間決着をつけることができなかった問題をユダヤ教でははやくから整理できていたということだ。

市場主義、金融資本主義の源流

上記の市川の説明には不満があるが、全体として『ユダヤ人とユダヤ教』は、私たちにはなじみのうすいユダヤ人のものの考え方をわかりやすく解説した名著だと思う。

なるほどそうだったのかと膝をうった箇所をあげておく。

同胞に対する利子取得が認められたのはあくまでも商取引の場合であって、それ以外の場合は、同胞に対しては無利子での金銭貸与が義務であった。市川はこの無利子での貸与について興味深い記述をしている。

彼によれば、ユダヤ教にあっては、貧者に金を貸すことは権利ではなく命令だということなのだ。『申命記』の第15章8節には「かならず汝の手をこれ（貧者を指す、以下同じ。）に開き必ずその要むる物をこれに貸しあたえてこれが乏しきを補うべし」とある。

市川は、『ミシュネー・トーラー』という律法典では、「ユダヤ人の貧者への無利子の貸付けは、神の意志に従う偉大な行為だと解釈されている。」としてこう続ける。

《ユダヤ社会では、同胞の貧者には金を与えるのではなく、無利子で金を貸すことによって、自ら働いて生計を立てられるようにすることが最高の喜捨とされる。》

市川はさりげなく書いているが、私はこの文に釘付けにされた。現代資本主義、市場主義の考え方の基礎を発見したと思ったからだ。

「喜捨」は仏教の用語なのでここで使うのはふさわしくないような気もするが、それはさておいて、自立を促すために金を与えるのではなく貸すのだという考え方は社会福祉のあり方について一つの有力な見方を示していると言える。

社会福祉に関する考え方は多様である。たとえば弱者救済に関してもさまざまな意見がある。生活保護などの対象を拡大し額をできるだけ手厚くすべきだという考え方や、いや、ただ無条件に与えるだけの支援は望ましくなく自立できるようになる支援をすべきだという考え方もあるだろう。さらには貧困は自分の責任なのだから、社会がめんどうを見る必要はないという極論も見受けられる。

ノーベル経済学賞受賞者であり徹底した市場主義者であったミルトン・フリードマンは「福祉国家など欺瞞だ」と言ってはばからなかった。ほとんどの社会保障プログラムを不要だとし、補助金、助成金は明確な根拠がない限り支出されるべきではないとした。

名前から一目瞭然だがフリードマンはユダヤ系の移民の子である。彼は無神論者だといわれているが、若いころは熱心なユダヤ教徒であったことが知られている。まちがいなく旧約聖書は読んでいただろう。後半生は無神論者を標榜したが、彼の思想の基礎はユダヤ精神にあると思う。

フリードマンの考え方は極端だと私には思えるのだが、世界は彼の考え方の方向に向かっている。たとえば菅元首相は社会福祉の考え方について、「まずは自助、次に共助、最後が公助」と語った。この発言は、たんに社会保障費の支出を渋っただけと受け取られ、あるいは、政治責任を放棄したものだと言われ評判は良くなかったが、市場主義の経済学者のなかには、この順番は正しいと評価する人もいるのではなかろうか。フリードマンなら「まずは自助、次に自助、最後が自助」と言って評価しないかもしれないが。

とにかく、公助が最後、あるいは、できるだけ公的部門の介入を避けるというのが現代資本主義の支配的な考え方になっている。その基礎になっている自立の精神というものはキリスト教独自のものであると思っていたが、どうもユダヤ教にその源泉があったようだ。

そして、貧者に金を与えるのではなく貸すということにはもう一つ要点がある。金は与えてしまえばそれでおしまい。貸すのであれば返してもらわなければならない、借りたのであれば返さなければならない。返済できない場合はどうするかなどめんどうな問題に直面することは避けられない。贈与であれば何もすることはなかったがユダヤ人はあえてめんどうな融資を選んだ。それが「最高の喜捨」、最高に良いことであったからだ。つまりめんどうな融資を厭わなかった。そのことがユダヤ人を金融業に向かわせることになったし、金融業発展の基礎を築くことになったのだ。

ユダヤ人は神から啓典を与えられたときから金融業に向かわざるをえない運命にあったのだと言っていい。

3 いいかげんなキリスト教

では製造業についてはどうか。製造業の発展についてはユダヤ人は貢献しなかったとマックス・ヴェーバーは言った。それに貢献したのはプロテスタントの精神だとヴェーバーは主張したのだが、そのプロテスタントを、キリスト教をやはり私たちは充分理解していない。以下ではプロテスタントを中心としてキリスト教について概観しながら資本主義の文化との関連について考えてみる。

多くの宗派

ところで一口にプロテスタントといっても多くの宗派がある。プロテスタントという一つの宗派があるわけではない。

キリスト教は4世紀にコンスタンチヌス帝によって公認されローマ帝国の国教となる。11世紀にキリスト教会は西方教会（ローマ・カトリック教会）と東方教会（正教会、あるいはオーソドックス教会）に分かれる。はたから見れば分裂なのだが、お互いがお互いを破門したので当事者たちは分裂とは思っていない。それはどうでもいいが、この西方教会、ローマ・カトリック教会から16世紀に分かれたのがプロテスタントだ。プロテスタントはローマ・カトリック教会から分離独立した非ローマ・カトリックの多くの宗派の総称である。プロテスタント内の諸派は教派とよばれる。

教派、宗派が多いのがキリスト教の特徴と言えると思う。

ユダヤ教、イスラム教にも宗派はある。ユダヤ教の宗派は律法を厳格に解釈するか緩やかに解釈するかの相違によるものらしい。イスラム教の代表的な宗派といえば、シーア派とスンニ派を私たちはすぐ思い浮かべることができるが、両派の違いはマホメットの後継者の正当性にかんするものであって、コーランの教えを至上のものとすることに相違はない。キリスト教のどの宗派も聖書を神の言葉として信じているし、イエスをメシア、救世主として信じていることに相違はない。

しかし宗派ができた理由はさまざまである。ルター派教会は、ローマ・カトリック教会の権威主義は聖書の教えに反するとしてカトリックから離れた。英国国教会はヘンリー8世が離婚を認められなかったためカトリックと袂を分かつことになった。きわめて政治的というか個人的な理由であって聖書の解釈の違いによるものではない。

そのほかさまざまな理由で宗派、教派ができた。その多様性もまたキリスト教の特徴であると言っていいだろう。特にプロテスタントには多くの教派があり、その多様性がアメリカ社会の最大の特徴である多様性の基礎になっている。

教派の系譜

ではそのプロテスタントの教派にはどんなものがあるか。その主なものについて堀内一史は前掲『アメリカと宗教』で「宗教改革以来のプロテスタント教会の系譜」という図表を作成している。それに基づいて系譜を記してみよう。

まず宗教改革によってローマ・カトリック教会から四つの教会が分かれる。

① 英国国教会

② 改革派教会カルヴァン主義（オランダ、スイス、ハンガリー、フランス）

③ ルター派教会（ドイツ、スカンジナビア）

④ アナバプティスト派教会　　　　　　　　である。

①英国国教会から18世紀に米国聖公会とメソジスト派教会が分離独立する。メソジスト派教会から19世紀にホーリネス派教会が分かれる。そこから20世紀にペントコステ派教会が分かれる。

②改革派教会カルヴァン主義からは17世紀に会衆派教会が分かれ、そこからユニテアリンとバプティスト派教会が分かれる。18世紀初頭に長老派教会が改革派教会カルヴァン主義から分かれている。

④のアナバプティスト派教会からは17世紀にメノー派・アーミッシュが分かれる。

このほかにもアメリカでは、ユニバーサリスト、アドベンチスト、モルモン教、クリスチャンサイエンス、エホバの証人など次々に新しい教会が出てくる。

ここで私が第一章で再三言及した「福音派」が出てこないことに気がついた方も多いだろう。実は「福音派」は「派」という文字はあるが特定のキリスト教の教派のことではない。信仰の姿勢による分類である。

鈴木崇巨は『福音派とは何か？』（春秋社2019年）で、福音派とは、「(1)「聖霊」を強調する教会で、(2) 聖書を字句通り信じる教会、(3) 一九世紀後半に生まれた比較的新しい教会で、(4) 宗教改革以来の伝統的でない教会を指します。」と書いている。彼によれば、メソジスト派教会は「伝統的教会」であって、そこから分かれたホーリネス派教会は福音派であるということだ。

鈴木はまた「聖書の教えをそのまま信じようとする「傾向」の強い人々のことを「福音派」といいます。」ともいう。「聖書を字句通り信じる」人たちが福音派であるから、第一章でとりあげた『創世記』をそのまま信じ進化論を認めない人たちは福音派だ。また、同じく第一章で「大統領選挙は保守かリベラルかの選択」と書いたが、福音派は「保守派」ということになる。

「保守」のほうが「リベラル」よりも歴史が新しいということは興味深いことであるが、ここではそのことに立ち入らず、プロテスタントの系譜のことに戻る。

上述したように、多くの教会が出てくるのだが、それは分裂だけでなく合同から出てくる場合もある。そのことを橋爪大三郎は『ふしぎなキリスト教』（講談社現代新書2011年）で、「アメリカでは、教会どうしが自由競争しているので、落ち目の教会は教会堂を、別な教会に売ったりして、看板をかけ替える。まるで、銀行のM&Aみたいです。」と語っている。それを受けて大澤真幸は「三菱東京UFJ銀行みたいなことが。」とフォローする。

プロテスタント教会の合同が企業のM&Aみたいだ、というのは興味深い指摘である。カトリックは教会を大事にするから、というより教会なしではカトリックにならないからプロテスタント教会のように教会を離散集合させることはできない。プロテスタントは神と個人の関係が最も大切なので教会をそれほど重要なものとは考えない。

企業のM&Aで最も重視されるのはいうまでもなく利潤である。利潤が確保されるのであれば、合併でも、買収だろうが形態は問題ではない、伝統ある会社の名前が残るかどうかも問題ではない。プロテスタントの考え方と資本主義の文化はイコールなのだ。

歴代アメリカ大統領の教派

プロテスタントの教派が多いことはわかったが、ではアメリカの歴代大統領はどの教派に属していたのだろうか。

日本では歴代のアメリカの大統領について解説している書物が多数出ているが、大統領の宗教については触れられていない。触れられるとすれば、歴代の大統領でケネディだけがカトリックであった、ということである。もっとも現大統領のバイデンが二人目のカトリックであるので、今後はいっそう大統領の宗教に触れることはなくなるだろう。宗教をぬきにしてアメリカを語ることはできないのだが。

そんなわけで既存の文献からアメリカ大統領の宗教を調べるのは難しかったのだが、たまたまインターネットで「歴代アメリカ大統領」というサイトに宗教が掲載されていたのを見つけたので以下に記す。なお参考までに学歴と前職も記しておく。（掲載されていたのはオバマまでであったので、トランプとバイデンについては私が作成した。）

初代	ジョージ・ワシントン	**米国聖公会**	学歴特になし	軍人、農場主
2代	ジョン・アダムス	**ユニテリアン**	ハーバード大卒	弁護士
3代	トーマス・ジェファーソン	**キリスト教理神論**	ウィリアム・アンド・メアリー大卒	弁護士
4代	ジェームズ・マディスン	**米国聖公会**	プリンストン大卒	弁護士
5代	ジェームズ・モンロー	**米国聖公会**	ウィリアム・アンド・メアリー大卒	弁護士
6代	ジョン・クインシー・アダムズ	**ユニテリアン**	ハーバード大卒	弁護士
7代	アンドリュー・ジャクソン	**長老派教会**	学歴特になし	弁護士、軍人
8代	マーティン・ヴァン・ビューレン	**オランダ改革派**	学歴特になし	弁護士
9代	ウィリアム・ハリソン	**米国聖公会**	ハンプデンシドニーカレッジ中退	軍人
10代	ジョン・タイラー	**米国聖公会**	ウィリアム・アンド・メアリー大卒	弁護士
11代	ジェームズ・ポーク	**長老派教会**	ノースカロライナ大卒	弁護士
12代	ザカリー・テイラー	**米国聖公会**	学歴特になし	軍人
13代	ミラード・フィルモア	**ユニテリアン**	学歴特になし	弁護士
14代	フランクリン・ピアース	**米国聖公会**	ボウディン大卒	弁護士
15代	ジェームズ・ブキャナン	**長老派教会**	ディッキンソン・カレッジ卒	弁護士
16代	エイブラハム・リンカーン	所属宗派なし	学歴特になし	弁護士
17代	アンドリュー・ジョンソン	所属宗派なし	学歴特になし	仕立屋
18代	ユリシーズ・グラント	**メソジスト派教会**	陸軍士官学校卒	軍人

19代	ラザフォード・ヘイズ	**メソジスト派教会**	ケニヨン・カレッジ卒　ハーバード・ロースクール修	弁護士
20代	ジェームズ・ガーフィールド	**ディサイプルス派**	ウィリアムズ大卒	教員、弁護士
21代	チェスター・アーサー	**米国聖公会**	ユニオン・カレッジ卒	弁護士
22代	グローバー・クリーブランド	**長老派教会**	学歴特になし	弁護士
23代	ベンジャミン・ハリソン	**長老派教会**	マイアミ大卒	弁護士
24代	グロバー・クリーブランド	22代に同じ		
25代	ウィリアム・マッキンリー	**メソジスト派教会**	アレゲニー大中退	弁護士
26代	セオドア・ルーズベルト	**オランダ改革派**	ハーバード大卒	弁護士
27代	ウィリアム・タフト	**ユニテリアン**	イエール大卒 シンシナティ・ロースクール修	弁護士
28代	ウッドロウ・ウィルソン	**長老派教会**	プリンストン大卒	大学教員
29代	ウオーレン・ハーディング	**バプティスト派教会**	オハイオ・セントラル大卒	新聞社経営
30代	カルビン・クーリッジ	**会衆派教会**	アマースト大卒	弁護士
31代	ハーバート・フーヴァー	**クエーカー**	スタンフォード大卒	鉱山技師
32代	フランクリン・ルーズベルト	**米国聖公会**	ハーバード大卒 コロンビア・ロースクール修	弁護士
33代	ハリー・トルーマン	**バプティスト派教会**	カンザス州立大 ロースクール中退	農夫
34代	ドワイト・アイゼンハワー	**長老派教会**	陸軍士官学校卒	軍人
35代	ジョン・F・ケネディ	**カトリック**	ハーバード大卒	職業政治家
36代	リンドン・ジョンソン	**ディサイプルス**	南西テキサス州立教員養成大卒	教員
37代	リチャード・ニクソン	**クエーカー**	ウィッティア大卒 デューク大ロースクール修	弁護士
38代	ジェラルド・フォード	**米国聖公会**	ミシガン大卒 イエール大ロースクール修	弁護士
39代	ジミー・カーター	**バプティスト派教会**	海軍兵学校卒	軍人、農夫

40代	ロナルド・レーガン	**ディサイプルス**	ユーリカ大卒	俳優
41代	ジョージ・H・W・ブッシュ	**米国聖公会**	イエール大卒	職業政治家
42代	ビル・クリントン	**バプティスト派教会**	ジョージタウン大卒　イエール大ロースクール修	弁護士
43代	ジョージ・W・ブッシュ	**メソジスト派教会**	イエール大卒 ハーバードビジネススクール修	実業家
44代	バラク・オバマ	**キリスト連合教会**	コロンビア大卒 ハーバード・ロースクール修	弁護士
45代	ドナルド・トランプ	**長老派教会**	ペンシルベニア大卒	実業家
46代	ジョー・バイデン	**カトリック**	デラウェア大卒 シラキューズ大ロースクール修	弁護士

第3代大統領ジェファーソンの宗教に「キリスト教理神論」とある。「理神論」とは、神の実在を合理的に再解釈しようとする論。無神論に近いものだから、どの宗派にも属していなかった、ということだろう。

第16代のリンカーンと第17代のジョンソンは「所属宗派なし」となっている。リンカーンは所属宗派を公表しなかっただけでありどこかの教会には属していたと思われる。彼が聖書に親しんでいたことはよく知られている。ジョンソンについては詳細不明。

こうしてみると米国聖公会に属していた大統領が11人で最も多い。次が長老派教会で8人だ。なお、45人中28人が弁護士出身である。これがアメリカ政治の特徴なのだが、これについては後で触れることにして、宗派の話だ。

長老派教会

佐藤優は『宗教と資本主義・国家』(KADOKAWA2018年)で、アメリカ大統領の宗派について言及している。長老派、カルヴァン派の話になったとき、池上彰が、「その長老派で活躍しておられるのがドナルド・トランプさんですね。」と佐藤に振って、佐藤はこう語る。

《そうです。トランプの属する宗教については、意外とみなさん気にしていな

いようですが、カルヴァン派の大統領は二〇世紀以降、三人しかいません。ウッドロウ・ウィルソン、アイゼンハワー、そしてトランプです。彼らはいずれも神がかりな人です。

ウッドロウ・ウィルソンは国際連盟などという、みんなが異常だと思っていたものをつくった。アイゼンハワーのノルマンディー上陸作戦も、みんな失敗すると思っていた作戦です。そして今度登場してきたのが、トランプです。

この人たちは、どのような状況にあっても自分が負けたと思わないため、打たれ強いのです。これは神様が与えた試練で、私にメッセージを与えているのだと考えるので打たれ強いのですが、逆に言うと反省しません。絶対、自分が悪いと思わない。》

佐藤は、このあと、カルヴァン派の人たちは基本的に金が嫌いだが、懸命に働かないといけないという倫理観に促され働いてお金を稼いでしまう、結果として、カルヴァン派の人たちは資本主義を発展させてしまうことになる、というマックス・ヴェーバーの説を紹介する。

それは問題ないが、カルヴァン派（長老派教会）の大統領としてウッドロウ・ウィルソン、アイゼンハワー、トランプの三人の名前を挙げた後で、「カルヴァン派の人たちは基本的にお金が嫌い」と言うのには疑問を感じた人もいるのではないか、トランプは不動産業を営むビジネスマンだろうと。

ウッドロウ・ウィルソンについてはわからないわけでもない。彼は唯一の学者出身の大統領である。歴代大統領で本物の博士号を持っていたのは彼一人だ。アメリカの大統領ともなればあちこちから名誉学位を贈られるが、彼はそうではなく学問の業績によって、最近コロナ禍でよく登場するジョンズ・ホプキンズ大学から政治学の博士号を受けている。彼はニュージャージー州知事時代にニュージャージー州の会社法を改正し株式会社に厳しい規制をかけている。彼は資本主義が嫌いだったかもしれない。

アイゼンハワーは政治や経済にはあまり関心がなかったように思う。政治に関心のない大統領というのも変な話だが、彼の先輩であるマッカーサーは1952年の大統領選挙では意欲満々で共和党からの指名をねらっていたけれども、彼はコロンビア大学の学長を勤めていて大統領選挙には関心がなかった。彼の支持政党は知られていなかったので共和党、民主党の両方から出馬を要請されたのだ。

アイゼンハワーにとっては共和党でも民主党でもどちらでもよかったのだろう。たぶん金もうけにも関心がなかったのではないか。

トランプはウッドロウ・ウィルソン、アイゼンハワーとはあきらかに違う。彼の行動は再選のためか経済的理由に基づくものだったと思う。彼はアフガニスタンから米軍を撤退させることを決めた。この決定はタリバンに有利であってアフガニスタンに和平をもたらすものではないと批判されたが、トランプは2兆ドルもの軍事費をつぎこんでもさしたる成果を上げられなかったことに耐えられなかったのだと思う。ビジネスマンは費用対効果を常に考える。「世界の警察」とか国際社会に貢献するといったお金のかかることは彼は好まない。彼の言う「アメリカファースト」は「マネーファースト」とイコールなのだ。したがって日本や韓国に対しては米軍駐留経費負担の増額を要求したのは当然であるし、中国に貿易戦争を仕掛けたのもまったくもって当然である。

トランプが資本主義経済システムの信奉者であったことは疑いがないし、「基本的にお金が嫌い」であるはずがない。同じカルヴァン派といってもトランプは、ウッドロウ・ウィルソンやアイゼンハワーとは、少なくともお金に関する限りは、まったく異質なのだ。

それでも佐藤の発言を引用したのは、彼の発言の最後のパラグラフにある、「逆に言うと反省しません。絶対、自分が悪いと思わない。」という箇所が重要だと思ったからだ。

アメリカの歴代大統領でトランプほど見事にこの箇所に当てはまる人はいないだろう。ウッドロウ・ウィルソンやアイゼンハワーが、自分が悪いとは思わなかったかどうかはわからないが、トランプは自分が悪いとは、あきらかに、思っていない。自分のやることはすべて正しいと思っている。自分がSNSで発信することは正しいが他人が発信することはフェイクなのだ。彼はいまだに大統領選挙で不正があったと主張する。自分が選挙で敗れるはずがない、なぜなら自分は神から選ばれた人物であるからだ、彼はそう思っているに違いない。

実はカルヴァンの教えを忠実に守っていくと「自分は神に選ばれた人間だ」という確信に行きつくのだ。

ルターとカルヴァン

ではそのカルヴァンの教えとはどういうものだろうか。どのような特徴があるのだろうか。

言うまでもないことだがカルヴァン派が誕生したのは宗教改革が契機である。

私は高校生のときに世界史の教師が「世界史のヤマはフランス革命だ」と言ったことをいまだに覚えている。当時はそうなんだろうなと思ったが、最近は、経済学者なら「西洋史のヤマは宗教改革だ」と言うのではないかと思うようになった。『プロ倫』に批判的な人でも、宗教改革がなかったらアメリカという国は誕生しなかったということは認めざるをえないだろう。アメリカはイギリスのカルヴァン派、ピューリタンによって建国されたのだが、ピューリタンは宗教改革の産物であるからだ。

もしアメリカという国がなかったらと考えることは意味がないことだが、アメリカを抜きにして現代社会を語ることはほぼ不可能であると言っていいのだから、やはり宗教改革は世界歴史上の重大なエポックであると言える。

しかしここでは宗教改革について詳細に触れる余裕はない。宗教改革の契機になったルターの思想についても、ここでは、ルターの思想は資本主義の発展にはカルヴァン派ほど大きくは貢献しなかったと言うにとどめたい。

『プロ倫』におけるルターの扱いは微妙であるように私には思える。ヴェーバーは「ルッターの天職観念—研究の課題」というセクションを設け、ルターが旧約聖書の外典の一つである『ベン・シラの知恵』から見つけた概念をBeruf「天職」と翻訳したことについて詳細に説明している。Berufと同様の表現はヘブライ語やラテン語ではどうか、ギリシャ語にはない、ロマンス語系ではどうかと例によって長く難解な注釈が続くが、「ルッターの場合、天職概念は結局伝統主義を脱するに至らなかった」と結論づける。そして「ルッター派的な形での宗教生活の変革」は資本主義の精神の探求には意味をもたないわけではないと言ってから、「ただその実践的意味は、明らかに、ルッターおよびルッター派教会の世俗的職業に対する態度からは直接には導き出すことはできない」と続け、「種々な形態のプロテスタンティズムのうち、その生活実践と宗教的出発点との関連がルッター派の場合よりも一層確かめやすいものをとって、それを観察する方がよいように思われる。」と言う。そして、「われわれが最初に立ち向かわねばならない信仰は、カルヴィニズムだ。」と言ってカルヴィニズムの説明に移ってしまうのだ、延々とルター派の天職観念について述べたのに。

ヴェーバーは、プロテスタンティズムの倫理と資本主義精神の発展との関係を探求するにあたってはルター派を研究するよりもカルヴィニズムを研究したほうがわかりやすいと言っているのであって、ルター派は資本主義精神の発展に貢献していないとは言っていない。しかし、その後の論述から、ルター派はカルヴァン派ほど資本主義精神の発展に貢献していないと読めると思う。

ルターには、よく知られているように、何かを「改革」しようという気持ちはなかった。歴史神学者の徳善義和は『マルティン・ルター』(岩波新書2012年)で「彼の問題関心はつねに、聖書のことばから与えられる洞察をもとに、信仰を生きいきとさせ、新しい神学を構築していくことにあった。」と書いている。ルターはそのために聖書のドイツ語訳に精力をかたむけた。

彼がドイツ語にこだわったのは聖書だけではなかった。伝統的な讃美歌の歌詞はラテン語で書かれていたので民衆には理解できなかった。そこでルターは、徳善によれば、民衆に歌わせることにより礼拝に参加させようとして、同僚や音楽家の協力をえてドイツ語による新しい讃美歌集を作ったということだ。この民衆が歌う讃美歌はやがて「コラール」と呼ばれるようになる。徳善は、「ルターは生涯の間に五〇編ほどのコラールを作詞し、そのいくつかについては作曲もした。」と書いている。ルターには音楽的才能もあったのだ。

コラールはヨハン・セバスティアン・バッハの教会音楽に大きな影響を与えた。西洋音楽史はバッハを抜きにしては語ることができない。であれば、私たちが「クラシック音楽」と呼んでいるものは宗教改革の産物であると言えるかもしれない。

とにかくルターは社会問題には関心がなかった。彼がドイツ農民戦争と呼ばれる農民一揆で農民に冷淡であったこと、むしろ鎮圧を諸侯に求めたことはよく知られている。東京告白教会の牧師であった渡辺信夫は『カルヴァン』(清水書院1968年)で、「マルチン＝ルターは、貧しさにいためつけられた農民たちが、今日から見てもっともだと思われる程度の要求をかかげたとき、かれらの社会的要求を是認することができなかった。ルター自身の中には、キリスト教の真理についての深い把握があったが、社会を見る目はほとんど開かれていない。」と書いている。

ルターのように宗教的に深く沈潜すればするほど社会的な意識からは遠ざかるのが一般的であろう。しかし、渡辺は、「宗教的な深みと、社会的な意識、社会を進歩させていこうとする態度が結びついているタイプもある」として、そのタイプの先駆者がカルヴァンだと言う。

フランスでは宗教改革が社会改革と結びついていた。それはジュネーブでも同様であって、「ジュネーブの宗教改革は宗教的な手続きによってではなく、政治的な手続きによってなされた。市会が市民をここまで引っ張った。」と渡辺は書いている。さらに彼はジュネーブ市がカルヴァンらを雇い給料を出していたと言う。

カルヴァンは市当局と衝突して一度はジュネーブを離れるのだが、基本的には市という行政組織と関わりあって宗教改革を進めたことは事実だ。それで渡辺はカルヴァンには「社会を進歩させていこうとする態度」が見られるとしたのだと思うが、私は渡辺の見解には少し疑問を感じる。

カルヴァンとルターの行動は対照的に見えるが、カルヴァンもルターと同様、社会の進歩とか改革には関心がなかったのではないか。

渡辺によれば、カルヴァンはもともとは古代文芸を研究するヒューマニストであった、ヒューマニストは中世以来大学で重んじられてきた神学や哲学を人生に本当の意味でかかわっているものとは認めなかった、彼らは人間を中心においてものを考えていた、ということだ。そして「カルヴァンがかってそこに身を置いていたフランス―ヒューマニズムは、キリスト教を重んじてはいたが、最も深いところにおいては、神よりも人間に重きを置く態度をとっていた。」と書く。

つまりカルヴァンは神から一歩距離を置いていたのだ。渡辺の文を借りれば、「人に対しては優雅に・礼儀正しく接することを知っていたかれも、内面の深いところにおいては、神に対して少しも従順でなかった。」ところが、いつどのようにしてかはわからないが彼は突然「回心」するのだ。神への従順へと向きを変えたのだ。渡辺は「彼は神にすべてを明け渡さずにおれなくなった。神がすべてであり、自分が無であるような関係がはじまった。」と書き、さらに「カルヴァンは回心によって神をとらえたのでなく、神にとらえられた。」と言う。この渡辺の指摘は重要である。

神への傾斜が強まれば強まるほど、周囲には神と自分以外のものはなくなる。であれば自分と神の領域に「人間社会」はもう存在しない。カルヴァンはヒューマニストであることをやめたときに社会から精神的に離れたのだ。

ルターにはこのような回心はなかった。彼は最初から最後まで神に向きあっていた神学徒であった。彼自身の神との距離はおそらく生涯変わることはなかった。社会との距離も変わることはなかっただろう。突然の回心によって神との距離を一気に縮めたカルヴァンにあっては、社会との距離も急激に変化した。その勢いのあまり、むしろルター以上に社会への関心は薄れてしまったように私には思える。

ただし、神への従順という彼の思想を徹底させることが結果として彼の意図することではない社会改革につながってしまった、あるいは彼が社会改革を意図していたととられてしまった可能性はある。たとえば彼はジュネーブ大学の学則を作ったりジュネーブの教会改革を行ったりもした。そのようなことが、それはあくまでも神に従うためのものであったのだが、ジュネーブ市政に感化を与えたことも否定できない。

また渡辺は「オランダの独立戦争や、イギリスの清教徒革命の背後に、カルヴァンの精神的感化が強かったことは、人の知るとうりである。」と書いているが、そうだとしても、カルヴァンが社会革命を支持していたとは思えない。しかし、神への従順を徹底すれば、当然、「神から政治権力の委託を受けていないものが権力を代わって持つことはまちがいだ」という結論に達するが、このカルヴァンの見解が、神への従順という彼の意図に反して、革命の正当性を根拠づけるものと考えられた可能性はある。

渡辺の『カルヴァン』の背表紙には「いったい、宗教思想というものは社会の思想から数歩しりぞいたところに立つのがふつうである。ところがカルヴァンは、社会をリードし開発していくような思想の開拓者となった。」というキャッチコピーがある。

私ならこう書く。「宗教思想というものは社会の思想から数歩しりぞいたところに立つ。カルヴァンも数歩、いや、彼ははるか遠くにしりぞいたところに立っていた。あまりにも遠いところにいたために、つまり神への従属のために不都合なことを改めることを徹底したあまり、それが社会を改革する思想と受け取られてしまった。」

ずいぶんとぎこちないコピーになってしまったが、私のこの論法は、言うまでもなく、資本主義を発展させようという意図がまったくなかったカルヴィニズムの生活態度（エトス）が結果として近代資本主義の精神にむすびついていったというマックス・ヴェーバーの論法をまねている。

カルヴィニズムの特徴、予定説

ではそのカルヴィニズムの特徴はどういうものだろうか。カルヴィニズムは「プロテスタントのあり方の最も徹底したヴァージョン」（大澤真幸『ふしぎなキリスト教』）と言われる。他のプロテスタントの教派とどこが違うのか。

マックス・ヴェーバーは『プロ倫』で、カルヴィニズムについて「この信仰のもっとも特徴的な教義とされ、また一般に、今日でもそう考えられているのが恩恵による選びの教説〔予定説〕である。」と書いている。

ところが、渡辺は『カルヴァン』で、予定説について「これがカルヴァンの思想の特色といえるかどうかは問題である。まして、この点にかれの思想の中心をおくことは、はっきりまちがいである。」と断定する。

では、彼の思想の中心は何であるのか、予定説はカルヴァンの思想のなかにどのような位置をしめていたのかということについては、渡辺は明言していない。ただ「カルヴァンの神学が予定論を中心としていると解する見方は、かつて有力であったが、今日では、カルヴァン研究に専門的にたずさわる人の間では、しりぞけられている。そのような事実はないからである。」と言うだけだ。そして「予定論に反対する人があれば、カルヴァンはすぐに反論した」と書くので、いっそうわからなくなる。

予定説がカルヴィニズムの特徴的な教義だというのはまちがいだという渡辺の主張の根拠は今一つ不明なのだが、ここでは渡辺の主張を考慮して、前掲『アメリカ』で橋爪大三郎が「カルヴァン派がルター派といちばん違うのは、やはり、救済予定説です。」と言っているのを採用し、ルター派とは明らかに異なる特徴的な教義、としておこう。

予定説とはどんなものであるか。これは私たち日本人にはわかりにくい。私は予定説を知ったとき、このようなものが宗教の教義であっていいのだろうかと思った。

キリスト教徒は最後の審判で、神の国で永遠の生を受けるか、それとも地獄に堕ちるかを告げられる。「審判」というのだから、神がそれまでの人間の行動を検証し天国に行くのがふさわしい人間か、地獄に堕ちるべき人間なのかを神が判断するのだと私は思っていた。ところが予定説によれば、神に救われる人間は最初から決まっていた、天地創造のときからすでに決まっていたというのだ。しかもその決定は人間がいくら努力しても変更されることはないという。たとえば地獄に堕ちると決められていた人が、悔い改めて、いくら善行を重ねたとしても天国に行けるようになることはない、これが予定説だ。

私はキリスト教徒ではないので、最後の審判に臨むことはないが、敬虔なキリスト教徒は最後の審判で、一生懸命に神に仕えたのに、あなたの運命は天地創造のときからもう決まっていたのですよと言われることを不条理だと思わないのだろうか。橋爪大三郎は『ふしぎなキリスト教』で「これは、宝くじの抽選をすませてから、売り出すのと同じようなもの。」と言っている。宝くじを抽選してから販売したら日本人は怒るだろう、そんなのフェアじゃないと。キリスト教徒は、そんなのフェアじゃないとは思わないのだろうか。

小室直樹は『日本人のための宗教原論』(徳間書店2000年)で、「この予定説は、ものすごく理解が困難である。生まれたときからキリスト教に包まれている欧米人といえども、ほとんどの人は理解できていないという難物なのだ。」と書いている。つまりキリスト教徒の中にも疑問に思う人はいるのだ。フェアじゃないと思う人はいるのだ。

マックス・ヴェーバーは、カルヴァンにあっては「人間のために神があるのではなく、神のために人間が存在する」と言った。これがまさしく、カルヴィニズムは「プロテスタントのあり方の最も徹底したバージョン」であることを示している。「最も徹底した」プロテスタントのカルヴァンは、フェアでなくなっていいんだ、と言うのだろう。フェアだとかアンフェアだとかは人間の言うことだ、人間がいくら不平を言っても神の決定は影響されない。すべては神が決める。これが「人間のために神があるのではない」とするカルヴィニズムの考え方だ。

すべて神が決めるのであれば、救済される、されないが最初から決定されていること、その決定は決して覆らないことはわかった。でもまだ大きな疑問が残っている。ヴェーバーは予定説に従えば勤勉になると言ったが、そうなのだろうか。最初から決まっているならみんな自堕落になるのではないだろうか。いくら努力しても地獄に堕ちるのなら努力したってしょうがない。天国に行けることが決まっているのなら無理してがんばる必要はない、適当にやってればいい、そう思うのではないのだろうか。なぜ勤勉になるのか。

橋爪大三郎は『ふしぎなキリスト教』で、ゲームの理論をもちいてこの疑問に答えている。彼の説明を要約する。

プレーヤーは神と人間の二人。神の選択肢は、救済する／救済しない。人間の選択肢は勤勉に働く／自堕落に暮らす。神が先に選択し人間は後から選択する。人間は神がどちらを選択したかは知ることができない、というのがゲームの設定。

神が救済すると決めている場合。人間は勤勉だろうが自堕落だろうが、いずれ救済されるのだから勤勉に働くだけ無駄、だから自堕落に暮らしたほうがいい。

神が救済しないと決めている場合。人間は勤勉だろうが自堕落だろうが、どうせ救済されないのだから勤勉に働くだけ無駄、だから自堕落に暮らしたほうがいい。

どちらの場合も自堕落に暮らしたほうがいいという結論になる。つまり「自堕落に暮らす」が支配戦略になる。

これが橋爪の説明である。そんなことは、ゲームの理論など持ち出さなくても最初からわかっていることではないかと言いたくなる。予定説が信じられている社会ではみんな自堕落になってしまいそうだが、そうはなっていない、それはなぜかということが問題なのだ。

そこで橋爪は「勤勉に働くことは、神の命じた、隣人愛の実践である。この状況で勤勉なことは、神の恩寵のあらわれです。となると、自分の神の恩寵を受けていると確信したければ、毎日勤勉に働くしかない。」と言う。引用文中、「この状況で」というのは「自堕落に暮らすことが支配戦略になっている状況で」という意味である。

この橋爪の説明を受けて大澤は、「自分が救済されていると確信したければ、支配戦略とは違う方向にいかなければならないんですね。」と言う。そして橋爪は、「そうそう。神の恩寵は、ゲーム理論の戦略的思考を超えている。」と締める。

なるほど、これでわかる。ポイントは、神の恩寵を受けていると確信したい人間の心情にあるのだ。勤勉な人は神から愛されている、神の恩寵を受けているというのはキリスト教徒にとっては揺るがないことなのだろう。だから恩寵を受けていると信じたければ勤勉にならなければならないのだ。

それにしてもここでゲームの理論を持ち出す必要があるのだろうか。私にはかえってわかりにくくなっているように思える。ゲームの理論においてはプレーヤーが同質的であってはじめて戦略が意味を持つのではないだろうか。神と人間ではあまりにも違いすぎる、お互いの選択がお互いに影響を及ぼすことはない。神は別世界にいる。

ゲームの理論を適用するのはまちがいだとまでは言わないが、あまりなじまないのではないか。橋爪も「神の恩寵は、ゲーム理論の戦略的思考を超えている」と自ら言っているのだから。

それはさておき、これ以後の説明はとてもわかりやすい。橋爪と大澤のやりとりをそのまま抜き出そう。

《**橋爪**　さて、恩寵を確信したい人はこうやって勤勉に働きますが、恩寵を感じない自堕落な人も、さも勤勉そうにしていないと、ビジネスに差し支える……

大澤　怠けていると、あいつは救われていないやつだ、と見られてしまうからですね（笑い）。

橋爪　そう。パン屋はパンが売れない、銀行は預金が集まらない。商売できなくなってしまうので、みな勤勉に働かざるをえなくなる。ヴェーバーが言っているのは、こういうことではないかな。》

キリスト教徒は誰でも救われたい、あるいは救われていると信じたいはずだ。

繰り返しになるが、神の恩寵を受けている人は勤勉だということがポイントなのだ。だから、救われたい、救われていると信じたい人は勤勉に働く。金もうけをしてやろうと思って一生懸命働くのではない、救われていると信じたいから一生懸命働く。そして、あいつは救われていないやつだと思われたくないから一生懸命働くというわけだったのだ。

一生懸命働けば、ふつうはある程度の成果がえられる、成功する。成功すると自分はやはり救われていた人間なのだと確信する。自分は神から選ばれた人間なのだと思い込んでしまう。

ここで「絶対、自分が悪いと思わない」人、ドナルド・トランプに戻る。トランプはとにもかくにも大統領になった。彼は自分はやはり神から選ばれた人間だったのだと確信したにちがいない。だから自分のやることは正しいと確信する。彼の政策が世界のいたるところから非難を浴びても彼は動じない。自分が選挙で敗れるはずはない、不正があったにちがいないと今でも信じているのだ、神から選ばれた人間が敗れるはずがないと信じているのだ。

カルヴァン派、長老派教会そしてプロテスタントにかぎらず、キリスト教徒の中には、自分は神から選ばれた人間だと信じている人が少なからずいる。このような人たちは、私たちには、ときとして理解しがたい行動をとることがある。

宗教学者島田裕巳は『金融恐慌とユダヤ・キリスト教』（文春新書2009年）で、アメリカの金融機関や大企業の幹部について、「ビジネスの最前線に立つエリートたちは、成功を勝ち得てきたことで、自分は選ばれた存在であると考えている。その選民意識が、日本の社会なら道徳や倫理に背く反社会的な行為を実行することに躊躇いを感じさせないのである。」と書いている。

島田は経営危機に瀕して公的資金が投入されたアメリカの大企業の経営者に多額のボーナスが出たことを批判しているのだが、たしかにアメリカの大企業の幹部の報酬の多さは私たちには異常に見える。日本にはアメリカの大企業を凌駕する実績をあげている企業があるが、その企業の社長や幹部の報酬はだいぶ見劣りする。

そのことを思い出させるのがカルロス・ゴーンの事件だ。彼の報酬がきっかけとなった事件だが、ほとんどの日本人は彼はもらいすぎだと思っているだろう。でも彼は、まちがいなく、自分はもっともらう価値があると思っているはずだ。おそらく彼は、自分は神から選ばれた人間だと思っているだろう。もちろん彼はキリスト教徒（マロン派）だ。

カトリックと金融業

マロン派はプロテスタントではない。ただしローマ・カトリック教会ではなく東方教会に属する、レバノンに多くの信者がいる宗派である。カルヴァン派以外の宗派が出てきたところで、ここでカルヴァン派以外のキリスト教をみてみよう。

これまでプロテスタントの倫理が資本主義の精神にいかに親和的であったかを見てきた。ではカトリックはまったく資本主義に無縁であったのかというとそうではない。実はカトリックは近代的金融業の発展に貢献しているのだ。

マックス・ヴェーバーは『宗教社会学』で、ユダヤ教が近代における資本主義的経済体系の展開にいちじるしく関与していたというゾンバルトの見解を批判して、「経済的な面からいえば、しかしながら、例えば「商人の市場」としての証券取引所は、ユダヤ人ではなくてキリスト教徒の商人によってつくり出されたものである。」と書いている。

「経済的な面からいえば」と書いているのは、ヴェーバーが、ゾンバルトのいうところのユダヤ人の資本主義的経済システムへの貢献を、法的なものと経済的なものに分けて言及しているからだ。法的なものとしてはヴェーバーは有価証券をあげているが、彼は有価証券はユダヤ起源ではなく、おそらくバビロニアが起源であろうと言っている。

それはさておき証券取引所を作ったのはキリスト教徒だということに注目し

よう。

世界最古の証券取引所はいつどこで？という問いに対しては二つの有力な答えがある。一つは1531年に開設されたベルギーのアントワープ証券取引所。もう一つは1602年に開設されたアムステルダム証券取引所。アムステルダムの証券取引所はアントワープの証券取引所の70年も後だが、それでもそれを世界最古とするのは、ここでオランダの東インド会社の株が世界で初めて発行されたので、それを持って近代的証券取引所の嚆矢とすると考える人がいるからだろう。ヴェーバーが想定していたのはどちらであるか不明だが、いずれにしても「キリスト教の商人」がつくり出したものであることにはまちがいない。

ここでは年代が古いアントワープの証券取引所を世界最古としておこう。アントワープのあるベルギーはカトリック国家だ。そして当時ヨーロッパの金融業界を支配していたのはイタリア人であったが、イタリアはいうまでもなくローマ・カトリックの総本山である。

私は先にユダヤ教、ユダヤ人が金融業発展の基礎を築いたと書いた。金融業はユダヤ人の独壇場であるというような書き方であったかもしれないが、それはせいぜい10ないし11世紀ぐらいまでの話であって、それ以降のヨーロッパの金融界ではキリスト教徒が優勢であったと言っていい。

佐藤唯行は『英国ユダヤ人』（講談社1995年）で「一三世紀英国の外国人金融業者のなかで、国王財政に対する貸付（ローン）で最も重要な役割を果たした集団はテンプル騎士団（西欧中世の三大騎士団の一つ。金融業などで莫大な富を築いた）とイタリア人銀行家である。」と書いて、13世紀後半の英国において、イタリア人銀行家の台頭がユダヤ人の没落をひきおこしたことを説明している。

佐藤によれば、「イタリア人銀行家の英国王への最初の貸付はすでに一二世紀末に確認される。」ということであるが、その当時は英国王は資金調達をまだユダヤ人に頼っていた。ところが一三世紀後半にはイタリア人銀行がユダヤ人を完全に凌駕する。佐藤は「イタリア人銀行家がユダヤ人を圧倒し得た原因」として二点あげている。

一つは信用業務技術の卓越性。「当時、すでにイタリア人銀行家は同国人間の取引において、今日の為替手形に類似したシステムを完成していた。」これにより彼らは遠隔地間の代金決済に伴う失費とリスクを回避できたと佐藤は指摘する。

もう一つは英国ユダヤ人の経済的機能と活動領域がきわめて限定されていたのに対し、イタリア人銀行家の経済機能は多岐にわたっていたし活動領域も国際的であったということ。すなわち、英国ユダヤ人の経済的機能は消費者金融業に限定されていた、活動領域もほぼ英国内に限定されていた。一方、イタリア人銀行家は「十分の一税を徴収する教皇庁の徴税請負人の役割」を果たした。「貨幣を前貸しすることにより、大土地所有者から収穫後の現物（すなわち、羊毛、穀物等の輸出向け農産物）による支払いを受け、英国ユダヤ人が決して従事することのできなかった当時のヨーロッパ世界の最も重要な貿易品目の一つ、羊毛の遠隔地貿易に従事した。そして以上の広範な活動を通じて、ユダヤ人を凌駕する資金を蓄積できたのである。」と佐藤は指摘する。

佐藤は二つの要因をあげているが、最初の金融技術の問題は二つめの要因に附随するものであり、実質的には一つであると言っていい。

当時の英国ユダヤ人の金融業はいわば町金融であり、複雑な金融技術は不要であった。そして、中世英国のギルドはキリスト教徒の団体でありユダヤ人は構成員になることはできなかった。製造業からは完全に締め出されていたから、たとえ町金融で余剰金ができてもそれを製造業に投資して資本を増やすことはできなかった。それに居住区が定められていて移動の自由も制限されていたから、製造業以外の産業であっても困難であっただろう。

12、13世紀のヨーロッパでは、ユダヤ人が羊毛、穀物の貿易に従事していたが、佐藤は「同時代の英国に関する限り、大規模な国内商業、外国にユダヤ人が従事した記録は未確認である。」とし、他の歴史家の見解も紹介して「金融業のみが中世英国ユダヤ人の主要な経済活動」であったと断言する。

英国ユダヤ人の金融業は、製造業などの実体経済を有していない、いわば虚業、というのは言い過ぎかもしれないが、実体経済という推進力のない発展性に乏しいものであった。町金融が大銀行に成長するためには活発な実体経済が必要なのだ。ゾンバルトは「金の貸付から資本主義が生まれた」と言ってユダヤ人の金貸しとしての特性が資本主義の促進に適していると主張しているが、中世の英国ユダヤ人の金融業はゾンバルトの見解を支持してはいない。

英国ユダヤ人だけでなく、中世ヨーロッパのユダヤ人も同様だ。そもそも彼らは自分の金を持っていなかった。自国の通貨を持っていなかったのだ。持ちたくても持つことはできなかった。そのような状況で国民経済を発展させることはできない。

さらに13世紀末にはユダヤ人が英国から追放されることになる。再入国が認められるようになったのは宗教改革がきっかけである。宗教改革によってプロテスタントが誕生するのだが、佐藤は、ピューリタンの意識の中に悪魔（反キリスト）としてのユダヤ人イメージがしだいに薄れ、神の歴史計画で重要な役割をはたす「神の選民」としてのユダヤ人イメージが徐々に形成されていったという。そして、その背景には、当時のピューリタンが強く支持していた千年王国論があったという。千年王国論の説明はここでは省くが、千年王国到来のためには、英国へのユダヤ人の公式な入国を許可してユダヤ人の「離散」を成就させ、彼らをキリスト教に集団改宗させることが必要であり、それが英国に課せられた国家的使命であるとピューリタンは考えた。そして1650年代前半（千年王国は1656年に到来するとされていた）には、ピューリタンの指導者たちが、説教、書物を出版してユダヤ人の再入国を求め、議会への請願活動も行ったという。

この佐藤の指摘は重要である。キリスト教とユダヤ教は激しい敵対関係にあると思われているが、またそれがまちがいではないことを歴史が証明しているが、プロテスタントのなかにはユダヤ人を「神の選民」と認めた人たちがいたことを知っておくべきだろう。

とにかくユダヤ人は1656年にクロムウエル政府によって再入国を認められるのだが、ユダヤ人が英国経済で台頭し、ゾンバルトが指摘した金融業への適性を遺憾なく発揮するのは19世紀前半のことである。すなわち、ベアリング・ブラザーズやロスチャイルドなどのユダヤ系のマーチャントバンク（投資銀行の前身）の活躍であるが、これらマーチャントバンクは大英帝国の綿織物、毛織物工業や東インド会社などの貿易によって蓄積された資本を食い物にして、という表現が穏当でなければ、利用して、大きくなっていったものである。つまりユダヤ人が自らは実現しえなかった実体経済の成果なしには彼らは金融業への特性を発揮することはできなかったのだ。

ユダヤ人の方向に話が行き過ぎた。イタリア人銀行家に話を戻そう。

『エコノミスト』の編集長であったウオルター・バジョットは1873年に『ロンバード街』という英国の銀行制度を説明した本を出版している。この本のタイトルになっているロンバード街はロンドンのテムズ川北岸、いわゆるシティのイングランド銀行から東へ300メートルほどの金融機関が集まっている通りの名称だ。つまりアメリカのウオール街に相当する。

北イタリアのミラノからベニスにかけての平原をロンバルディア地方というが、「ロンバード」という名称は、このロンバルディアに由来する。昔ロンドンで活躍していたイタリア人銀行家は北イタリア出身だったのだろう。

北イタリアでもう一つ思い出すのは複式簿記だ。複式簿記は13世紀から14世紀ごろに北イタリアで考えられたものといわれている。ヨーロッパ最古の銀行も北イタリアが発祥の地であるが、銀行業務には欠かすことのできない複式簿記もそうであることはもちろん偶然ではない。近代的銀行業は英国が発祥の地とされているがその基礎は北イタリアからやってきたのだ。

ではなぜ北イタリアで銀行業の基礎ができたのか。それは十字軍がもたらしたものである。十字軍の目的はエルサレム奪還であったが、数次の遠征の結果、東方の物が西ヨーロッパにもたらされることになった。これにより地中海交易が盛んになり、ヴェネツィア共和国やジェノヴァ共和国など北イタリアが繁栄することとなった。

イタリアの銀行の前身はこの地中海交易に従事する商社であった。取引が活発化複雑化するにつれ商社金融が発達する。そのなかで金融に特化する者が現われ銀行の誕生となったのだ。

マックス・ヴェーバーのひそみにならえば、十字軍は金融業、資本主義を発展させるために遠征したのではなかったが、結果として北イタリアの資本主義発展を促進させることになった。

十字軍遠征の恩恵を受けたのは北イタリアだけではない。地中海から少し離れたフランスのパリ近郊に本拠地を置いたテンプル騎士団もまた十字軍の遠征により財務基盤を大幅に拡充することができた。

フランスの歴史研究家でもある直木賞作家の佐藤賢一は『テンプル騎士団』（集英社新書2018年）で、「テンプル騎士団は常備軍だった。封建軍が主体の時代にあって、ほぼ同時期に設立された聖ヨハネ騎士団と並びながら、ヨーロッパ初の常備軍だったといってよい」と述べている。れっきとした軍隊だ。しかし、軍事活動だけでなく巡礼者の保護や巡礼路の警備といった警察活動も行っていた。この警察活動が十字軍によってテンプル騎士団の性格を変えていくことになる。

戦争は金がかかる。フランス国王もイングランド国王も他の諸侯も十字軍に金を出すが、戦地まで現金、当時はまだ紙幣は流通していなかったので貨幣を輸送しなければならなかった。しかし当時は、現金にかぎらず他の物資でも途中で略奪される可能性があったので物資の輸送にはかなりのリスクが伴った、現金ならなおさらだ。

そこで軍事、警察力のあるテンプル騎士団が現金の輸送を担うことになった。そのうちに他の物資も運ぶことになりテンプル騎士団は運送業者となったのだ。

佐藤によれば、「十二世紀の当初は、契約した民間の船を使っていたようだが、テンプル騎士団は十三世紀には自前で船を持つようになった。」テンプル騎士団の船なら安全だということで巡礼者もテンプル騎士団の船を利用するようになった。つまり旅行会社でもあった。

物や人を東方に運んで下してしまえば船は空になるが、そのまま帰ることはしない。現代のトラック運送業者は帰りにも必ず荷物を積み込む。片道のみの運送ではガソリンを無駄に使うことになり効率が悪く業として成り立たなくなるのだ。テンプル騎士団もそれを避けるために東方で綿布、香辛料など西方で高く売れるものを仕入れて西方に運び莫大な収入を得た。つまり商社でもあった。

また佐藤によれば、テンプル騎士団は農場で牛や豚を飼い、それらを精肉し肉屋も営業していたという。「直営なので値段も安かったらしい。パリの肉屋組合から訴えられるまでに繁盛して、国王裁判所から「陳列台二つまで」と売る肉の量を制限されている。」ということだ。小売店でもあったのだ。

こうしてみるとテンプル騎士団は軍事、警察から総合商社となったような感があるが、メインは金融業であった。

貨幣の輸送は簡単ではない。いくらテンプル騎士団といっても安全上のリスクは皆無ではなかったろうし、だいいち重い。できれば運びたくはない、そういう思いが強くなれば為替手形を思いつくには時間がかからない。

先に、すでにイタリア人銀行家が今日の為替手形に類似したシステムを完成していた、という佐藤唯行の指摘を紹介したが、テンプル騎士団とイタリア人銀行家のどちらが先にこのシステムを開発したのかはわからない。どちらかがそれを取り入れたのか、それともお互いに無関係で独自に開発されたのかもしれないが、とにかく豊富な資金と各地に多くの支部を有していたテンプル騎士団は為替システムを利用して大規模金融業者になることができたのだ。

また佐藤唯行が、13世紀英国の国王へのローンで重要な役割を果たした者としてイタリア人銀行家のほかにテンプル騎士団をあげていたことを思い出していただきたい。佐藤唯行は「テンプル騎士団に関しては、英国王政府との取引を示す資料は極めて断片的で、その貸付額を数量的に測定することは困難である。」と書いている。

英国王政府はフランスから借金することを屈辱的と考えていたのではないだろうか、だから詳細な取引記録を残さなかったのだと私は考えているが、とにかくテンプル騎士団の貸付額は残念ながら不明だ。しかし、テンプル騎士団が自国にとどまらず外国にも市場を開拓していたことは明らかであり、そのことには驚きを禁じ得ない。

テンプル騎士団は、れっきとした軍隊でありながらさまざまなビジネスを、しかも大規模に営んでいた空前絶後の組織であった。佐藤賢一によれば、「それはヨーロッパ初の常備軍であり、ヨーロッパ一の大地主であり、ヨーロッパ最大の銀行だった」というのだから、私たちにはなかなか理解できないというかもう想像を絶している。佐藤賢一は「国際金融資本がアメリカ軍を持っていたようなもの」と言っている。しかも騎士たちは修道士であったのだ。

わが国でも興福寺や延暦寺の僧兵はよく知られている。しかし彼らは金融業などのビジネスにはまったく無縁であった。おそらくビジネスのことなどほんの一瞬も考えたことはなかっただろう。

騎士であり修道士でありビジネスマンであることがキリスト教社会では可能であったということ、そして十字軍の遠征という極めて宗教的な行動がそのビジネスの発展に大きく貢献したことを強調しておきたい。

キリスト教は、イタリア人銀行家とテンプル騎士団の金融業の発展に、別の意味でも貢献している。それは利子の問題だ。利子を抜きにしては金融業は成立しないが、ヨーロッパ社会には利子を悪とみなす伝統があった。アリストテレスが「貨幣が貨幣を産むことは自然に反している」と述べて利子を認めなかったことはよく知られている。ユダヤ教もこの考え方を踏襲した。キリスト教も当然そうである。「ローマ教皇のなかには、利子を認めれば、人々は生産活動を放棄して金を投資に回すようになり、それで生産活動が滞ると主張する者もあった。」（島田裕巳『金融恐慌とユダヤ・キリスト教』）

また、リチャード・トーニーの前掲書『宗教と資本主義の興隆』によれば、「困窮している人に金を貸し、その財産を抵当にとり、貸した資本額以上に利潤をとるような聖職者はその職を奪われることになった。はっきりとしている高利貸は聖餐に参加することが許されず、キリスト教徒としての埋葬をこばまれた。また、高利貸はその供物は受領されず、高利貸を罰することができなかった聖職者は、かれらの司教に納得がいくまでは、停職を命ぜられた。」ということだ。トーニーはこれらの規定は12世紀及び13世紀の宗教会議で定められたという。彼によれば、1274年のリヨンの公会議では、「金貸人は事実上の公権剥奪者となす」と定められた。「いかなる個人も団体も、高利貸に家を貸せば、破門か礼拝禁止の憂き目にあわなければならなかったし、(すでにかれらを家に入れている場合には)三ヶ月以内にかれらを追い出さなければならなかった。かれらは償いをするまでは、懺悔、赦免、キリスト教としての埋葬などを拒否され、またその遺言は無効となった。」ということだ。

ずいぶんと厳しい規定だ。このような厳しい定めがありながらテンプル騎士団やイタリア人銀行家はどうして活躍できたのだろうか。

テンプル騎士団は利子を取っていなかったのだろうか。そんなことはない。佐藤賢一は『テンプル騎士団』で「中世ヨーロッパの罪の意識から、さすがに堂々と利息と謳いはしないものの、テンプル騎士団は経費というような言葉を用いて、やはり利息を取っていた。」と書いている。イタリア人銀行家も「経費」として処理していたのかもしれない。また先に、利子と利潤は「贈与」として記帳するという手法も紹介したが、さまざまな抜け道があったのだろう。

そして「償いをするまでは」とあるところをみると何らかの方法で「償い」をすれば、たとえば教会に寄進するなどで、許されたのだろうか。詳細は不明だが、宗教会議で決められた厳しい罰則規定はあまり効果がなかったことだけは確かなようだ。

トーニーは、1312年のウィーン公会議では、高利貸に対する規制がさらに厳しくなったと述べている。そのことは、それまでの数次にわたる公会議での高利貸への規制は効果をあげていなかったということを示している。

先に述べたように、利子禁止規定が無効になるのは19世紀になってからだ。その500年もの間、これらの罰則規定を適用された金融業者がどれぐらいいたのか不明だが、この間に金融業が衰退していったわけではないから、そう多くの数ではなかったと思われる。つまり、キリスト教は、少なくともローマ・カトリック教は利子を事実上容認していたと言えるだろう。

このことはキリスト教が、他の一神教のユダヤ教やイスラム教と異なり、いいかげんな、という言葉が適切でないとすれば、柔軟な宗教であることを示している。あるいは「のりしろ」が広い宗教だとも言える。

ユダヤ教にあっては、先に述べたように利子の問題はかなり早い段階で解決しているし、イスラム教にあっても、学者の審査で適格と判断された取引方式（ムラバハ、タワルク、イスティスナなど。これらの方式の詳細は、吉田悦章『イスラム金融はなぜ強い』光文社新書2008年を参照のこと）によって利子を避けるシステムを確立している。

ユダヤ教の共同事業方式やイスラム教のムラバハなども、事実上の利子容認といっていい。その意味ではキリスト教と大差はないが、いずれも学者のお墨付きが与えられていて形式的に体裁を整えている点はキリスト教とは決定的に異なる。

一方キリスト教界においては、利子は経費、あるいは贈与として経理処理することの妥当性について聖職者が議論した形跡はなさそうだ。私が知らないだけで議論はあったのかもしれないが、もしあったとしても真剣に議論されてはいないと思う。

私は本論で、キリスト教界で利子禁止が無効とされたのは19世紀だと再三述べたが、それは『プロ倫』に拠っている。該当箇所はこうなっている。

《利子禁止はようやく19世紀にいたって —**その聖書的根拠にもかかわらず！**— 聖職会Congregatio S. Officiiの教書によって無効とされた（太字処理は庄司）》

ヴェーバーはクオーテーションマークを付して、聖書に書かれているにもかかわらず、と強調している。ユダヤ教、イスラム教にあっては聖書、コーランに書いてあることは決してないがしろにされることはない。聖書を信じなければユダヤ教徒ではないし、コーランに書いてあることを無視すればイスラム教徒ではない。

しかし、キリスト教は同じ一神教でありながら、いいかげん、いや柔軟である。この柔軟さが資本主義の発展を促したのだ。

キリスト教が柔軟であることは、信仰心が足りない、神と真摯に向き合っていない、とユダヤ教徒やイスラム教徒には映るかもしれない。いや、キリスト教徒の信仰心が不十分なのではなく、誕生したときからキリスト教は柔軟だった。柔軟であることはキリスト教の重要な特質なのだ。

「いいかげんな」宗教

ここではキリスト教の成立過程を詳述する余裕はないのでごく大雑把に書くと、旧約聖書の預言者はやがてメシア（ヘブライ語で「救世主」）がやってくると預言していた、預言者ヨハネは「自分の後から来る者はもっと偉大だ。」と言って、ナザレのイエスに洗礼を授けた、それで人々はイエスがメシア（ギリシャ語、ラテン語では「キリスト」）かもしれないと期待した、イエスはユダヤ人から神を冒涜したと糾弾され死刑になってしまったが、イエスの死後にイエスは神の子であったという人々が出てきた、最終的には、パウロの解釈によってイエスは神の子だということになる。

イエスが神の子とされた時点でユダヤ教とは別の宗教が誕生する。いままでは預言者を通じて神の言葉を聞いてきたが、イエスは神の子なのだからイエスの言葉はそのまま神の言葉ということになる。イエスを崇める新しい宗教の誕生だ。だからキリスト教はパウロによってつくられたということができる。

誰がキリスト教をつくったのかということはさておいて、重要なことはイエスが神の子とされたことでイエスは預言者以上の存在になったということだ。橋爪大三郎は『ふしぎなキリスト教』で、このことについて、「そこで、**旧約の預言者は重要でなくなった。**なにしろ、神であるイエス・キリストと直接連絡が取れたんですから。この時点で、ユダヤ教とキリスト教が分かれたのですね。」（太字処理は庄司）と言っている。

この「旧約の預言者は重要でなくなった」というところが重要だ。つまりユダヤ教の預言者の言葉よりもイエス・キリストの言葉のほうが重要になった、イエスの出現によってユダヤ教とは一線を画す新しい宗教ができたのだ。この宗教、キリスト教は「旧約の預言者は重要でなくなった」というところを出発点としている。旧約聖書、ユダヤ律法を完全に否定しているのではないのだが、それよりももっといいものがあるのではないですか、ということなのだ。キリスト教は誕生したときから、従来は絶対的権威とされてきた考え方に固執しない柔軟な宗教なのだ。

そもそも「神の子」というのがよくわからない。一神教のはずなのに、父なる神とは別の存在である「神の子」を崇めていいのか。さらに「聖霊」も出てくる。この三者の関係はどうなっているのか。

長老派教会の佐藤優は、この三者をどう理解するかについて、「過去1700年くらい議論が続いているが結論はでていない。」（『新約聖書Ⅱ』文春新書2010

年）と言う。そして、イエス・キリストについて、「いったいこの男は神なのか人なのかということについても1600年くらい議論が続いているが、これも結論がでていない。」として、さらに、「イエスの生涯にしても、4福音書の記述には矛盾がたくさんある。」といい、「キリスト教は、実にいいかげんな宗教だ。」と言うのだ。

キリスト教徒である佐藤が自ら「いいかげんな宗教」というのだから、今からは私も遠慮なく「いいかげん」という言葉を使わせてもらうが、このいいかげんさは他の宗教、たとえばイスラム教と比較すると明確になる。

ここまで宗教にかんするいくつかの著作を参考にしてきたが、それらの著作には、必ず、「イスラム原理主義というのは誤りだ」という記述がみられる。たとえば島田裕巳は前掲『金融恐慌とユダヤ・キリスト教』で「イスラム教原理主義という言い方は適切なものとは言えない。というのも、イスラム教そのものが本来原理主義であり、原理主義の傾向をもたないイスラム教は存在し得ないからである。」と書いている。

「原理主義」はファンダメンタリズムの翻訳であるが、ファンダメンタリズムとはキリスト教の用語であって、聖書をすべて正しいと読む態度のことだ。イスラム教徒はコーランに書いてあることはすべて正しいと信じてそのとおりに行動するから、これはファンダメンタリストだろうということになって「イスラム原理主義」という言葉ができたのだろう。でも「イスラム原理主義」がなぜ「過激派」や「テロリスト」とイコールになってしまうのか私にはわからない。

それはさておき、コーランに忠実なことをもって「イスラム原理主義」だというのなら、すべてのイスラム教徒はコーランに忠実であって、そうでないイスラム教徒は存在しないのだから、島田の言うとおり、わざわざ「イスラム原理主義」というのはおかしい。同義反復である。

島田は「イスラム教そのものが本来原理主義」と言っているが、これはイスラム教が厳密な宗教だということを意味する。小室直樹は前掲『日本人のための宗教原論』で「イスラム教は絶好の宗教の手本」だと言っている。それは「イスラム教では「宗教の戒律」、「社会の規範」、「国家の法律」がまったく一致している」からだ。

この三つが完全に一致しているということは、これらが一体であるということだ。どれか一つを取り出して、これは他の二つとは関係ありませんとはいえない。悪くいえばがんじがらめになっている。

キリスト教はこの三つが一致していない、いいかげんな宗教である。だから、たとえば法律は、宗教の戒律や社会の規範から独立しているから、自由に法律をつくることができる。言うまでもないことだが、自由に法律をつくることができなければ社会の近代化はありえない、そして資本主義の発展もありえない。

たとえば、手形小切手法、会社法などの商法や、債権、物件にかんする規定を定めた民法が整備されていなければ企業活動は保証されない。

ところが、商法の整備が必要だと思われても、ユダヤ人は、それはユダヤ法に書いてあるかと考えるし、イスラム教徒は、それはコーランに書いてあるか、イスラム法を逸脱していないかを考えるからすぐに法律が整備されるわけではない。イスラム界で資本主義の発達が遅れたのは法律を自由につくることができなかったからだと言っていい。

ところでアメリカ合衆国憲法には修正第何条というのが多く見受けられる。いまだかつて憲法を改正したことがない日本人は、なぜこうもかんたんに憲法を修正してしまうのだろうかと不思議に思うのだが、アメリカはキリスト教国家だからと考えると納得がいくかもしれない。キリスト教界では自由に法律をつくれるのだから。

日本では憲法改正は極めて困難であるが、それは日本がキリスト教国家ではないから、と言いたくなるが、おそらく宗教とは関係ないだろう。

日本のことはさておき、アメリカでは憲法だけでなく法律や条例もひんぱんに改正される。法律や条例をつくるときに深く考えずに大雑把に、まず、つくってしまう、そのあとにヒアリングの場を設け、日本式にいえば公聴会を開催し、さまざまな人の意見を聴いて条例等を改正していくという手法をとっているからだ。いいかげんと言えばいいかげんだ。

日本の誇り高き官僚は、いったんつくられた法令がかんたんに改正されることはお上の沽券にかかわると考えるのか最初から完璧な法令をつくろうとするが、どんな完璧な法律をつくっても時勢に適合しないところが出てくるのは避けられない。そのときになかなか改正されないということになれば不都合になる。私はアメリカの経済システムから学ぶものはほとんどないと思っているが、法システムにかんするかぎりは、アメリカの、キリスト教のいいかげんさを少し見習ってもいいと思うことがある。

契約の更改

「自由に法律をつくることができる」という考え方と密接に関連しているのが「契約の更改」という概念だ。橋爪大三郎は前掲『世界がわかる宗教社会学入門』で、「キリスト教にあってユダヤ教にない考え方、それが、**契約の更改**です。ユダヤ教（そしてイスラム教）は、神との契約を本質とする宗教です。その契約（宗教法）は、変化しません。神と結んだ契約を、人間が勝手に変えられないからです。」と書いている。「契約の更改」という概念はユダヤ教とイスラム教にはない、キリスト教独自の概念なのだ。

キリスト教はイエスの生誕を境に歴史を二つに分ける。橋爪によれば、紀元前はユダヤ教の律法が神との契約であった時期で、紀元後はイエス・キリストへの信仰を契約とする時期だという。イエス・キリストは神の子であるから、神と同等の権利を持つので、旧い契約（律法）を廃止し、新しい契約を結ぶことができたと橋爪は言う。

そして「契約の更改という考え方があればこそ、**革命**の考え方も生まれます。」と言い、絶対王政をくつがえした近代市民革命なども、契約の更改から派生した考え方だとして、契約更改の説明を打ち切ってしまう。

橋爪は契約の更改と金融取引の関係については言及していないが、私は「契約の更改」という概念なしには資本主義社会における金融取引の円滑化はありえなかったと考えている。

私たちは「契約の更改」という言葉をよく耳にするが、実は「契約の更改」は難しい概念だ。年末になると、プロ野球選手が「契約更改」に臨んだ、というようなことを私たちはメディアでよく見聞きする。その場合、たとえば、ある選手の年俸が今期の1.5倍になったとすると、これは契約の「更新」であって「更改」ではない。契約の同一性は保持されている。

「更改」とは、当事者が従前の債務に代えて、債務の要素の異なる新たな債務を発生させる契約をして、従前の債務を消滅させる行為のことだ。日本の民法では513条に規定されている。

「更改」なしには金融取引の円滑化はありえなかったと書いたが、実は現代の日本で民法513条が適用されることはほとんどない。日本にかぎらず外国でもそうだと思う。もうドイツの民法には契約更改の規定はないそうだ。

私は以前金融機関に勤務していたので「債権譲渡」という言葉をひんぱんに聞き、自らもひんぱんに使用した。たとえば銀行はあるローンが不良債権になりそうだと判断すると、あるいは不良債権になってしまってからでもいいのだが、そのローンをファクタリング会社（債権買取会社）に売却することがある。また、企業が売掛金の回収に手間取る場合に、やはりファクタリング会社に売掛債権を譲渡することがある。これらが「債権譲渡」の例である。

ところが、債権譲渡は昔は禁じられていたのだ。ローマ法でも債権譲渡禁止の規定があったそうだ。いつごろから債権譲渡が認められるようになったのか私は調べていないが、債権譲渡が認められるまでは契約の更改によって実質的な債権譲渡の効果を得るしか方法がなかったのだ。

そのような具体的な金融実務への貢献もさることながら、契約は更改しうるものだという考え方が定着したことが社会の近代化に大きく貢献したと言える。契約はもちろん遵守しなければならないが、その契約が双方の当事者に不都合となったときに、その契約に拘束されてがんじがらめになるのなら社会の発展はない。

私は、契約は更改しうるものだということをごく当然のことと思っていたが、それを可能にしたのはイエス・キリストの出現であったということには思い至らなかった。神との契約の更改によって紀元前と紀元後を区分するという橋爪の説明には目から鱗が落ちた思いがした。

契約の更改も自由に法律をつくることができるということもキリスト教がいいかげんな宗教であるからだ。佐藤優は「キリスト教は、実にいいかげんな宗教だ」と言ったが、「もっともこういういいかげんな宗教なので、キリスト教は強いのだ。」と締めくくるのを忘れてはいない。そのキリスト教の強みである「いいかげんさ」が資本主義を発展させることになったし、そして資本主義も、いいかげんなシステムだから強いのだ、と言えるだろう。

教会という営利法人

キリスト教のいいかげんさはこれぐらいにして、もう一つのキリスト教の資本主義への貢献をあげておきたい。それは法人という擬制の発明だ。

建築学者の上田篤は『神なき国ニッポン』（新潮社2005年）で法人についてこう語っている。

《ヨーロッパ人はこの世にウエストファリア条約の「主権国家」だけでなく資本主義社会を支える「法人」という不思議な「経済的人格主体」を発明した。そ

れによって事業がうまくいかなかったときに法人を解散させ、つまり死亡させて一件落着をはかる。経営者の責任は問われない。つまり経営者に無限責任が及ばない。だから経営者はまた新しい法人をつくって株主を募集する。再チャレンジできる。「ヨーロッパ人はへんてこりんなものを発明したなあ」とおもってました。》

上田は「へんてこりんなもの」と言っているが、ヨーロッパ人にとっては、もちろん、「へんてこりんなもの」ではない。法人は昔から身近にある教会をまねたものであるからだ。だから正確には「発明」ではない。

上田は「経営者に無限責任が及ばない」と言っているから、上田のイメージしている法人は株式会社であろう。経営者に一定の責任が及ぶ合資会社、合名会社のほうが株式会社より歴史が古い。会社の形態はともかくとして、会社という法人が、上田のいうとおり、資本主義社会を支えているのはまちがいない。その法人の原型は教会にあった、つまりキリスト教が生み出したものだ。

ディアメイド・マクローチは前掲『キリスト教の歴史』で、「教区が設立されていくにつれて、聖職者にとって世俗の地主と同様の新たな富の源泉があることが明らかになった。田舎をカバーする教区のシステムは、農業教区民から、十分の一税、聖書に書いてある農産物の十分の一を要求することによって、教会にヨーロッパの新しい農耕資源へ課税する機会を与えた。」(訳は庄司)と書いている。引用文中の「聖書に書いてある」とは、旧約聖書レビ記の第27章30節「地の十分の一は地の産物にもあれ樹の果にもあれ皆エホバの所属にしてエホバに聖きなり」を指していると思われる。

そうだとすれば、十分の一税の根拠は旧約聖書にある、つまりユダヤ教のものなのでキリスト教が取り入れるのはどうかと思うのだが、いいかげんな宗教なので、都合のいいものはためらうことなく取り入れてしまうのだろう。とにかく教会は聖書に書いてあるのだからと、マクローチの言うように「世俗の地主と同様の」富を得ることになった。その意味では教会は、現代の用語を使えば、ヨーロッパ最古の「営利法人」なのだ。

この営利法人の財源は十分の一税だけではない。エリザベス朝時代の英国では、「教区は、財産を所有し、遺産を受け取り、羊や牛を貸し出し、金を前貸しし、手製の酒(エール)でたんまり設け、また時には貿易にも従事したのだ。」(リチャード・トーニー『宗教と資本主義の興隆』)だから教会は儲かるものだと思っていた人は多かったに違いない。そして自分も教会のようなものを持ちたいと思った人もいただろう。個人事業であれば代替わりのさいに相続税が発生するが、教会には相続税の問題はない。そのことも大きなメリットと感じられたであろう。であれば、教会に擬した営利法人を考えつくまでには時間はかからない。

冷遇された株式会社

ただし、営利法人の代表格である株式会社は、資本主義発祥の地であるイギリスにおいては、実は、資本主義の発展期にはそれほど大きな役割を果たしてはいない。イギリスの東インド会社はおそらく世界史上最も成功した株式会社であるから、株式会社といえばイギリスと考える人もいるかもしれないが、実は、イギリスは、いまでもそうなのだが、株式会社の数が少ない国だ。

株式会社を設立する目的は資金調達であるが、たとえば産業革命時のイギリスのリーディング産業であった綿工業などでは資金調達の問題はほとんどなかった。鉄鋼業などの重工業は多額の資金を要するが、毛織物、綿織物などの軽工業ではそれほど多くの資金は必要なかった。少し資金を持っている人と技術を持っている人たちが集まって事業を起こすパートナーシップという方式で事足りたのだ。株式会社をつくる必要は特になかった。

それに株式会社をつくりたくてもつくれない時期もあった。「バブル」という言葉のもととなった1720年の南海泡沫事件のあと、新しく株式会社をつくることが禁止されたのだ。

アダム・スミスは株式会社が嫌いだった。『諸国民の富』でこう述べている。

《株式会社は常に取締役会によって運営される。この取締役会は、たしかに、多くの点でひんぱんに株主総会によってコントロールされる。しかし、株主の大部分は、ほとんどの場合、会社の仕事について理解しようとしない、そして、かれらの間に内紛の気配でも起こらなければ、自らはトラブルを解決しようとしないで、取締役たちが適切と考えた半年のあるいは一年の配当を受け取って満足するものなのだ。

(THE WEALTH OF NATIONS BOOK V CHAPTER I ARTICLE I　訳は庄司。)》

スミスは、株主が会社の経営には無関心で配当さえもらえればそれでいいと思っていると株主を批判する。そして株主だけでなく取締役たちをも批判する。

《しかし、このような会社の取締役たちは、自分たちの金ではなく他人の金の管理者だから、彼らが私的協同組合の組合員が自分たちの金を心配してひんぱんに寝ずの番で監視するのと同じ熱心さをもって、他人の金を監視することは期待できないのだ。
（同上）》

このあとに、スミスは、だから会社では怠慢や浪費はよくあることで、外国貿易に従事する株式会社が個人企業との競争に勝てなかったのは、ここに理由があるのだとして、外国貿易の会社は独占的特権を与えられたものしか成功したためしはないと続けている。

つまり、貿易の自由競争では、株式会社は個人企業に勝てないとスミスは言っているのだが、その根拠は株式会社の「所有と経営の分離」にあると彼はみている。スミスにあっては所有と経営は一致すべきものなのだ。

現代では「所有と経営の分離」が資本主義の発展を促進したと考えられていて、そのことは否定できないが、一方で、「所有と経営の分離」が、しばしば見られる「資本主義の暴走」の原因になっていることも否定できない。スミスは「所有と経営の分離」がもたらした経済的発展を知ることはできなかったが、南海泡沫事件、バブル崩壊を知っていたから、「所有と経営の分離」のもたらす危うさは感じ取っていたのだと思う。

イギリスでは株式会社が少ない理由として、スミスが考えていたように株式会社というものはうさんくさいものだと思われていたこと、そしてもともと資金調達では苦労がなかったことがあげられるが、もう一つ、キリスト教の影響が考えられるのではないか。

東インド会社は初期のころは一つの航海ごとに清算していた。一つの航海ごとに株主を募集し、その航海が終われば配当を行って清算する、それを繰り返していた。（浅田實『東インド会社』講談社現代新書1989年）イングランド銀行も存続期間が定められていた。

イギリス人は企業は永続するものではないと考えていたのだ。

ものごとには終わりと始めがあるとキリスト教徒は考える。それはキリスト教徒だけでなく誰だってそう考えると思われるかもしれないがそうではない。少なくとも昔の日本人はそう考えてはいなかった。日本人は「輪廻」の思想の影響なのかどうかわからないが、すべてのものは形は変わったとしても永続すると考える。時間は無限であって自分たちの存在に関係なく永遠だと考える。しかしキリスト教徒は時間は有限だと考える。このことについては後でふれるが、とにかく、ものごとには終わりと始めがあるというのはキリスト教徒の考え方なのだ。

だからイギリス人は法人が永く存続するものではないと考えていたのだが、もし永く存続できる法人があるとしたらそれは教会以外にはないと考えていたのではないか。教会以外の法人は永続すべきでないという思想が根底にはあったと思う。

会社が存続期間を定めていたのはイギリスだけでなくアメリカもそうであった。アメリカの中央銀行にあたるFRB（連邦準備制度）が創設されたのは1913年だ。日本銀行の設立は1882年であるので、金融大国アメリカが日本よりも後れをとったかに見えるがそうではない。実はアメリカ最初の中央銀行である合衆国銀行Bank of the United Statesは1791年に創設されていたのだ。ところがこの銀行は存続期間が20年と定められていた。20年後の1811年に存続が認められず解散してしまった。1816年に再度合衆国銀行が存続期間20年で設立されが、20年後の1836年に銀行嫌いの第7代大統領アンドリュー・ジャクソンの反対によって存続は延長されずやはり解散してしまう。

イギリス、アメリカだけでなく日本の企業も存続期間を定めていた。

私は昭和50年代の初めに当時の国民金融公庫、現日本政策金融公庫で融資の仕事を始めた。当時はまだ存続期間を定めている企業がかなりあって、法人登記簿で存続期間を確認し、融資期間が存続期間を超えていないかを確認することは当時の融資審査のチェック項目の一つだった。現在は存続期間を定めている会社はほとんどない。

日本の企業が存続期間を定めていたのは、キリスト教の影響ではなく、おそらくアメリカの会社法をまねただけだろう。

世界最初の会社法は、体系化されたという意味でだが、1811年に制定されたニューヨーク州の会社法だと言われている。この会社法は、資本金の上限、負債の上限を定め、他者の株式取得を禁止し、存続期間を20年、もしくは50年に制限するなど規制の厳しいものであった。

アメリカは日本に対して強硬に規制緩和を要求してきた時期があったので、規制を嫌う国家だという印象があるかもしれないが、実は世界に名だたる規制大国である。その背景には原則に厳格なプロテスタントの倫理があると私は考えている。

1875年に、ニューヨーク州の規制を大幅に緩和する会社法がニュージャージー州で制定された。その趣旨はニュージャージーに会社を呼び込んで税収をあげようというものだった。ところが、1910年にニュージャージー州知事になった、後の第28代大統領ウッドロウ・ウィルソンは、1911年に法律を改正し厳しい規制を復活させてしまう。佐藤優がカルヴァン派のウッドロウ・ウィルソンを「神がかりな人」と言ったのは先に紹介したが、私はウィルソンのその姿勢に何事にも厳格であったカルヴァンを連想する。

とにかくイギリスでもアメリカでも会社の数は、その経済活動の規模に比して多くはなかった。ロンドンのマーチャントバンクのベアリング・ブラザーズやロスチャイルド・アンド・サンズは個人企業であったし、ウオール街の投資銀行も個人企業であった。世界最大の投資銀行ゴールドマン・サックスが法人化されたのは1999年、比較的最近のことである。

アメリカで株式会社が増加したのは19世紀後半から20世紀初めにかけて、それまで株式会社の形態をとっていなかった製造業がこぞって株式会社へ転換を進めるようになってからだ。

法人の権利を認めたアメリカ

ではなぜその時期に製造業が法人化することになったのか。

アメリカ経済研究家の楠井敏朗は、それは「本来自然人のために設けられた「自由権」と「財産権」の保障が拡大解釈されて、法人（株式会社）をも保障する権利となったからだ」（『アメリカ資本主義とニューディール』日本経済評論社2005年）と言う。それが可能になったのは、企業がアメリカ合衆国憲法修正第14条に規定されている「人」の中に「法人」（株式会社）も含まれていると法廷で争い始め、企業の主張が認められるようになったからだと楠井は言う。

憲法修正第14条の後半は、「どの州も、適正な法手続きによらなければ、いかなる人の生命、自由、または財産を奪うこともできない。またその州の支配下にあるいかなる人に対しても、法律による平等な保護を拒んではならない。」（訳文は飛田茂雄『アメリカ合衆国憲法を英文で読む』中公新書1998年）と規定している。ここでいう「人の法的地位」が法人（株式会社）にも拡張解釈できると最終的に示されたのが1886年の合衆国連邦裁判所のサンタ・クララ事件の判決であった。

これを契機として、その後反トラスト法が改正され、独占的行為であるとされていた大企業の経済活動が認められるケースが出てくるようになる。楠井は、特に、「条理の原則」を採択した1913年の「クレイトン法」（反トラスト法の一つであるシャーマン法を改正したもの）が問題だと指摘する。

「条理の原則」とは「企業の行為が独占的行為であるか否かは、同企業が公共の福祉に反した行為を行っているか否かを基準にして判断する」という原則である。したがって、この原則を適用すれば市場を独占している巨大企業であっても、その営業活動が公共の福祉に反しなければ是となるのだから、これは、市場を占拠している巨大企業の存在そのものが他者を圧迫しているという反独占の思想に反することになり問題だと楠井は言う。そしてこう言う。

《もともと「自然人（ひと）」の共同の制作物である「法人」（株式会社）が、逆に「自然人」よりも優位な立場に立ってこれを管理し支配することを認める社会ほど、おかしな社会はほかにない。アメリカ民主主義は逆立ちし始めたといってよい。》

楠井の嘆きは人間を中心とする考え方の日本では共感を呼ぶだろう。私も楠井の意見を支持する。自然人が法人に支配されるのが好ましいとは思わない。

しかし、法人が教会を模したものだということを思い出すまでもなく、宗教、特に一神教の世界では人間中心という考え方は支持されない。市場主義資本主義経済システムも根底にあるのは一神教、キリスト教の精神だ。市場主義資本主義はいまだかつて人間を中心に考えたことはない。

だから楠井の最後の一言は不正確だ。逆立ちしているのは市場主義経済システムであって民主主義ではない。民主義は逆立ちしている市場主義の両足をつかんで支える役割を負わされてきたのだ。もっとも市場主義者たちは逆立ちしているとは思っていないだろう、彼らの辞書には「人間中心」という言葉はないのだから。

法人になじむ日本

「人間中心」の考え方については第六章でまた言及することとして、ここでは法人（株式会社）が受け入れられるのに英米では時間がかかったが、日本ではそうではなかったということを指摘しておきたい。イギリスでは、あきらかに小企業資本主義時代と呼んでいい時代があったが、日本はいきなり財閥系大企業が主導する形で資本主義経済システムを発展させた。

個人企業や小企業が資本主義をリードする期間を経ることなく最初から大企業がリードしたのは、日本が後発資本主義国であったからなのだが、一方で法人を抵抗なく受け入れる素地があったからでもあると私は考えている。

以前「鈴木商店」という商社が神戸にあった。昭和2年の金融恐慌で倒産してしまうが、大正時代には三井物産や三菱商事を上回る売上を計上したこともある大商社だった。現在の総合商社双日のルーツの一つであり、神戸製鋼所や帝人も鈴木商店の流れをくむ企業だ。

「鈴木商店」というと個人商店のようだが、れっきとした法人企業である。1874年（明治7年）に個人商店として開業するが、28年後の1902年（明治35年）には合名会社になっている。ゴールドマン・サックスが創立から130年以上も個人商店であったのとは好対照だ。

この差異はどこからくるか。相続税が発生しないとか税制のことよりも、今でもそうだと思うが、日本ではビジネス社会においては会社組織でないと、つまり法人でないと信用を得ることが難しかったからだ。個人よりも法人を信頼するのは、個人ででよりも集団で行動することを好むし、何らかの組織に属していないと安心していられないという日本人のいわゆる集団主義に基づいている。

日本が集団主義であるのは、江戸時代の「藩」がその根底にあると私は考えている。「藩」は法人であると言えるのではないだろうか。武士は「何々藩の誰それである」と名乗り、自分の名前より先に自分の帰属先を明確にした。「藩」という法人に帰属していない武士は浪人とよばれ信用されなかった。江戸時代の武士は個人企業たりえなかったのだ。

個人企業よりも法人企業、つまり、個人よりも集団ということは「私」よりも「公」を優先させる日本社会の特質につながる。そのことも第四章でふれることにしたいが、ここでは、法人はキリスト教に由来するものでありながら、そのキリスト教の信仰の厚さのゆえになかなか受け入れらなかったのだが、キリスト教社会ではない日本のほうがすんなりと受け入れたというのは興味深いことだと書いてこのセクションを終えたい。

4 まとめ

この章ではキリスト教の文化と資本主義の文化がほぼイコールであるということを言おうとしてきたが、とりとめのない記述になったので、ここでポイントを整理しておく。

これまではキリスト教やユダヤ教の考え方を概観してそれと資本主義の文化との親和性を探ってきたが、ここでは視点を変えて、再確認の意味で、資本主義の構成要素におけるキリスト教、ユダヤ教が及ぼした影響を見ていくことにする。

資本主義経済システムが発展するためには、(1) 所有権が認められていること (2) 契約の概念が確立していること (3) 経済活動が保障される法律が整備されていることが必要だ。この三つについて再度確認しておこう。

なお、もう一つ「権利」という概念をも加える人もいる。たとえば小室直樹は、「所有」、「契約」、「権利」、「法（概念）」が「資本主義の根本的な諸装置」だと言っている（『日本人のための経済原論』東洋経済新報社2015年）が、私の考えでは「法」と「権利」は用語上は、同一のものを異なる側面から見ているだけであって、実質的には表裏一体のものなので、ここでは三つとして見ていく。

(1) 所有権

言うまでもないことだが、資本主義は私有財産の取得が認められてそれが自由に処分できなければ成立しない。物の売り買いは財産の処分である。財を取得できそれを自由に処分できるというのが近代的所有権だ。

これについては一神教における神Godと人間の関係のところで述べたとおりである。一神教においては人間はGodの所有物だ。Godが人間に絶対的支配権を及ぼすという考え方を人間と物の関係にあてはめて近代的所有権が確立した。

(2) 契約

「契約」というのは、二人以上の者がその相互のあいだの権利義務について合意することだ。これもまた言うまでもないことだが、資本主義経済は商品の交換流通が基礎にある。その交換流通は契約なしには成立しない。企業間の取引だけでなく、私たちも日常生活における物の売買で契約をとりかわしている。経済活動だけでなく結婚などの家族関係にも契約をかわす人たちもいる。

この契約という概念はユダヤ教のものだということは本章「2 金融の民ユダヤ人」で述べたとおりである。ユダヤ教においては、Godとの契約はユダヤ民族とのものであるが、キリスト教にあっては全世界すべての人とのものだ。キリスト教、ユダヤ教にあっては（イスラム教もそうだが）Godとの契約が信仰の出発点となっている。

専門的な銀行の融資の話になって恐縮だが、コベナンツ融資というのがある。銀行が企業に融資するさいは銀行と企業が約定書をとりかわす。ふつうは銀行協会のひな型を参考にした取引約定書を作成してあって、それをどの企業との融資にも適用するのだが、ときにその一般的な約定書にはない特別の条件をつけて融資をすることがある。たとえば、会社の資産を銀行の許可なく売却してはいけないとか、3年以内に営業利益の赤字を解消しろ、さもないと金利を上げるとか、条件をつけることがある。この特別な条件付きの融資をコベナンツ融資という。

コベナンツ、covenantを英和辞典で調べると「契約」、「誓約」などの訳語が出てくる。「神と人間との契約」という説明もあり、the Covenantと大文字の場合は「神とイスラエル人とのあいだの契約をさす」と説明している辞書もある。岩波の『英和大辞典』にはthe Land of the Covenantは、「約束の国、カナンの地のこと」だという説明がある。つまりユダヤ教に由来がある宗教用語なのだがキリスト教界でも用いられる。the National Covenantは、「1638年スコットランドで長老派養護のため結ばれた盟約」と岩波の辞書にはある。

異教徒である日本の銀行員も日常業務でなんの抵抗もなくコベナンツという言葉をつかっている。

(3) 法律

個人であるか法人であるかを問わず、その自由な経済活動が法律によって保護されなければ資本主義経済システムは成立しえない。いっぽう、自由な経済活動が行き過ぎれば法律によって規制することになる。行き過ぎはシステムの崩壊を招く可能性があるから規制はある意味では保護でもある。とにかく法律が整備されていなければ市場経済システムは機能しない。

法律が自由につくられるようになったのはキリスト教が出現してからだということは「契約の更改」のセクションで述べた。

第三章　ふしぎな経済学

次に、資本主義経済の運動法則を解明する学問である経済学について考えてみる。資本主義の発展がユダヤ教、キリスト教の文化によるところが大きいとすれば、経済学もまたキリスト教の影響を受けていると私は考えている。

以下で「経済学」というのは、マルクス経済学ではない経済学、近代経済学を指している。ただし、現在では、「近代経済学」という用語はマルクス経済学の退潮にともなってほとんど使われなくなった。それで「現代経済学」とかたんに「経済学」ということにする。正確にいえば新古典派の経済学を指している。

では新古典派とは何かと問われると一言で説明するのは難しい。大雑把にいえば、限界理論と市場均衡分析を取り入れた経済学で、レオン・ワルラスの一般均衡理論に代表される数理分析を用いるのが特徴である。とにかく、数学を駆使する理論経済学、としておいて先に進もう。

1　経済学の特殊性

神学に近い経済学

宗教学者の島田裕巳は、前掲『金融恐慌とユダヤ・キリスト教』で、「経済学は神学に近い」と書いた。経済学者からすれば不愉快かもしれない。しかし、島田の見解は核心をついているのではないかと私は考えている。島田の見解について少し考えてみたい。

島田は、「各種の経済指標によって、現在の経済がどのような状況にあるのかを把握することはできるようになっているが、経済そのものは目に見えない。」としてから、こう言っている。

《経済学はこうした目に見えない極めて抽象度の高い経済という現象を、理論化したり統計的な数値で表現することによって、具体的に把握する手立てを与える学問である。その点で、目に見えない神という存在について明らかにしようとする「神学」に近いとも言える。》

さらに、島田は、経済学の方法論についてふれる。彼は、経済学では仮説が重要視されるとして、合理的期待形成仮説や素粒子物理学をも引き合いに出して、こう書く。

《それは現実に存在する経済現象から帰納的に理論が組み立てられるのではなく、特殊な前提にもとづいて演繹的に理論が組み立てられることを意味する。仮説である以上、それが現実に妥当するかどうかが問題になってくるはずなのだが、その妥当性を検討するよりも、仮説がどれだけ説得力をもちうるかの方がはるかに重視される。それも素粒子物理学と似ている。

こうした仮説から出発する学問のあり方は、少なくとも社会科学では経済学だけである。法学や政治学、あるいは社会学では、現実から出発し、帰納的に理論を組み立てていく。》

島田は、経済学は「現実に存在する経済現象から帰納的に理論が組み立てられるのではなく、特殊な前提にもとづいて演繹的に理論が組み立てられる」として、「現実から出発し、帰納的に理論を組み立てていく」法学、政治学、社会学とは異なっている、と言っているが、これには反論する人がいるかもしれない。

経済学でも現実から出発し帰納的に理論を組み立てることはあるからだ。例をあげよう。たとえば、ドイツの財政学者ワグナーが提唱した「経費膨張の法則」というのがある。戦争などで、いったん国の支出が増大すると、戦争が終わっても支出が減少することはない、つまり、何らかの理由で経費が膨らむと、その事由が消滅しても経費は減らない、というものだ。これは19世紀の先進国の国家財政を調べてみて、帰納的な方法によって得られた結論である。

また、「ペティ・クラークの法則」というのがある。これは、社会が発展するにつれて、就労人口や国民所得のウエイトが第一次産業から第二次産業そして第三次産業へと移っていくという説だ。オーストラリアの経済学者コーリン・クラークがペティの『政治算術』の記述に着目し、「ペティの法則」として提唱した。ただし、ペティの意図は、農業、工業よりも通商・貿易に重点を置いたほうが有利だ、というイングランド国王への意見具申にあって、法則を導き出そうとしたものではない。そのため提唱者の名を加えて「ペティ・クラークの法則」と呼ばれることになったのだが、いずれにしても、ペティは17世紀のフランス、イギリス、オランダの国力を経済統計から比較検討し、農業のフランスよりも工業のイギリス、そのイギリスよりも通商・貿易のオランダのほうが国力がある、と帰納的に結論を出したのだ。

そのほかにも帰納的に導かれた経済学説はいくつでもあげることができる。しかし、だからといって、島田の論説が誤りだと決めつけるわけにはいかないだろう。島田が想定している経済学は、19世紀の近代国家の財政うんぬんではなく、おそらく、金融工学に代表される数式を駆使した現代の理論経済学なのだ。

現代の理論経済学は確かに演繹的に理論が組み立てられているといっていい。演繹によって導かれる結論はその前提が正しければ絶対的に正しい。島田が例にあげた合理的期待形成仮説は、「市場を構成する経済主体（企業、個人）は、利用できる資源と情報を可能な限り有効に利用し、自らにとって最高の結果をもたらすような行動を選択する。」という前提に基づいている。しかし、この前提は必ずしも正しいとは言えない。市場を構成する経済主体は全知全能の神ではない、いつも最適の行動をとれるとはかぎらない。つまり合理的期待形成仮説によって導かれた結論は必ずしも妥当性が保証されているわけではない。

さらにもうひとつの問題点が指摘できる。

現代経済学の基本的理論である価格理論は、一般均衡分析もそうだが、市場が完全競争の状態であることを前提にしている。ところが、実際には、市場が完全競争の状態であることはほとんどない。理論と現実の乖離という問題が出現するのだ。島田は前掲書ではこのことを明示してはいないが、経済学が「仮説から出発する学問」と書いていることから、経済理論における理論と現実の乖離に不信を抱いていることは読み取れる。

しかし、現代の経済学者は、島田の提示した経済学の方法の危うさをほとんど問題にしていないように見える。それは経済理論が自然科学の方法を採用していると信じられているからだ。

水の性質について考えてみよう。たとえば沸点が100℃で、凝固点が0℃というとき、それは不純物を含まない純水を想定している。不純物が含まれている水であれば、数値は若干異なり、水の性質を厳密に規定することが難しくなる。

経済理論についても同じだと経済学者は考えるのだ。現実にはほとんど期待できない完全な状態を前提としなければ理論を構築できないと考えるのだ。自然界には純粋な水は存在しない。自然科学では、存在しないものを分析対象として理論を組み立てているのだから経済学でもそうあるべきだ、というわけだ。

しかし、決定的な違いがある。たとえば、純水は人工的に作り出すことが可能である。「自然界には純粋な水は存在しない」というのは誤解を招く言い方であったかもしれない。自然の状態では純粋であることは難しいが、じっさいに純水を得ることは充分可能なのだ。ところが、経済学でいう完全市場は理論的概念であって現実には存在しないし、人工的につくり出すことはできない。知覚不可能なものである。つまり、自然科学の理論は、ほとんどの場合、実験によって理論の妥当性を検証できるのだが、経済学の理論は、実験によって理論の妥当性を検証することはほとんど不可能であるといっていい。

知覚できないものが理論の出発点になっていることを島田は、経済学は「神学」に近い、と書いたのだ。そして「経済学は数式の駆使によって自然科学を装っている」と批判する人は少なくない。でもそれは日本に限られる。

自然科学と経済学

アメリカでは経済学は「自然科学を装っているの」ではなく自然科学のカテゴリーに入ると考えられているようだ。

2019年吉野彰博士がノーベル化学賞を受賞して、当時の新聞はノーベル賞にかんする記事を多く掲載していた。その中で、アメリカのジェンダー研究者が女性のノーベル賞受賞者が少ないと言うことを述べていた。その記事を切り抜いて保存しておかなかったので記憶があやふやで数字を明示できないのだが、ここ数年の「科学分野」の女性受賞者の数を挙げていた。ところが数が合わないのだ。「科学分野」というのだから文学賞、平和賞はもちろん該当しない。医学生理学賞、物理学賞、化学賞の三分野のはずだ。でも数が合わない、一人足りない。どうしてと考えているうちに、2019年の経済学賞の受賞者に女性がいることに気がついた。経済学賞も「科学分野」としてカウントしていたのだ。

自然科学natural scienceも社会科学social scienceもscienceであることに変わりはないのだが、経済学を物理学や化学と同じグループに入れるのは私には違和感がある。私は昭和の時代に大学を出ている。その当時は理系、文系という区分があって経済学部は文系であった。理学部や工学部とは明確に一線を画していた。

私が以前金融機関に勤務していたことは先に書いたが、ある年に新人が入ってきた。東京理科大学の出身だという。私の勤務先は保守的な政府系金融機関であって理科系の学生は採用していなかった。そうか、ウチも理系の人間を採用するようになったかと喜んだのだが、実は彼は経営学部の卒業生であった。理系の専門大学に経営学部があることを私はうかつにも知らなかったのである。今は文系理系の融合が進んでいるのだという。

してみると、私は経済学が「科学分野」だというのには違和感があるといったが、若い人たちからは、逆にそういう発言には違和感があると言われそうだ。

私のような昭和の人間は、総合大学の組織は文系と理系に分かれるものと決めつけているが、よくよく考えてみればアメリカの総合大学には文系と理系という区分はない。総合大学はcollegeあるいはschoolとよばれる単科大学からなりたっていて、その単科大学をあえて区分するとすれば、自然科学系、技術工学（テクノロジー）系とリベラルアーツ系に区分されるだろう。経営学や現代経済学は技術工学系に入る。アメリカの大学にマルクス経済学の講座があるとは思えないが、もしあるとすればリベラルアーツ系に入れられるだろう。

大学の話になったので、大学の歴史についてふれる。

世界最古の大学は古代インドの僧院であった、いや中国にあったとかさまざまな説がある。ヨーロッパでは古代ギリシャのアカデミアが有名であるが、現代のユニバーシティといわれる総合大学の起源は12、3世紀に西ヨーロッパにつくられた教育機関だということになっている。その代表格であるイタリアのボローニャ大学は神学部と法学部と医学部を持っていたが、中心は神学部であった。中世の大学の主な任務は聖職者の養成であった。つまり大学の起源もキリスト教にあるということだ。

アメリカでもそうだった。アメリカ最古の大学はアメリカ合衆国独立よりも140年前の1636年（1639年という説もある）に設立されたハーバード大学であるが、この大学は牧師を養成するためにつくられたのだ。

昔の大学は聖職者の養成機関であった。では大学が現在のような形になったのはいつごろか。ディアメイド・マクローチは前掲『キリスト教の歴史』で、それは1810年のベルリン大学の設立によるものだと述べている。

当時のプロイセンではヨーロッパにおけるフランスの覇権への対抗するために国家の改革が考えられ、その一つとして新しい大学の設立が構想された。ヴィルヘルム・ホン・フンボルトは聖職に関わる事柄と学校教育（Public Education）を結合するという画期的な大学を構想した。しかし当時のプロイセン国王、フリードリヒ・ヴィルヘルム三世は、中世的で啓蒙的ではない「ユニヴァーシティ」という概念に疑問をもっていたという。しかしフンボルトは、このような大学こそプロテスタントの文化を永続させるための組織なのだとヴィルヘルム三世を説得して設立にこぎつけた、とマクローチは言い、こう続けている。

《ベルリンの大学は教育と研究の両方の新しい基準をつくろうと意図された。そしてそれは世界中に、プロテスタントの価値観を上手に選んで取り入れた1868年以降の日本というベルリンから遠く離れたところまで、類似した組織のためのモデルであることを示すことによって創設のときから輝かしい成功をおさめたのだ。（訳文は庄司による。）》

こなれない訳文で申し訳ないが、マクローチはベルリン大学が明治期の日本の大学のモデルとなったと言っている。それはよく知られていることだが、マクローチが、日本はプロテスタントの価値観を選択して取り入れた（私が、「プロテスタントの価値観を上手に選んで取り入れた」と訳出した箇所は原文では、creatively selective borrower of Protestant valuesとなっている。字句どおり、「独創的に選別能力のあるプロテスタントの価値観の借り手」と訳したほうがよかったかもしれない。）と書いていることに私は注目する。

帝国大学にかぎらず、明治期の日本はプロイセンの諸制度を取り入れたが、それはマクローチにはプロテスタントの価値観を選択したと映っているのだ。当時の日本は、自分たちにふさわしい、これは使えるという基準だけであって、これはカトリック、これはプロテスタントだと意識していたわけではなかったのだが。おそらく明治初期の指導者たちは耶蘇教に旧教と新教があることは知らなかったのではないか。

話を経済学に戻そう。

聖職者の養成が主であった大学の機能に「学校教育」を加えるのがプロテスタントの価値観であるとすればプロテスタント国家であるアメリカで学校教育に力が入るのは当然であって、第二次世界大戦後に経済学を大学教育の独立したfaculty（学部）としたのがアメリカだ。

計量経済学者の佐和隆光は、「米国において経済学は、自然科学や技術と同じく、一個の〈制度〉として、この国の社会に組みこまれている。」(『経済学とは何だろうか』岩波新書1982年)と言う。アダム・スミスは経済学の祖といわれているが、スミスの時代の経済学は哲学の一分野であり自然科学や技術とはまったくの別物である。スミスもエジンバラ大学で道徳哲学を講じていた哲学者であった。それがアメリカでは自然科学や技術と同じ制度となったのは、経済学が数学を駆使して物理学と同様の学問とみなされるようになったからだ。

そうなったのは経済学が物理学の方法を模倣してきた成果なのだが、佐和は1870年代の限界革命は古典力学の方法のうちの微分法の経済分析への全面的適用にほかならないという。1870年代にジェボンズ、メンガー、ワルラスがほぼ同時に独立的に限界効用理論を基礎にした新しい経済学の体系を確立した。このことを、つまり新古典派の誕生であるが、後の経済学者が「限界革命」と呼んだ。

佐和は「限界革命」を物理学の方法の模倣の例としてあげているが、物理学と社会科学の方法に共通点があることをも指摘している。彼は、経済学が個人を社会の最小構成要素とみなし、その個人の行動の集計として社会を理解しようとする17世紀のヨーロッパで提唱された「方法論的個人主義」を採っているとする。一方、物理学の「原子論」はあらゆる物理化学的現象を原子という要素に還元することによって理解しようとする。両者は要素還元的であるという点において「まったくの同根とみなされる」と佐和は言う。

そして彼は、17世紀ヨーロッパで要素還元的な思考方が「人知に備わった」のは、17世紀のヨーロッパでは日常生活レベルでの個人主義が体得され始めていたからだと言う。

重要な指摘である。佐和は、宗教にはまったく言及していないが、ヨーロッパの個人主義はキリスト教に根差したものであることは言うまでもない。社会科学も自然科学もキリスト教の産物なのだ。

イギリスの物理学者で英国国教会の司祭でもあるジョン・ポーキングホーンは、17世紀のヨーロッパに自然科学が開花したのは「世界を被造物として見るユダヤ教やキリスト教やイスラム教の概念の賜物であると示唆する者もいました。」(『自然科学とキリスト教』教文館2003年)と言っている。ポーキングホーンは「と示唆する者もいた」と表現しているが、彼もそのような見解を支持していることは前後関係からあきらかだ。そして彼は世界は神の創造物であるという教義には次のことが含まれると言う。

《・世界は秩序だっている。神は理性的だからである。
・創造主がどのような創造の形式を選ぶかには、前もって何も拘束がなかった。それゆえ、神が自分の意志で選んだものが何であるかを知るには、見てみるしか（つまり、観察と実験しか）ない。
・被造物は、それ自体は聖なるものではないから、それを調べることは不信心ではない。
・世界は神の被造物だから、研究する価値がある。》

ヨーロッパの自然科学は、たとえばガリレオの宗教裁判のように宗教とは相いれないものだと思っていたのだが、どうもそうではないようだ。ポーキングホーンが物理学者でありながら司祭であるというのは私には驚きなのだが、そういえば、古典力学の祖、アイザック・ニュートンは聖書研究の著作もある神学者でもあった。ヨーロッパ由来のものは多くがキリスト教の教義に起源があると考えていい。

上記の四つは自然科学についてのものだが、社会科学、経済学にもあてはまるということになるのだろう。アメリカの経済学者がそれを意識しているかどうかはわからないが。

しかし、それでもまだ、私は経済学と自然科学は別のものではないのかという考えを拭い去ることはできていない。よりわかりやすく言えば、「経済学は科学足りうるか」ということなのだ。佐和隆光は前掲『経済学とは何だろうか』でこう語っている。

《新古典派の描く〈経済〉は、数学的な定式化が可能であるように構成されており、そこに盛りこまれた一切の前提を認めてしまえば、それから先の論理の進展は数学的演繹以外の何物でもなく、したがって導かれる結論は、文句のつけどころのない「真」なのである。ただし導かれた結論は、(思考実験的にはともかく実際問題としては)「反証」が不可能なようなようにみうけられるという意味で、右の定理がポパーの言う「有意味」な科学的命題なのかどうか、はなはだ疑わしいという点、ひとこと断っておかねばならない。》

ポイントは二つある。一つは前段の「一切の前提を認めてしまえば」だ。「経済学は科学足りうるか」と疑う者は、理論の出発点である前提条件が現実的なものなのか、現実に照らして妥当性があるかどうかを問題にするのだ。

もう一つは「ただし」以下の後段にある。佐和はイギリスの哲学者カール・ポパーの「反証されえない理論は科学的命題ではない」という「反証主義」を持ち出して、数学的には誤りのない完璧な「理論」であっても、反証が不可能であればどうなのかと疑問を呈しているのだ。

経済学における理論は抽象的概念であってある意味ではフィクションである。航空力学における風洞実験で用いる模型（モデル）は目に見えるし触れることもできるが、経済学のモデルには触れることも見ることもできない。フィクションを用いてフィクションである結論を出している。フィクションに反論することは、ポパーを持ちだすまでもなく難しい。

ところで、佐和は、経済学者であるから当然なのだが、「経済学は科学足りえない」と言っているわけではない。佐和の問題意識は、「特殊な」方法によって導かれた経済学の理論がどこまで有効性をたもちうるか、ということにある。この佐和の問題意識を前にすると、そもそも「経済学は科学足りうるか」と疑問を呈することが、実は的外れなのではないかという気もしてくる。その思いは佐和が前掲書で言及している「オペレーションズ・リサーチ」（以下「OR」と略す。）のことを考えるといっそう強くなる。

戦略としての経済学

先に私はアメリカが「第二次世界大戦後に経済学を独立したfaculty（学部）とした」と書いた。それは先にも引用したが、佐和が「米国において経済学は、自然科学や技術とおなじく、一個の〈制度〉として、この国の社会に組みこまれている。」という記述によっている。佐和は経済学の制度化を推進したのは第二次世界大戦だという。

どういうことか。彼は第二次世界大戦の「科学動員」の一つで第二次世界大戦で飛躍的に発展したORが経済学の制度化に貢献したと言うのだ。

動員された数学者のうちにORの研究を通して社会現象の数学的解析に関心を抱き、戦後経済学者となった人びとが少なからずいた、そしてそれらの人びとが今日の計量経済学の輪郭をごく短期間のあいだに形づくった、と佐和は言う。

ORは戦略の研究という意味だが、どういう研究かというと数学的研究なのだ。ORでは線形計画法（リニアプログラミング）、順列組み合わせ、行列（マトリックス）、確率論、微分方程式などの研究をふまえて現実の問題、人間の行動をも数理モデルに置き換える。これはまさしく現代経済学の手法と一致する。ORと現代経済学は同じなのだ。

また、佐和は、「戦争終結後、動員されていた数学者のうちの幾人かは、糊口をしのぐためか、あるいは戦時中の研究成果を生かすためか、本格的な経済学研究に転じた。ノーベル賞経済学者ケネス・アロー、同じくミルトン・フリードマンなどが、その代表例である。」と書いている。

アローもフリードマンも学士としては数学を専攻しているが大学院では経済学を専攻しており、数学者とは言い難いと思う。もちろん数学の素養があったことはまちがいない。また「本格的な経済学研究に転じた。」とあるが、アローはスタンフォード大学ではORをも講じていた。だから転向ではない。細かいことはどうでもいいのだが、大事なことはアローが両者を教えていたということだ。アローにあってはORと経済学はいっしょなのだ。

つまりアメリカにあっては経済学は技術工学なのだ、テクノロジーなのだ。そうだとすれば、「経済学は科学足りうるか」という問いは的外れになるかもしれない。テクノロジーと科学はカテゴリーが違う。目指すところも違う。この問いの「科学」は自然科学をイメージしていると思われるが、自然科学であっても社会科学であっても科学という以上は、その目指すところは法則の発見、解明にある。

小室直樹は『日本人のための経済原論』（東洋経済新報社2015年）で、「経済学は、社会科学中、最先進科学です。斯かる最先進性を獲得し得た所以は、資本主義市場の法則を解明するために精力を集中したからです。」と述べている。「法則の解明」が科学たる所以だというのだ。まったくそのとおりだ。

しかしORにあっては、法則の発見や解明は手段であって目的ではない。ORが目指すのは費用対効果などを考慮し最適な戦略を見つけることだ。ORは意思決定のための**技術**（科学ではない！）なのだ。

サミュエルソンの『経済学』は世界で最もよく読まれた経済学の教科書だと思われるが、彼はそこで経済学を次のように定義している。

《経済学は、国民と社会が、他に使うことができたであろうが結局は選択することになる乏しい生産資源を、お金を使ってあるいは使わずに、どのように利用するかを考察する、そしてさまざまな産物をどのように生産し、それらを、現在あるいは将来、社会におけるさまざまな人たちと集団のあいだで、消費のためにどのように分配するかを考察する。経済学は資源の有効利用にかかる費用と便益を分析する。(ECONOMICS ELEVENTH EDITIHON　訳文は庄司による。)》

例によって、こなれない訳で申し訳ないが、サミュエルソンの経済学の定義をあえて一言でいえば「資源配分の最適化」になると思う。小室は、「経済学は資本主義市場の法則を解明する」と言った。両者の考えはまったく交わらないように見えるが、実はそうでもない。

サミュエルソンは、この定義の箇所では明示していないが、資源の配分は市場によってなされるのだ、あるいは、なされなければならないと考えている。彼は新古典派とケインズ経済学を融合した新古典派総合と呼ばれる学派の祖であるが、資源配分は市場によってなされるという新古典派の、というか資本主義の基本的命題は当然前提としている。だから市場の法則の解明を放棄したわけではない、市場の法則をどのように資源配分に利用するかというほうに重点があるだけだ。つまり姿勢の違いということもできるが、やはりかなりの隔たりはある。

サミュエルソンは小室がMITの大学院で学んでいたときの経済学の担当教授であった。小室は「ご自宅によく招いて下さった。」と書いている。小室は『日本人のための経済原論』でケインズの乗数理論を説明するにあたって、サミュエルソンの四五度線グラフについて言及している。そして「**複雑怪奇なケインズ理論を、ここまで明快にしたサミュエルソンの天才には敬服する。**」と述べる。

小室はサミュエルソンにまったく感服しているのだが、経済学の目指すところについてはサミュエルソンとは異なる表現をする。それは小室が日本人であったからだと私は考えている。私以上の年代の社会科学学徒は多かれ少なかれマルクスの影響を受けている。小室はマルクス主義者ではないが彼の著作にはマルクスからの引用がかなりある。

『資本論』は、「科学(Wissenshaft)に国道はない。」という文章で始まる。資本主義的経済様式(マルクスは「資本主義」という言葉を使っていない)の運動法則を解明するから科学なのだ。だからマルクスは自らの思想を「科学的社会主義」と称していた。

小室が「資本主義市場の運動法則を解明する」と言ったとき、彼が意識していたかどうかはわからないが、マルクスの影響はあると思う。

ヨーロッパの経済学者はマルクスを読まない。ケンブリッジ大学の初代経済学教授であったマーシャルは『資本論』について尋ねられたとき「ユダヤ人の手になるもの」というおよそ非科学的なコメントを残している。ケインズも『資本論』を読んでいない（正確に言えば、読み始めてすぐに投げ出した。）。ケインズの専攻は数学で、「経済学を本格的に勉強したのは一九〇五年から翌年にかけて高等文官試験を受けるために受験勉強をした一年間にすぎない」（吉川洋『いまこそ、ケインズとシュンペーターに学べ』ダイヤモンド社2009年）ということだ。

ましてやアメリカの経済学者がマルクスを読むことはないし、引用することもない。アメリカの経済学者は「資本主義の運動法則を解明する」というマルクス的な表現はしないのだ。サミュエルソンの「経済学は資源の有効利用にかかる費用と便益を分析する。」という表現はまさにORのそれにほかならない。

本論で多く引用した計量経済学者の佐和隆光はスタンフォード大学やイリノイ大学で教鞭をとったこともあるアメリカ経済学の最大の理解者のうちの一人だと思われるが、その彼でさえ、「数々の古典的著作と思想をうみだしたヨーロッパ社会科学は、第二次大戦後のアメリカ社会の〈文脈〉のなかで、まったく以って非なる異質な〈科学〉に作りかえられてしまったのである。」（『経済学とは何だろうか』）と述べる。

佐和は『経済学とは何だろうか』でよく〈文脈〉という言葉を使用する。たとえば「17世紀ヨーロッパの日常的な社会的〈文脈〉のありよう」などと。「文脈」とは、文章のなかでの文や語句の続きぐあいのことだ。だから「アメリカ社会の文脈」といわれると首をかしげてしまう人もいるかもしれない。

推測だが佐和は経済学のことになると英語で考えているのではないだろうか。おそらく彼の脳裏に浮かんだのはcontextという言葉だろう。contextを日本語に訳せば「文脈」となる。しかしcontextには、「文脈」のほかに、「背景」、「状況」、「環境」という意味もある。だから「アメリカ社会の〈文脈〉」は、私の推測が当たっているとすればだが、「アメリカ社会の背景、文化的背景」と解される。

〈文脈〉の解釈など、どうでもいいことのように思われるかもしれないが、私はここに日本における社会科学の理解についての問題点があると考えている。そのことについては次節でふれることにする。

上記の佐和の記述に戻ると、「由緒あるヨーロッパの社会科学が第二次大戦後のアメリカ社会の文化的背景のなかでORのような技術工学となってしまった」というのが彼の意見だと私は解釈する。

日本を代表する経済学者と言っていい岩井克人は『経済学の宇宙』（日本経済新聞出版社2015年）でサミュエルソンについてこう語っている。

《サムエルソンは、頭の回転が驚くほど速く、ものすごい速度で話し、常に冗談を飛ばし、しかも何でもよく知っているのですが、**社会科学者というよりは、応用数学者に近い感じでした。**新しい問題を次々と見つけてどんどん解いていく。だから論文を量産できる。（太字処理は庄司による。）》

ノーベル経済学賞はサミュエルソンのためにつくられたという人もいるぐらいで現代経済学の基礎を築いた人物であることは疑いない。そのサミュエルソンを、岩井は、「社会科学者というよりは、応用数学者に近い」と言っている。佐和のいうようにヨーロッパ社会科学、経済学は、アメリカでは応用数学になってしまったのだ。

予定調和の「科学」

私はこの章のタイトルを「ふしぎな経済学」とした。経済学の「ふしぎさ」を説明しようとしている。

アメリカ人の経済学者にとってはもちろん経済学はふしぎでも何でもないだろう。でも私たちにとっては、社会科学が自然科学の方法論を採用することが馴染まないのだということを説明してきた。それは、経済学はORなのだ応用数学なのだと思い込めば、いくらか「ふしぎさ」は減少する。

それでもまだ経済学の特異さ、異質さは完全に払拭されてはいない。また佐和の前掲書から引用する。佐和はこう語る。

《新古典派経済学は、合理主義的個人（経済人）の行動を前提として、個人の集合としての**社会の予定調和を「証明」する**経済学である。（太字処理は庄司に

よる。)》

日本では「予定調和」とは「物事が予定どおりに進行すること」と思われているかもしれないが、これはドイツの哲学者ライプニッツの予定調和説に基づく哲学用語だ。

ライプニッツは、世界を構成する要素をモナド（単子）と呼んだ。独立しているモナドが交互作用しているように見えるのは、神が前もって異なるモナドが調和するように設計しているからだとライプニッツは考えた。

先に紹介したポーキングホーンの「創造の教義に含まれる」四点を思い起こしてほしい。彼は真っ先に「・世界は秩序だっている。神は理性的だからである。」をあげている。これは予定調和と同じ考え方である。世界は混沌としているように見えるが、調和するように秩序正しくなるように予定されている、これがキリスト教文化のバックボーンである。

新古典派経済学は予定調和という言葉を用いてはいないが、新古典派経済学の出発点である一般均衡理論は、合理的、利己的な個人が完全競争の状態である市場で取引を行えば、社会的に効率的な状態、均衡に自然に達する、というものだ。これは予定調和そのものだ。

それを数式で証明するのが新古典派経済学なのだ。

つまり予定調和を、神の意思を証明しようとするのだから、これは、島田は「神学に近い」と言ったが、神学そのものだと言えるのではないか。

経済学はORでもあり応用数学でもあり神学でもあるというのは、やっぱりふしぎな学問と言わざるをえない。

ところで、一般均衡理論の理論的背景にあるのは、言うまでもなくアダム・スミスの「見えざる手」だ。いつのまにか、だれかが、「神の」という形容語句を付して「神の見えざる手」ということになってしまった。しかしスミスは『諸国民の富』では「神の」という形容語句は使っていない、ただinvisible handとしか言わない。

『諸国民の富』で「見えざる手」が出てくるのはBOOK Ⅳ CHAPTER Ⅱの一箇所だけだ。たった一回しか使っていない。そこではこうなっている。

《彼は外国の産業より自国の産業を選好することで安全を期する、そしてその産業の生産物の価値が最大になるようにその産業を導くことで彼の利益だけを

ねらう、こうすることで彼は、他の多くの場合のように、**見えざる手**に導かれて彼が意図しなかった目的を達する。（訳文、太字処理は庄司による。）》

ここでスミスは、自分の利益だけを最大にしようとする行動が結局は社会の利益も最大にすると言っている。それが神の摂理だとはスミスは一言も言っていないのだが、後世の市場主義経済学者はなぜかここに神の摂理があると信じているのだ。

J・K・ガルブレイスも『経済学の歴史』（ダイヤモンド社1988年）市場主義経済学者のこの神秘主義を非難している。少し長くなるが引用してみよう。

《見えざる手への言及は、多くの人にとって神秘主義的なひびきを持っている。つまり、或る霊的な力があって、それが私利の追及を支持し、市場にいる人々を最も恵み深い結果に導くのだ、というふうに考えられるのである。しかしそのように考えるのは、スミスにとって大変に迷惑なことである。経済学における最も有名な隠喩である「見えざる手」は、単に隠喩であるにすぎない。スミスは啓蒙主義の人だったから、自分の議論を支持してもらうために霊的なものに訴えるなどということはしなかったのだ。現代では市場が神学的恩恵を持つとされるに至っていることはあとの章で述べるとおりであるが、スミスはこれを是認しないであろう。》

ガルブレイスは「スミスは啓蒙主義の人だった」と言うが、これは「スミスは無神論者であった」というのは言い過ぎだが、「スミスは理神論者」であったと言いかえることはできる。スミスは自分の信仰について語ることはなかったが、無神論者として知られていたヒュームと親交がありお互いを認め合っていたからスミスの立場はあきらかだ。彼は神からは離れたところにいる。

それでも「見えざる手」に「神の」という語句をつけくわえたい経済学者は、たぶん、スミスのもう一つの著書『道徳感情論』を拠りどころにしているのだと思う。『諸国民の富』の17年前に刊行された『道徳感情論』にも「見えざる手」がやはり一箇所だけ出てくる。

《彼らは**見えざる手**に導かれて、大地がすべての居住者に平等に割り振られていた場合とほぼ同様の生活必需品の分配を行う、そしてそれを意図することなしに知ることもなしに、社会の利益を促進し人口増加の手段を与える。（*The Theory of Moral Sentiments* PART Ⅳ CAPTER Ⅰ　訳文と太字処理は庄司による、以下同じ。）》

ここでも、スミスは「神の」とは言っていない。しかし、このすぐ後に「Providenceが大地を少数の領主に分割したとき、それはその分配において除外されてしまったように見える人々を忘れたわけでも見捨てたわけでもなかった。」と続くのだ。Providenceは「神の摂理」と訳されるのがふつうだが、God「神」という意味もある。アダム・スミスの研究家である水田洋は、ここでProvidenceを「神慮」と訳したが、私は「神」でいいと思う。それはともかく、おそらく後世の経済学者はこのProvidenceをその前に出てくる「見えざる手」に結びつけて、スミスのいう「見えざる手」は「神の見えざる手」なのだということにしたのだと思う。

しかしそれは少し無理がある。

私の持っている『道徳感情論』の「見えざる手」が出てくる箇所には解説者の注がある。それによれば、スミスが最初に「見えざる手」という表現を用いたのは、『天文学Ⅲ.2』においてであるという。それは、「火は燃える、そして水は入れ替わる、重いものは落ちる、そしてより軽いものは上昇する、それはそれ自身の性質の必然性なのであって、これらの事柄においては**Jupiterの見えざる手**は感知されることはなかったし使われることもなかった。」（訳文と太字処理は庄司による。）となっている。

Jupiterはギリシャ神話に出てくるゼウスのことだ。ゼウスはGodではないが、全知全能の神でありGodに類似していると言える。したがって、ここでは「神の見えざる手」と訳すことができるだろう。

つまり、スミスは「見えざる手」が神の摂理を意味するときには明確に「神の」という形容語句を付している、あきらかに使い分けている。たんに「見えざる手」というときに、そこには神の摂理はない。

そして「神の」というときにプロテスタントの神ではなくギリシャ神話の神を持ち出していることにも注意すべきだろう。私はこのことにスミスのキリスト教への向き合いかたを感じる。やはりスミスは理神論者であったのだ。

『諸国民の富』における「見えざる手」は「神の見えざる手」ではない。市場の調節機能は自然法則に似ているとスミスは考えた。その自然法則を彼は「見えざる手」と表現した、それをガルブレイスは「隠喩」と言ったのだ。
　スミスが『諸国民の富』で、「見えざる手」を重要視していたとは思われない、たった一回しか出てこないのだから。それにもかかわらず、市場主義経済学者がこの語句に「神の」という語句をふして神秘的な意味合いをもたせようとしたのは、そのことが世界は神の創造物であり、すべては調和するように設計されている、というキリスト教の精神の発露であるからだ。
　近代資本主義のバックグラウンドはキリスト教であり、その資本主義を研究する経済学においてもやはり、そのバックグラウンドにキリスト教があるということを私たちは銘記しておくべきだろう。

普遍的でないローカルな学問

　ところで、キリスト教は普遍的な宗教だろうか。宗教に普遍的という言葉を使うのが適切かどうかわからないが、キリスト教は全世界的にみれば、普遍的な宗教だとはいえない。それと同様に、現代経済学は決して普遍的な社会科学だとはいえない。科学というからには普遍的でなければならないと私たちは考える。しかし、佐和隆光はこう断言する。

《近代ヨーロッパが生み、大戦後のアメリカにおいて育まれた近代経済学を、肯定的に扱うにせよ否定的に扱うにせよ、それは決して、歴史的にも空間的にも、すべてを覆いうるような普遍的なものではない。言いかえればそれは、欧米という社会、近代という時代画期に固有の特異的（ローカル）な性格をもっており、異なる社会や時代においても通用するような、絶対普遍の〈科学〉では断じてありえない。（前掲『経済学とは何だろうか』）》

　近代経済学を批判するマルクス主義経済学者の言のように見えるが、もちろん佐和は近代経済学者であってマルクス主義経済学者ではない。その佐和が普遍的ではないと断言するのに軽い驚きを覚えるのだが、よく考えてみると彼はごくあたりまえのことを言っているにすぎない。佐和の言うことに新鮮味を感じた人は、経済学が数学を用い自然科学を装っていることに幻惑され、経済学が自然科学のような普遍性を持っていると思い込んでしまっていたのだ。
「歴史的にも空間的にも、すべてを覆いうるような普遍的なものではない。」というのは解説するまでもないかもしれないが、こういうことだ。

たとえば、万有引力の法則は平安時代でも成立していたし現代でももちろん成立している。そして地球上であれば、イングランドでもバングラディッシュでもどこでも成立する。万有引力の法則は「歴史的にも空間的にも、すべてを」覆う普遍的なものだ。

現代経済学の理論は16世紀以前の世界では成立しえなかった。商品経済が発展してはじめて経済学の時代になるのだ。しかし商品経済が充分発展した現代でも経済理論が通用しない地域がある。商品経済が浸透していない未開の地は言うまでもないが、かなり浸透している地域であっても経済学の根本的な法則が成立しないことがある。

厳密には経済理論とは言い難いが、各国の購買力を測る「ビッグマック指数」というのがある。イギリスの経済誌『エコノミスト』が1986年に考案したもので、それ以来毎年同誌が発表している。「ビッグマック」はマクドナルドで販売されている商品だが、全世界でほぼ同一品質で販売されているため購買力の比較に使いやすいということらしい。

たとえば現在のビッグマックの価格は日本では400円、アメリカでは5ドルだとする。したがってビッグマックを基準とすれば1ドルは80円ということになる。現在1ドルが120円だとすれば、今後は円高が進行するということになる、ビックマック指数に従えばの話だが。

その信頼性はともかくとして、この指数が役に立たない国がある。サウジアラビアだ。サウジアラビアのビッグマックの価格は隣国のクウェートの10分の1らしい。サウジアラビアがマクドナルドに補助金を出しているためだ。サウジアラビアがなぜマクドナルドに補助金を出しているのか知らないが、とにかく彼の地のビッグマックについては、商品の価格は需要と供給によって決まるという基本的な経済理論は通用しない。

サウジアラビアを引き合いに出すまでもなく日本の電気料金を考えてみればわかる。アメリカでは電力市場が自由化されている州がいくつかあり、そこでは市場原理によって電気料金が決定されると言えるが、日本においては、電力自由化の動きはあるものの、大部分の電気料金は規制下にあり、需要と供給によって決まっているとはいえない。

もっとわかりやすい最近の例をあげよう。ロシアのウクライナ侵攻で世界的に原油価格が上昇したが、日本政府は石油元売り会社に補助金を出し、ガソリンの小売価格を低くおさえている。この日本のガソリン価格は市場原理によっているとはいえない。

私は現代経済学の理論はいいかげんなものだと言っているのではない。現代経済学の理論は資本主義の理論である。資本主義が充分に発展した、ごく限られた時期、ごく限られた地域でしか成立しないものであって、「決して、歴史的にも空間的にも、すべてを覆いうるような普遍的なものではない」ということを強調したいのだ。

普遍的なものではない、これが普遍的である自然科学の方法を取り入れている現代経済学の特殊性である。

モラルサイエンスとの決別

さらに付け加えておかなければならないことがある。それは現代経済学が自然科学的手法を採用することによってモラルサイエンスたることを放棄しナチュラルサイエンス、自然科学の一分野へと衣替えを図ったということだ。

モラルサイエンスとはなにか。京都大学教授であった経済学者の間宮陽介は、『モラル・サイエンスとしての経済学』（ミネルヴァ書房1986年）で、モラルサイエンスについて次のように言う。

《それは自然科学の自然に対する意味での人間性、すなわちモラルの領域を扱い考察する諸学の総称である。ごく大雑把ないい方をすると、それは自然科学と一線を画しているのみで、その内部が明確な敷居で区切られているというものではない。そこにはいまにいう経済学、政治学、倫理学、哲学、あるいは論理学といった学問分野が含まれるであろうが、現代のこれらの諸学を寄せ集めればモラル・サイエンスが形作られるというものではない。》

間宮は、ここでは、モラルサイエンスは、「はっきりと確立された専門科学の一部門だというわけではない」ということを強調しているのだが、要するに、モラルサイエンスとは、人間の精神と社会に関する包括的な学問分野、と言うことができる。

そもそも経済学は哲学から派生した、というよりは哲学の一分野であった。

経済学の父とされるアダム・スミスは、グラスゴー大学でフランシス・ハチスンの下で道徳哲学を学び、オックスフォードで学んだのちグラスゴー大学の道徳哲学の教授となった。スミスの講じた道徳哲学は、人間と社会に関する学であり、倫理・法・政治・経済を対象としていた。このうち倫理に関する講義に基づいて書かれたのが『道徳感情論』であり、経済社会と人間の関りを論じたのが『諸国民の富』である。そのほかにスミスは法と政治についての著作を構想していたと言われていて、それでスミスの壮大な道徳哲学が完結するはずであったが、それは実現しなかった。それはともかく、後世に経済学の出発点と認められた『諸国民の富』は、道徳哲学の一分野だったのである。

マルクスはボン大学とベルリン大学で法学を中心に学んだと言われているがイエナ大学で哲学博士号を得ており哲学者としてキャリアをスタートしている。ケインズもケンブリッジで数学、論理学、哲学を学んでいる。経済学の双耳峰であるマルクスとケインズはモラルサイエンティストであったのだ。

資本主義社会では人間が疎外されるというマルクスの主張は有名であるからマルクスがモラルサイエンティストであったことは容易に想像がつくが、マルクスを無視していたケインズもまたそうであったとは考えにくいかもしれない。しかしケインズは、1938年7月にハロッドに宛てた書簡で、「私が思うには、経済学は論理学の一分野である。しかし、あなたは、それを疑似的な自然科学としてしまうことに、十分に確固とした拒否を示してはいないように思われる。」「経済学は本質的に精神科学（モラルサイエンス）であって、自然科学ではない。」と明言している。（ハロッドへの書簡は、伊藤邦武『ケインズの哲学』岩波書店1999年から）

当時ケインズはオランダの経済学者ヤン・ティンベルヘンの計量経済学にかんする研究に対して、その妥当性を認めないという書評を発表していた。しかしケインズの弟子ハロッドは計量経済学の意義を認めようとしていたので、その姿勢を批判する書簡をハロッドに送ったのだ。

ところで、ケインズの計量経済学批判の根拠である。彼は、そのハロッドに宛てた書簡で、「経済学とは、現代社会に関連性をもつ、さまざまなモデルを選択する技術と結びついた、モデルを用いた思考の科学である。それがそうでしかありえないのは、**経済学が典型的な自然科学とはちがって、多くの面で時間をつうじて斉一的ではない事象を扱わなければならないからである。**」と語っている。（太字処理は庄司による。）ケインズの言わんとしていることは明白である。自然科学の対象となる事象は、時間の経過によって変容するものもあるが、その本質は時間の経過とは無縁である。経済事象は多くの場合時間の経過によって本質が変容する。

それは当然のことだ。経済事象は自然現象ではない、人間事象なのだから。

間宮は前掲のモラルサイエンスの規定の後に、「経済学の分野ではケインズをほとんど最後にして —もっともハイエクは例外中の例外である— その残滓は跡かたもなく消滅してしまったといっても過言ではない。」と続けた。つまり経済学はケインズ以後モラルサイエンスとは決別してしまったのだ。

経験科学との決別

そして間宮はさらに、「スミスらの古典派から新古典派へ、そして新古典派からやがて今日の新々古典派へと至る経済学の流れは、人間事象としての経済についての考察の進化などでは毛頭ない。それは人間事象の内在的考察からその外的形式の精緻化へと向かう、すなわち人間事象の考察の断念へと向かう、不連続の流れであったといえるだろう。」と述べた。彼のいう「人間事象の考察の断念」は、モラルサイエンスとの決別を意味していると同時に経験科学との決別も意味している。

かつて東京大学教授であり評論家であった西部邁は、「命題を（ある前提から）演繹する際の論理的な厳密さにおいて新古典派が優れているという理由で、言い換えると数理的な裏付けがしっかりしているという経験とは無関係の理由で、新古典派が斯界を制覇している。」と語った。（『ファシスタたらんとした者』中央公論新社2017年）

かつて保守派の評論家として論陣をはった西部は、学生時代は革共同という過激派のメンバーであったという複雑な人で、一言で規定するのは難しいのだが、非マルクス主義近代経済学者であったということはできる。その西部ですら現代経済学には批判的であったのだ。そして、「演繹と検証をすませばそれでよしと構えるサイエンティズム（科学主義）」には「近づかないことにしてきた。」と言い放つ。

経済事象は人間事象なのだから経済学が経験科学であることはあきらかだ。であれば、経験への省察がスタートになるはずだ。経験を無視すればそれは経験科学たりえない。現代経済学が経験科学か規範科学かというカテゴライズは意味のないことかもしれない。現代経済学はORだとすれば、そもそも科学のカテゴリーではないのだから。

間宮は前掲書で、「古典派、歴史学派、マルクス、ヴェブレン、それにケインズやハイエクらの経済学は、互いのあいだでは相克をみせながらも、「..... とはなにか」、「なぜ..... か」というタイプの問いを陰に陽に含みもっている点である共通性があるのに反し、現代の経済科学、経験科学としての経済学は、「いかにして..... か」というタイプの問いによって経済現象を考察することを専らの仕事としている。」と述べた。その後で、間宮は、現代経済学は、「howを冠する問いによって論を起こすのに対して」、モラルサイエンスは「whatやwhyによる問いから出発するのである。」という。簡潔明瞭な要約だ。

間宮は現代経済学は科学ではないと断じているわけではないが、私が思うには、howを冠する問いによって論を起こすのは科学ではなく技術だ。先にあげたサミュエルソンの経済学の定義を思い出してほしい。「どのように生産するか」、「どのように分配するか」が問題なのだ。これは、私に言わせればだが、科学ではない。

強者の学問

それでも経済学は、アメリカでは自然科学の、日本では社会科学の一部門ということになっている。ここから経済学に対する考え方の相違が生ずることになる。

佐和隆光は『市場主義の終焉』(岩波新書2000年)で、「効率と公正(または平等)は両立しえないといわれる。」と書いて、「従来は両立しえなかった二つの価値を両立させるための政策を立案することは、「社会の医者」としての経済学者に課せられた重大な責務のはずである。」と言う。

佐和の主張は、「市場にゆだねておくだけでは、効率と公正を両立させることは望みえない」ということなのだが、私は佐和の主張を全面的に支持する。現代経済学は、両立しないのなら効率を露骨に優先してきた。そのさいには、機会の平等が保障されていればいいのだという強者の論理を主張してきた。市場主義は強者のイデオロギーなのだ。

市場主義の限界については後に言及するが、ここでは佐和が経済学者は「社会の医者」だと言っていることに注目したい。アメリカの現代経済学の主流派の経済学者は自分たちが「社会の医者」だとは思っていないだろう。

ジョン・ケネス・ガルブレイスはアメリカ経済学会の会長であったが経済学界の主流派ではなかった。彼は「数学的でない」という信じられない奇妙な理由でノーベル経済学賞には縁がなかったのだが、彼ほど著作が広く読まれた経済学者はいない。そのためか、経済学者ではなく小説家だと揶揄された。彼は市場主義者ではなく強者の論理をふりかざすことはなかった。

彼を小説家だと揶揄したのは、著作が彼の本ほど売れなかったことをひがんだ経済学者ではなくアメリカの財界人であった。ガルブレイスは自らを「社会の医者」だとか弱者の味方だと言ったことはなかったが、市場主義に懐疑的な彼の発言は、たとえば、「金持ちをいじめても貧乏人が金持ちになるわけではない」と言い放ったマーガレット・サッチャーや彼女と同じ思想の財界人、経済的強者には迷惑だったのだ。

経済的強者が喜びそうな説に「累進所得税制は人びとの勤労意欲を減退させる」というのがある。アメリカの現代経済学者の多くはこの説を支持するだろうが、佐和は、前掲書で、「この命題は、実証されたわけでも論証されたわけでもないという意味で、あくまでも「非科学的」命題なのである。」と断定している。それでも、そのような命題が「当然のことのように横行闊歩する」のは、「そうした言説を口や筆にするエコノミストや経営者のほとんどだれもが「強者」であるため、みずからを利する「強者」の論理があたかも不滅の真理であるかのように、まことしやかに喧伝するからである。」と言う。そして、「弱者の声をあえて代弁しようとする論者が、昨今の日本の経済論壇にはなぜか皆無に近いからである。」と結ぶ。

その理由は日本の経済学者の多くがアメリカの大学に留学し、強者の論理を押し通す主流派の現代経済学を学び絶対的市場原理主義者になって帰ってくるからだ。それはともかく、経済学説というよりはプロパガンダに近い、経済的強者の「非科学的」命題がまかりとおる現代経済学の世界は、やはりふしぎと言わざるをえない。

2 ふしぎなノーベル経済学賞

言葉の壁

経済学が「ふしぎ」だとすれば、それを対象とするノーベル経済学賞もまた「ふしぎ」といわざるをえない。この賞については冒頭で少し言及したが、ここでもう少し立ち入って考えてみよう。

1949年に湯川秀樹博士が物理学賞を受賞して以来、数多くの日本人がノーベル賞を受賞しているが、経済学賞だけは受賞者が出ていない。日本の経済学者から、素人に何がわかるか、と非難されるのを覚悟で言うが、いや、もう冒頭で言ってしまったが、当分のあいだ日本人がノーベル経済学賞を受賞するのは難しいと私は思っている。

その理由は、日本がキリスト教社会ではないからだと書いたが、ほとんどの人が真っ先に思い浮かべる理由は、言葉の壁ではないだろうか。

たしかに社会科学は言葉で勝負というところがある。物理や化学なら数式で自分の考えをある程度は表現できる。社会科学は100パーセント言葉によるしかない。その言葉で最も力があるのはもちろん英語である。日本語で書かれた論文が海外で読まれることはまれである。どんなに画期的なアイデアを記した著作であっても読まれることがなければ意味はない。

ポーランドのワルシャワ大学教授を勤めたミハウ・カレツキーという経済学者がいた。ケインズの有効需要理論とほぼ同様の理論をケインズに先立って発表していたのだが、カレツキーの著作はほとんど注目されることはなく、マクロ経済学の開発者の栄誉はケインズに譲ることになった。カレツキーは英語ではなく母国語のポーランド語で書いていたからである。

彼は第二次大戦前に、ケンブリッジ、オックスフォードで学んでおり、おそらく英語で書こうと思えば書けたであろう。しかし彼の意図は自分のアイディアを世界に広めることにではなく、祖国ポーランドの社会主義経済を発展させることにあった。だから彼の著作のほとんどはポーランド語で書かれている。

もし彼が英語で著作を刊行していたら、私たちが今ケインズ経済学と呼んでいるものはカレツキー経済学と呼ばれることになったかもしれない。

自然科学の分野では海外の科学誌に英語で論文を発表する日本人の学者は数多い。しかし、アメリカの大学に在籍している人は別にして、アメリカやイギリスの経済誌に英語で論文を発表している日本の経済学者はどれぐらいいるのだろうか。綿密に調べてはいないが、たぶん自然科学者ほど多くはないだろう。

日本の近代化の歴史は、ヨーロッパの科学技術、思想、社会制度を採用することから始まったのだから、当然と言えば当然だが、ヨーロッパ言語との闘いの歴史であった。本格的な最初の闘いは、杉田玄白らによる「ターヘルアナトミア」の翻訳、オランダ語との格闘であった。つまり医学という自然科学の分野でなされた。

その後明治期になると明治政府がプロイセンの諸制度を多く採用したこともありドイツ語を学ぶことが主流となった。日本での英語に対するドイツ語の優越性は昭和の初めまで続いていたように思う。そして英米がめざましい経済的発展をとげるのを目のあたりにして英語の重要性が認識されるようになるのだが、いまだに、特に社会科学の分野では、英語との不利な闘いを強いられている。

私たちはこれまでずっと英語の習得に、英語にかぎらず外国語の習得に苦労を重ねてきた。現在はカタカナの言葉が氾濫していて英語をなんなく取り入れているように見える。しかし、少なくとも社会科学の分野では自由自在に外国語を操る学者はそう多くはない。一般的に日本人は外国語が英語が苦手だと言っていい。

これまで（2022年まで）の92人のノーベル経済学賞受賞者のうちアメリカ人（アメリカ国籍を有する者）が64人、イギリス人が8人、カナダ人が2人、インド人が1人なので英語を母国語（ないしは公用語）とする者が75人と8割を占める。残りの17人について、その論文が英語で書かれたのか母国語で書かれたのかを私は調べていないが、その17人はヨーロッパ人なので彼らの言語は英語に翻訳しやすいはずだ。

ヨーロッパの言語は同じ文字（アルファベット）が用いられているということに加えキリスト教という共通のバックグラウンドがある。何語であろうとほとんどの人は聖書を読んでいる。聖書の語句を文章表現に取り入れる習慣が確立している。

英語表現の中には聖書に由来するものが多いが、非キリスト教徒である日本人はなかなかそれが理解しにくい。英語の文化的背景になじみにくいのだ。日本人が英語が苦手なのはキリスト教徒でないからだと言えないこともない。

過去92人の受賞者のうち英語の文化から最も遠いところにいたのは、1975年受賞のレオニート・カントロヴィチであろう。彼はレニングラード大学で数学を学んだ数学者であった。若いころに経済学を学んだことはない。レニングラード大学では軍事工学の教授であった。彼が経済学にかかわるようになったのは49歳でソ連科学アカデミーで計画経済にかかる線形計画、リニアプログラミングの研究に従事するようになってからである。その手法を開発したことが、「資源の最適配分」に関する理論に貢献したとしてノーベル経済学賞を受賞した。

リニアプログラミングの論文であれば数式が多くを語ってくれる。英語にたよる必要はない。

私は先に社会科学は言葉で勝負と書いたが、リニアプログラミングのように技術工学に近いものは数式で勝負できる。であれば英語が苦手な日本人でも数学ができる経済学者ならノーベル賞のチャンスがあるのではないかと考えられる。そうかもしれない。

海外で評価された日本の経済学者には数学科出身者が少なからずいる。宇沢弘文、稲田献一はともに東京大学理学部数学科を卒業している。一般均衡理論の発展に貢献したと海外で高く評価された二階堂副包も東北帝国大学理学数学科に入学したが東京大学理学部数学科を卒業している。

経済学と数学の話になれば、どうしても伊藤清にふれないわけにはいかない。京都大学理学部数学科の教授であった伊藤は確率論の研究で有名な世界的数学者でガウス賞、文化勲章を受章している。伊藤自身は経済学とは何の縁もなかった。

ところが、彼の数学の業績が金融工学に大きく貢献することになった。1997年にノーベル経済学賞を受賞したマイロン・ショールズがフィッシャー・ブラックとともに考案したデリバティブ（金融派生商品）についてのブラック・ショールズ方程式は、この伊藤の「伊藤の補題」から導かれたものなのだ。

方程式で記述されるのは直線もしくは一定の規則性をもつ曲線だけで、ランダムな曲線は微分ができないため方程式であらわすことはできなかった。「伊藤の補題」は微積分に確率論を導入することで、たとえば金融商品の価格変動の軌跡など、規則性のない曲線を方程式で記述することを初めて可能にした。

アメリカ科学アカデミーは「ピタゴラスの定理は別格として、「伊藤の補題」（Ito's Lemma）以上に世界に知れ渡り応用されている数学の成果は思い浮かばない。この成果は、古典解析におけるニュートンの微積分学の基本定理と同様の役割を、確率解析において果すものであり、「必要不可欠なもの」（sine qua non）である」（京都大学数理解析研究所ホームページから）と伊藤の業績を激賞している。

もし伊藤が理学部の教授ではなく経済学部の教授であったなら、あるいは投資銀行の研究所の研究員であったなら、1997年のノーベル経済学賞は伊藤に与えられたであろう。ノーベル経済学賞に最も近かった日本人は経済学者ではなく数学者であった、と言いたいところだが、伊藤はノーベル経済学賞とは遠く離れたところにいた。

伊藤は経済学を嫌悪していた、自分の業績が経済学者から称賛されるのを迷惑がっていた。自分の名前がアメリカの経済学会で有名になったというのをきいたときの気持ちを彼は『確率論と私』（岩波書店2010年）で、「喜びより、むしろ大きな不安に捉えられました」「私は（略）銀行預金も、（略）普通預金しか利用したことがない「非金融国民」なのです」と書いている。

この伊藤の感慨こそが、日本人がノーベル経済学賞からは遠い、もう一つの理由を実は示している。

伊藤は1915年の生まれだが、その年代の自然科学者はほとんど伊藤に共感しただろう。金融工学など認めなかっただろう。学問が利殖のために利用されることがあってはならないと考えていただろう。そして利殖のための学問が存在することにも疑問をもっていただろう。そのことは自然科学者だけでなく一般の人もそうだったと思う。経済学だけでなく社会科学一般が認知されていなかった、自然科学以外は学問と認めないという風潮がまちがいなくあった。

現在では社会科学は認知されてはいるが、まだ認められなかった時期の雰囲気は完全に拭い去られてはいない、あるいは拭い去ることができない。それは日本人にとっては社会科学が苦手科目だからだ。私たちは社会科学を充分に理解できてはいないのだ。

その理由は明白である。社会科学は「社会」を研究対象とするが日本にはその「社会」は存在しなかった。杉田玄白らが悪戦苦闘した「ターヘルアナトミア」が研究の対象とした人体は杉田らの目の前にあった。しかし社会科学の研究対象である「社会」は私たちの目の前にはなかった。

日本にはない「社会」日本にはいない「個人」

「社会」はsocietyなどの西欧語の翻訳である。「しかし、かつてsocietyという言葉は、たいへん翻訳の難しいことばであった。」と評論家であった柳父彰は書いている。彼はさらにこう続ける、「それは第一に、societyに相当することばが日本語になかったからなのである。相当することばがなかったということは、その背景に、societyに対応するような現実が日本にはなかった、ということである。」(『翻訳語成立事情』岩波新書1982年)と。

自分たちの目前にないものを研究しようとする学問を理解するのは難しい。

日本にはなかったsocietyとはどういうものなのか。柳父によればsocietyは「個人individualを単位とする人間関係である。」という。そして「「国」や「藩」では、人々は身分として存在しているのであって、個人としてではない。」と言っている。

柳父は明言していないが、日本には「個人」も存在しなかったということか。どうもそうらしい。『翻訳語成立事情』を読み進めていくと次のような箇所にぶつかる。

《individualという言葉は、ヨーロッパの歴史の中で、たとえばmanとか、human beingなどとは違った思想的な背景を持っている。**それは神に対して一人でいる人間**、また、社会に対してひとりでいる人間、というような思想とともに口にされてきた。(太字処理は庄司による。)》

つまり、個人individualとは「神と対峙している一人の人間」のことであれば、神Godのいない日本には「個人」も存在しなかったということになる。だから日本には「個人主義」individualismも存在しなかった。キリスト教社会ではない日本においては「個人主義」はヨーロッパとは異なる意味で理解されることがあった、いや理解されていないと言ったほうがいいだろう。

ヨーロッパの「個人」も「社会」も完全に理解してしいないとすれば、社会科学を理解することは難しい。その困難さは、日本はキリスト教社会ではないことに基づいていると私は考えている。日本人がノーベル経済学賞を受賞できていない理由については、英語の問題とともに、日本人はキリスト教徒ではないからということを付け加えなければならない。

この二つの理由は、実は、一つだとも言える。言語はたんなるコミュニケーションの手段ではない。言葉は思想である。ある国の言語はその国の文化、社会システム、ものの考え方、習慣と一体不可分である。言語学者ソシュールが言ったように、「民族をつくるものは言語である。」

言語社会学者の鈴木孝夫は、『日本人はなぜ英語ができないか』（岩波新書1999年）で、「英語を母語としない多くのヨーロッパの国の人々が、それでも英語を自由に使いこなすのは、この人たちの言語が殆どの場合、英語の親戚筋にあたる同系同類のものであって、しかも文化や宗教までが、基本的には同一といっても差し支えないほど、互いに似通っている」からだといい、「ところが日本語は、英語とはまったく違う系統に属する言語であるばかりでなく、日本人の宗教や世界観、そして風俗習慣をも含む文化までも、欧米人のそれとは非常に異なるもの」であるから、日本人が英語などのヨーロッパの言語を習得するのは難しいのだと書いている。

欧米の文化の基礎をなすものはキリスト教だ。だから、「日本人はなぜ英語ができないか」という問いに対しては、「日本はキリスト教社会ではないから」というのも回答の一つになるだろう。

日本人は英語が苦手だからノーベル経済学賞は難しい、ということなら、日本はキリスト教社会ではないからノーベル経済学賞は難しいとも言えるのではないか。

英語のハンディキャップはともかくとして、キリスト教徒でないからノーベル経済学賞は難しいというのは、まったくもって非論理的だ。論評に値しないと言われるかもしれない。

それで表現を変えてみよう。「アジア人と無神論者、無宗教の者にはノーベル経済学賞は無理だ」。これではどうか。これには当然反論が出されるだろう。

1998年の受賞者アマルティア・センと2019年の受賞者アビジット・バナジーはインド人だ。ただしバナジーはインド生まれではあるが、ハーバードで博士号を取得し、アメリカ国籍を持ち、MITの教授をしているアメリカ人である。センはケンブリッジやオックスフォードで学びハーバードで教鞭をとっていたが、イギリス国籍もアメリカ国籍も取得していない正真正銘のインド人、アジア人だ。しかも無神論者であると公言している。

これでもう私の命題は成立しないと思われるかもしれないが、弁明をしたい。

ユダヤ教キリスト教と経済学賞

私のいう「アジア人と無神論者、無宗教の者」とは実は一体であって、その具体的なイメージは東アジアの日本人だ。インドはアジアと言っても西アジアのイスラム文化圏とも東南アジアとも異なる独自の文化を持っている。だから

「アジア」ではなく「東アジア人と無神論者、無宗教の者」と言ったほうがよかったかもしれない。

それでもまだ「無神論者」の問題は残っている。しかし私に言わせればセンは無神論者ではない。本人が無神論者と言っているのだから否定してもはじまらないから、センは少なくとも、多くの日本人のような非宗教的な人間ではない、と言っておこう。

センは、高名な宗教学者であった祖父（キッティ・モホン・セン、ノーベル文学賞受賞者の詩人タゴールと親しく1924年にタゴールと来日している。）に自分はどうしても宗教的信念をもつことができなかったと言ったことがあった。すると祖父は「とんでもない、おまえは宗教的な問題に向きあい、そして私がみるに、ヒンドゥー教の諸派のなかから無神論、つまりローカーヤタ派に自分を位置づけたのだ！」と言ったという（『議論好きなインド人』明石書店2008年）。無神論の宗派がある宗教というのは私の想像を絶するのだが、とにかくセンは「宗教的な問題に向きあ」っていたというのだから、宗教に無関心な人間ではない。そのことは彼の著作を読めばわかる。『議論好きなインド人』で彼はこう語る。

《もしも私たちが長く良く生きる自由に関心があるならば、私たちはたんに富と経済的繁栄にではなく、生と死の問題に正面から焦点をあてるべきである。》

およそ経済学者らしからぬ発言だ。ここだけを読むならば、これは宗教家の発言だと思われるだろう。センを宗教に無関心な人間と位置付けることはできない。宗教的なバックグラウンドはあきらかに認められる。

ところで無神論者であるとされているノーベル経済学賞受賞者がもう一人いる。1976年に受賞したミルトン・フリードマンだ。『ノーベル経済学賞』（講談社2016年）には「フリードマンは一九一二年にニューヨークのブルックリンでユダヤ移民の子として生まれた。

若いころは、ユダヤ教に熱心だったそうだが、後に無神論になった。」との記述がある。

しかし、私には彼が無神論者であったとはどうしても信じられない。彼がそう公言していたのかどうか知らないが、宗教国家アメリカで無神論者であることを公言することは覚悟がいることだ。無神論は宗教に無関心であることではなく積極的に神の存在を否定するのだ。そしてアメリカでは無神論者イコール共産主義者とみなされることがある。フリードマンは徹底した反共主義者であったニクソンとレーガンを支持していた。そして若い頃は財務省で働いていた公務員であったし、ニクソン政権下では大統領経済諮問委員会のメンバーであった。神の国、反共国家のアメリカが無神論者を登用するというのは私には理解しがたい。

フリードマンは多くの逸話を残している。たとえばシカゴ大学で彼の同僚であった宇沢弘文は、「『経済と人間の旅』（日本経済新聞出版社2014年）で、シカゴ大学教授であったフランク・ナイトが、「シカゴ大学で私についた学生はフリードマンとスティグラーで、二人は私の指導で博士論文を書いた。しかし、あの二人のやっていることは最近、目にあまるものがある。今後一切、私のところで勉強したということを禁ずる」と語ったことを紹介し、「一種の破門宣言だった。」と書いている。

ナイトの怒りにふれたのは、フリードマンがポンドの空売りを銀行にもちかけて断られ銀行を非難したから、あるいは、株の空売りをしたのを非難され、市場がどう動くかを確認したかっただけだと言い訳をしたからだとされている。

ポンドにしろ株にしろフリードマンが本当に空売りをしたか、企てたか疑わしいという人もいる。空売りの件は何人かの人が宇沢から聞いたというのだが、宇沢のフリードマンについて語ることが真実がどうかと疑われているのだ。

宇沢はフリードマンがナイトの指導で博士論文を書いたとしているがこれは誤りだ。フリードマンはクズネッツの指導でコロンビア大学で博士号を取得している。おそらく修士論文のまちがいだろう。いずれにしても宇沢の書いたことが不正確であるから、空売りの件も真偽が疑われているのだ。しかし、空売りの件は私にはいかにもさもありなんと思える。

株の空売りとは何だろうか。英語ではshort sellingというが、日本語で「からうり」というのは自分の所有でない株を売るからだろう。具体的な例で説明しよう。

ある株が近いうちに値下がりすると判断したとする。その株を自分は所有していないので、証券会社などから、たとえば1000株を3ヶ月後に返すという約束で借りる。その株価は借りたときに3000円だったとする。その1000株を売ってしまえば（空売り）、3百万円が手に入る（手数料、税金などは考慮していない、以下同じ。）。返却済期限の3ヶ月後には予想どおり値下がりしてその株価が2500円になっていたとする。その株を1000株購入して返却するが、購入代金は250万円なので、差額の50万円が利益となる。この利益は元手まったくなしにもたらされたものである。株でなくポンドなどの通貨でも同じだ。

自分の金を一円も出すことなく儲ける方法があるのだ。ただし将来値下がりするかどうかは誰にもわからない、値上がりしたら損失が出る。投資ではなく投機だ、一種のギャンブルだ。「市場がどう動くかを確認したかった」などというのは戯言にすぎない。経済学者のやることではない、ナイトが怒ったのも無理はない。本当にフリードマンが空売りをしたとすればの話だが。

岩井も前掲『経済学の宇宙』で、宇沢から、フリードマンがポンドを空売りしようとした話を聞いたことを書いている。それによれば、フリードマンの申し込みを受けた銀行は、「私たちはジェントルマンだから、そのような要求には応じられない」と断ったが、怒ったフリードマンは大学に戻り、宇沢をはじめとする同僚の前で、「資本主義の世界の中では、儲けるときに儲けるのがジェントルマンである」と大演説をぶった、ということだ。

この話は、「宇沢先生の葛藤　—　心は新古典派にあらず」と題されたセクションに出てくる。岩井はここで宇沢とフリードマンを対比させる形で、宇沢には「社会的な正義感」があったと書いている。

しかし、ノーベル経済学賞は、「社会的な正義感」が感じられない「儲けるときには儲けるのがジェントルマン」だと言い放つ人間に与えられるのだ。

空売りで儲けるという方法を最初に考えた人は誰なのかはわからない、わからないが、私はユダヤ人ではないかと思っている。だとすればユダヤ人であるフリードマンはユダヤ精神を発揮したということになる。もっともこれはすべて私の推測にすぎない。

もう少し確かさのある話をしよう。

フリードマンは貧困は各自の責任であると主張した。機会の平等さえ確保されていれば結果の不平等はやむを得ない、各自の努力が足りなかったのだ、そう主張する。この考え方はプロテスタント、カルヴァン派の伝統的な考え方と同じだ。

リチャード・トーニーは前掲『宗教と資本主義の興隆』で、「見さかいのない施し」に対する反対は宗教改革以前からあったが、「それをまた新しく強調したのは、宗教改革者たちであった」として、「ルターは乞食の要求をゆすりだと非難していたし、スイスの改革者たちは修道院が昔からおこなっていて、当時まだ残っていた慈善事業をば、ローマ教皇庁が放埒と堕落との罪におとしいれるためにさしのべた誘惑だとして、すっかり止めてしまった。」と書いている。

トーニーは、ピューリタンは、「志をとげないで倒れていくひとびとの貧困をば、あわれんでやり、救ってやるべき不幸だとは考えず、むしろ断罪さるべき道徳的な欠陥だと考えた。」という。そして、

《いちばん大きな悪徳は怠惰であること、貧乏人は環境の犠牲ではなくて、自分たちの「怠惰な、不規則な、悪い暮らし方」のために自分でおちこんだのだということ、いちばんまことのこもった慈愛とは、貧乏人を救うてやってかれらを無気力にすることではなくて、むしろ、かれらの品性を改造して救いがいらなくなるようにすることだ》

というのがピューリタンの教理だという。この教理はまさにフリードマンの思想そのものだ。彼が意識していないかもしれないが、彼の思想、行動はユダヤ教精神とプロテスタント精神そのものだ。

センもフリードマンも宗教的人間だというのが私の見解だ。そして非宗教的人間である日本人にはノーベル経済学賞は難しいというのが私の見解だ。突拍子もない意見だが、かりに正しいと認めてもらえば、日本人は、日本がキリスト教社会にならない限りは、永久に経済学賞はとれない、ということになってしまう。

いつかは受賞者が出るかもしれないが、永久に出なくても、私はかまわないと思う。私はノーベル経済学賞に疑問を持っているからだ。

ノーベル経済学賞の正当性、妥当性

1968年に創設された経済学賞はノーベルの遺言にはない。ノーベル賞ではないのだ。「経済学賞はあくまで「アルフレッド・ノーベル記念スウェーデン国立銀行経済学賞」なのだが、他の賞に倣って、スウェーデンの王立アカデミーが受賞者の選考に当たっているので、ノーベル経済学賞のように見えるに過ぎない。」（前掲『ノーベル経済学賞』）

成り立ちや名称からして首をかしげざるをえない賞なのだが、受賞の基準にも首をかしげざるをえないところがある。たとえば前掲『ノーベル経済学賞』で廣瀬弘毅は、1974年のミュルダールとハイエクの同時受賞を問題としている。

廣瀬は二人の「主張する内容は正反対と言っても構わないのである。」と言う。ここではその内容についての詳細を述べる余裕はないので、ごく大雑把にいうと、ミュルダールは「福祉国家論者の最も強力なイデオローグの一人」であるが、ハイエクは「国家の干渉を極力小さくすべきであるという自由主義の泰斗」ということになる。

だから廣瀬は、「一方が正しければ、他方は成り立たないはずであるのに、両者が同じ年に受賞しているのである。」と書く。まったくふしぎな賞だ。地動説と天動説が同時に物理学賞を受賞するようなものだ。自然科学の分野ではありえない。

もう一つの問題は、いわゆる左翼や異端派には与えられないということである。というと、1998年受賞のアマルティア・センは、いわゆる「左派」の経済学者ではなかったか、という反論がでてくるかもしれない。

たしかに彼は「左翼的発言が目立つ」と批判されたことがある。センは、所得分配の不平等、貧困と飢餓に関する問題に貢献したということで受賞したのだが、これらの問題に関する彼の見解を調べてみれば左翼ではないことはあきらかだ。

たとえば、格差の拡大という問題を考えるとき、ある程度の格差はやむを得ないと考えるのが「右派」であり、所得や資産を平等化すべきと考えるのが「左派」である。社会主義者はまず所得、資産の平等化を主張するが、センはそうは考えない。彼は平等化すべきは所得ではなくcapability潜在能力だと言う。

前掲『議論好きなインド人』の訳者はセンの「潜在能力」について訳注でパンと自転車の例をあげて説明している。

パンは栄養を与える、自転車は移動を楽にするという特性をもっている。パンから栄養を摂取する、自転車を使えば移動できることが「機能」である。個人が「機能」を実現するためには、パンや自転車を購入できる収入があること、かつ消化器に病気がなく、自転車に乗ることができるという「潜在能力」があることが条件となる。所得が平等であっても、消化器疾患を抱えている人や身体障害者はパンを食べられないし自転車に乗ることはできない。

このような説明の後で訳者は、センの考えを「所得のような間接的指標だけに頼るのではなく、「機能」や「(潜在) 能力」の状態の検討や、その拡大の方法を探るのが経済学の重要な役割となる。」とまとめる。

荒川章義は、身体障害者と健常者に加え、第三世界と先進国、同じ先進国に住んでいるアフリカ系アメリカ人と白人のアメリカ人などの間には所得や効用という概念では捕えきれない大きな機会の不平等が存在しているとして、「センは貧困を単なる所得の欠如ではなく、潜在能力の欠如であると考えている。センは、貧困とは何かを達成した成果が存在しないことではなく、それを達成するための自由が不足していることであると考えるのである。それゆえセンは、いわゆる開発独裁なるものをいっさい認めない。」（前掲『ノーベル経済学賞』「孤高の人セン」）と書く。

開発独裁は人々の自由と権利を制限することによって潜在能力を損なってしまう。だからセンは、所得のために自由を制限する開発独裁を認めないのだ。

これはあきらかに社会主義ではない。機会の平等の拡大をもとめ能力の発揮に期待するというのは、むしろ機会の平等が保障されていればあとは個人の努力しだいなのだから結果の不平等はやむをえないというカルヴァン派市場主義を思わせるところもある。経済学賞受賞理由の問題にかんするかぎりは、センは左派とか左翼とは言えない。

だいたい本当の左翼には経済学賞は与えられないのだ。

ポール・スウィージー（1910年～2004年）というアメリカでは珍しいマルクス経済学者がいた。スウィージーはハーバードを優等で卒業し、ハーバードの経済学部教授を務めた。ハーバードでは都留重人と同期で親交があった。「シュンペーターの強い支援があったにもかかわらず、学部でのテニュア（在職保障）を得られず」（『都留重人自伝　いくつもの岐路を回顧して』岩波書店2001年）、1946年にハーバードを去る。

スウィージーがハーバードを追い出されたのは彼がマルクス主義者であったからだ。たしかにマルクス主義者であったことはまちがいないが、マルクスのいう「窮乏化法則」や「利潤率低下傾向の法則」には批判的であったから、当時の日本の筋金入りのマルクス主義経済学者であったならスウィージーをマルクス経済学者とは認めなかったであろう。

彼はシュンペーターが将来を嘱望した理論経済学者であった。彼のアイデアである寡占企業の屈折需要曲線の概念は近代寡占理論の共通の財産になっている。ミクロ分析だけでなく、ポール・バランとの共著である『独占資本』では「寡占、独占は経済の停滞をもたらす」ということをあきらかにしマクロ経済学にも貢献した。スウィージーはノーベル経済学賞に値すると私は思う。

ジョーン・ロビンソンやJ・K・ガルブレイスがノーベル経済学賞を受賞しな

かったのはふしぎだとよく言われるが、スウィージーが受賞しなかったのはふしぎだという人は、私を除けば、おそらく一人もいない。マルクス経済学者、左派、左翼とみなされる経済学者は経済学賞を受賞できないということが、もうわかりきったことであるからだ。

ジョーン・ロビンソンは何度もノーベル経済学賞の候補にあがったと言われている。しかし私はその話を疑っている。彼女は「ポスト・ケインジアン」とよばれるグループの中心人物であった。「ポスト・ケインジアン」とはケインズ経済学とマルクス経済学の融合を図ろうとする経済学者たちである。彼女はサミュエルソンらの現代経済学のいわゆる主流派を「インチキなケインジアン」bastard Keynesianと厳しく批判した。晩年には毛沢東を評価していた。筋金入りの左翼であった。私は候補にあがるはずがないと思っている。あるいは、あがったとしても形だけで真剣に検討されることはなかったと思う。

大澤真幸は前掲『アメリカ』で、岩井克人から聞いた話を紹介している。岩井はMITでサミュエルソンに師事し、MITから経済学博士号を取得している。アメリカに留学していたときは全米で最も期待される若手経済学者とみなされていた。ところが、あるとき「ノーベル賞かと思われていたのに脱落したね」と言われたそうだ。その理由は論文にマルクスを引用したからだという。

岩井がマルクス主義者ではないことはあきらかだ。でもマルクスを引用しただけでもうアウトなのだ。大澤は、「その理由を考えてみるに、要はマルクスはあからさまな無神論者だからということだと思うんですね。」と語っている。大澤の言は核心をついている。アメリカの経済学者は無神論なんてとんでもないと思っているのだ。

そのことは、キリスト教を信じない輩に経済学がわかるかというアカデミック人種差別につながる。

先にスウィージーがハーバードを追い出されたということを書いた。実はその少し前にサミュエルソンもハーバードを出てMITに移っている。サミュエルソンがハーバードに残れなかったのは彼がユダヤ系であったからとされている。長くハーバードで教えていたケネス・アローもユダヤ系であったが、キリスト教に改宗している。アカデミズムの世界でもユダヤ人は苦労が多いのだ。

ましてやGodを信じない日本人が経済学者として本当に認められるのだろうか。岩井はマルクスを引用したからアウトとされたが、日本人であるからという理由もあったのではなかろうか。経済学が日本人にわかってたまるか、と思われているのではないだろうか。

宇沢弘文は前掲『経済と人間の旅』で、シカゴ時代にケインズの高弟と言われたロイ・ハロッドとパーティで酒を飲みながら話をしたときのことを書いている。

当時は英国経済の凋落がはっきりしてきた時期で、宇沢はなぜ英国経済がおかしくなったかを話し始めた。「すると突然、ハロッドが『お前たちちっぽけな日本人に、大英帝国のことを語る資格はない』と怒鳴りだした。皆あぜんとなった。」ということだ。ハロッドはかなりウィスキーを飲んでいたというから、抑えがきかなくなったのだろう。本音が出てしまったのだ。

これはもちろんハロッドの個人的意見であって欧米のすべての経済学者がみなそう考えているとはかぎらないが、案外彼らの大半はハロッドに賛意を示すのではないだろうか。「お前たち異教徒の日本人に欧米の社会のことを語る資格はない」と。

ノーベル経済学賞の選考にあたって人種差別があるとか人種偏見があるとまでは言わない。社会科学がヨーロッパの社会を研究対象としているからアジア人にハンディがあるのはある意味当然だ。

ここで、また現代経済学は普遍的なものではないという命題に立ち返ることになる。この命題が正しいとすれば、いやまちがいなく正しいのだが、経済学賞はノーベル賞の精神に反していることになる。アルフレッド・ノーベルは、「人類のために最大の貢献をした人々に」与えられると遺言を残した。ノーベルのいう「人類」は地球上のすべての人間を指しているのであって特定の地域の人間を指しているのではないことはあきらかだ。現代経済学は普遍的なものではないのだから、全人類のために貢献するものであるはずがない。

1990年のノーベル経済学賞は、資産選択の理論、資産の収益率の決定に関する理論を構築したマーコヴィッツ、シャープ、ミラーに与えられた。1997年の経済学賞はデリバティブ（金融派生商品）の価値を決定する方法に貢献したとして、マートンとショールズに与えられた。資産選択理論やデリバティブの理論が経済学だとは私には思えない。百歩譲って、これらは伝統的な経済学が扱ってはこなかったが現代経済学の新しい分野なのだとしても、人類のために貢献したとはとてもいえない。ウオール街の人々のためには大きな貢献をしたかもしれないが。あきらかにノーベルの遺志にはそぐわない。

ノーベル財団も「経済学賞はノーベル賞ではありません」と認めているのだ

から（前掲『ノーベル経済学賞』)、他のノーベル賞とは発表時期もずらして、授賞式もアメリカのどこかで開催して、名称も「スウェーデン国立銀行協賛アメリカ経済学学会賞」とでも改めてもらいたい。アメリカ経済学会の賞であれば日本人が受賞しなくても別にかまわない。

第四章　神なき資本主義社会日本

1　日本の資本主義の特質

日本に広まらなかったキリスト教

ここまで資本主義とユダヤ・キリスト教は深い関係があることを強調してきた。では、日本はキリスト教社会ではないのにどうして先進資本主義国家の仲間入りをすることができたのか、あるいは、そもそも日本の社会経済システムは資本主義といえるのかという疑問が呈されるだろう。

この疑問に答えるにあたって、まず、日本ではなぜキリスト教が広まらなかったかを考えてみることとしたい。

このことについては多くの書物で論じられている。『なぜ日本にキリスト教は広まらないのか』（教文館2009年）というそのものずばりのタイトルの本もある。著者の古屋安雄は、キリスト教が「サムライ」という上流階級にまず入ったということが「キリスト教史のなかでもめずらしいこと」だと言う。キリスト教は貧しい下層階級から上流階級に入るのが普通であって、その逆は例がないと言う。そして「日本が宣教一五〇年にもかかわらず、一％に満たないのはこの理由からではないか。」と結論づける。

古屋は、上流階級から入ったことによりキリスト教がマルキシズムのように一つの思想体系として受けとられ、日本の教会は「祈る教会」ではなく「議論する教会」になってしまった、日本のプロテスタント・キリスト教は「頭でっかち」のキリスト教になってしまった、と語る。

牧師の子息であり労働経済学者であった隅谷三喜男も同様の見解を示している。彼は『日本の信徒の「神学」』（日本キリスト教団出版局2004年）で「農村には全く教会は存在しないと言ってよい。要するに日本の教会は知識層を中心とする都市教会なのである。」と語っている。

これらのことから私は、日本にキリスト教が広まらなかったのは日本が基本的に農業社会であったからだと考えている。キリスト教だけでなくユダヤ教もそうだが一神教は農業社会にはなじみにくいのではないだろうか。

特に日本は四季があり自然の恵みを享受することができたので農民は農作業をとおして、生物や無生物にも、ありとあらゆるものに霊的なもの、霊の存在を感じていた。このようなところでは絶対的な神の存在を信じようとする意識は希薄になる。

ヨーロッパでもそうであったろう。

マックス・ヴェーバーは前掲『宗教社会学』で、「都市に在住しない者は、政治的にも宗教的にも第二流のユダヤ人だとみなされる。というのも、仏教やヒンドゥ教の場合と同じく、ユダヤ教の儀礼法のもとで農民として現実に正しい生活を営んでいくことは、実際上不可能にひとしいからである。」と書く。そして「初期キリスト教にあっては、異教徒とはそのまま田舎者を意味する。中世教会もなおその公的な教義（トマス・アクィナス）のなかで、農民を、根本においてより低級なキリスト教徒として扱い、いつの場合にもできるだけ過少評価するのである。」とも書く。

やはり一神教は農業社会にはなじまないのだ。ヴェーバーはこうも言う、「農民の運命は、きわめて強く自然に結びついている。それはもろもろの有機的経過や自然現象にいちじるしく左右され、経済的な面でももともと合理的な体系化には縁遠い。それゆえ、総じて農民が一つの宗教に参与するようになるのは、通常、内部からの（国家上の、あるいは領主による）または外部からの（政治的な）力が、農民を奴隷化や無産化の危機へと脅かすような場合のみである。」と。

私はヴェーバーが、農民の運命は「経済的な面でももともと合理的な体系化には縁遠い」と言っていることに注目する。

資本主義にとって経済学にとって農業は難問だった。正面から取り組んだのは『農業問題』を著したマルクス主義経済学者のカール・カウツキー（1854年～1938年）ぐらいだろう。現代経済学では最初から農業は経済学の研究対象とはされていない、合理的に説明できないからだ。

日本の大学では経済学部や農学部で「農業経済学」が講じられているが、「農業経済学」の方法論は、一般の経済学の方法論とはかなり異なっている。「経済学」とはいうものの現代経済学とは別物である。

農業は現代経済学にはなじまない、資本主義になじまないからだ。資本主義になじまないということはキリスト教にもなじまないということなのだ。

個人のいない社会

現代日本はもはや農業社会とはいえない、都市化はかなり進展した。ではこれからキリスト教が広まるかといえば、難しいといわざるをえない。

その理由はキリスト教と密接に関連のある個人主義の素地がないからだ。もちろん個人主義はキリスト教の産物である。キリスト教以前に個人主義は確立していなかった。しかし一神教発祥の地には個人主義の素地はあったのだ。

西部邁は前掲『国民の道徳』で「中近東に起こったエホバのような絶対神は、その砂漠的な風土における厳しい生活環境で人々が紡ぎ出さざるをえなかった想念だと解釈されている。つまり、森林という自然風土における狩猟採集生活や定住民の集団的な農耕生活とは異なって、砂漠における危険で孤独な遊牧生活という生活習慣は一神教を産み出しやすいのである。」と書いている。

砂漠での生活習慣が一神教を産み出しやすいのは、「孤独な遊牧生活」が個人主義を産み出しやすいからでもある。「定住民の集団的な農耕生活」を営んでいた日本では個人主義は支配的にはなりにくい。

現代日本では「集団的な農耕生活」をしている人たちは、ほとんどいないといっていいぐらい、ごく少数になっているが、その名残は私たちにまだ色濃く残っている。

「農家」という言葉がある。私たちが「農家」というとき、農業を営んでいる人の家屋という意味で用いることもあるが、多くの場合、「農民」の意味で用いている。農家イコール農民なのだ。英語ではfarmerとfarmer's houseの二つの意味を含む言葉はない。日本では「家」と「人」はしばしばいっしょなのだ。

よく「うちは○○宗です」と言われる。私自身も「うちは浄土真宗です」とよく言う。「私は○○宗です」と言う人は、クリスチャンを除いては、まれである。日本では宗教は個人のものではなく家のものなのだ。

宗教にかぎらず日本では「個」、「個人」という概念は希薄だ。そもそも人や物について、それが単数なのか複数なのかを考える習慣がなかった。

「閑かさや岩にしみ入る蝉の声」という松尾芭蕉の句がある。この蝉はアブラゼミかニイニイゼミかという論争はあったが、私たちは蝉が一匹であったか二三匹であったかはあまり気にかけない。しかしこれを英訳しようとすれば単数か複数かを決めなければならない。ドナルド・キーンは複数に訳したが単数にする人もいる。どちらにすべきかは芭蕉にきいてみるしかないが、たぶん、芭蕉は「そんなことは考えたことがない」と答えるのではないか。

単数か複数かを考えたことがなかったというよりは、単数、一つしかないものは特殊であり、複数が普通だと考えられていたのではないか。単数か複数かではなく最初から複数しかなかったのだ。「集団的な農耕生活」をしていれば複数のほうが安定していて心地よい。一つだけというのは落ち着かなかった。

日本人はいまだに精神的には「集団的な農耕生活」をしている。グレゴリー・クラークが、日本社会の特質はグループ社会、集団主義だと指摘したとおりだ。だから個人主義の一神教に頼ろうとする性向はうすい。農業社会ではなくなってしまったけれどキリスト教が広まる可能性は低い。

日本の経済倫理

日本はキリスト教社会ではなかったし今後もそうなる可能性は低いとすれば、日本が先進資本主義国家の仲間入りをはたしたことは、これまで記述してきたこと、キリスト教と資本主義は一体だということと齟齬をきたすことになる。つまり、このセクションの冒頭の疑問なのだが、回答を試みよう。

一つは、だから日本は資本主義国家ではないという答えになる。これは後で言及することにして、もう一つ、プロテスタントの倫理観に類似したものが日本にも存在していたからだということがいえるだろう。

たとえば江戸時代の思想家、石田梅岩の考え方。ここでは彼の石門心学を詳述する余裕はないが、彼の著書『都鄙問答』(中公文庫2021年)からいくつか抜粋してみる。

《商人の商売の儲けは侍の俸禄と同じことです。商売の利益がなければ侍が俸禄なしで仕えるようなものです。》
《利益をとらないのは商人の道ではない。》
《商人がみな農工となれば、物資を流通させるものがなくなり、すべての人が苦労するでしょう。》
《日本でも中国でも、商売によって利益を得ることは、世の中の定めです。商人が利益を得てその仕事をはたせば、おのずから世間の役に立ちます。》

農本思想が支配的であった江戸時代に、このようなことが語られていたことは注目に値する。特に最後の一節はアダム・スミスを思わせる。もちろん梅岩がスミスを読んでいるはずはない。『都鄙問答』が刊行されたのは1739年であり、『諸国民の富』は1776年に出版されている。

資本主義発祥の地から遠く離れた地で、しかもより先に資本主義の根本的思想が語られていたのだが、ブリテン島と日本の思想には決定的な相違があった。加藤周一は『都鄙問答』の解説で、「商人の正統化は、体制のイデオロギーを変えることによってではなく、体制のイデオロギーの貫徹によって実現されると主張された。」と書いている。つまりイングランドでは市民革命という体制の変革によって資本主義、商人の正統化が確立したのだが、日本では商人のイデオロギーが体制を変革することはなかった。

梅岩の思想は明治維新に影響を及ぼすことはなかったが、資本主義的発展の素地はまちがいなくあったのだ。

もう一つの素地は儒教だ。加藤周一は、「もし朱子学の訓練がなかったら、いきなりオランダ語や英語で言われても話は通じなかったのではないかと思う。」と語った。そして江戸時代の日本人がオランダ人の著作を読むことができたのは、「根本的には物事を合理的に考える習慣が既にあったからです。オランダ人から習ったのではなくて、そのことは中国の朱子学から習った。」(『加藤周一最終講義』かもがわ出版2013年)と言う。

つまり資本主義の発展に欠かせない合理的な考え方を日本人はキリスト教徒からではなく儒教からすでに学び身につけていたのだ。

鵺(ぬえ)経済、混交経済

もう一つの疑問、そもそも日本は資本主義国家なのか、について。

先に、日本には「個人」はいなかった、と書いた。このことは個人主義が広まる可能性も小さいということを示している。そして資本主義が広まる可能性も小さいことになる。キリスト教、個人主義、資本主義は「三位一体」だからだ。

では、日本は資本主義国家ではないということになるのか。たぶんそういうことになるかもしれない。

小室直樹は前掲『日本人のための経済原論』で、再三、「日本経済は資本主義ではない」と力説している。その理由を彼は、資本主義の精神を欠いているからだとする。日本人は、いわゆる「金儲け」を何か後ろめたいものと考えた。「カルヴァン派の禁欲的なプロテスタンティズムとは違って、それを神の御心に適う正当な行為に転換する哲学的契機がなかったからだ。」

では、日本経済が資本主義でないとすれば何なのか。小室は、「資本主義もデモクラシーも近代法も、みんなキリスト教を理解していないから、資本主義は成立しないで、経済の正体は鵺(ぬえ)経済である。」と言う。

「鵺」とは、想像上の動物で、頭は猿、からだはたぬき、手足は虎、尾は蛇という、ようするに、得体の知れない、わけのわからないもののことだ。日本経済の正体が鵺だとは、あんまりだと思うが、よく考えてみればそうなのかもしれない。以前日本経済が高度成長を続けていたとき、私たちは欧米から「エコノミック・アニマル」と呼ばれた。私たちは彼らの目には何か得体の知れないアニマルに映ったのだ。

小室は鵺経済を資本主義と社会主義と封建主義との「混交経済」だと言った(別のところでは「混雑経済」とも言っている)。「混合経済」というのは聞いたことがあるが、「混交経済」という言葉ははじめて聞いた。「混合経済」は計画経済と市場経済のミックス、社会主義と資本主義のミックスなので、それに封建主義をミックスしたもの、つまり「混合経済」プラス封建主義が「混交経済」なのだ。

「本来、封建制を解消することによって資本主義が成立する。ところが日本では、封建制が解消し切っていないどころではない。封建制の主要部分が、そのままズルズルと、「資本主義」の背骨となってしまったのであった。」と小室は書く。

そして、「この封建的残滓が、戦時統制経済という、言わば社会主義的経済に引き継がれることになった。」と続ける。

集団主義の資本主義

つまり、小室は、「日本経済は封建主義から、資本主義を経ることなしに、社会主義になった」と言うのだが、イギリスの社会学者ロナルド・ドーアの見解も類似している。彼は、『21世紀は個人主義の時代か』(サイマル出版会1991年)で、ヨーロッパや北米で個人主義が発達したのは、人口の大部分が労働と生産物を競争的市場で売る人々に変わっていった経済状態が数世紀にわたって存続したからだと言う。その状態がイギリスでは、15世紀から19世紀まで存続したと言って、こう続ける。

《しかし、日本のような後発国においては、個人主義がこのように長い時間をかけてゆっくりと育成されていく過程は発生しなかった。**日本は、封建集団主義から企業集団主義へと一気に突入した。**財閥企業がきわめて急速に先導し、支配し、そして日本の産業化パターンを設定した。自由で独立的な小企業資本主義時代は、日本では短命に終わった。(太字処理は庄司による。)》

ドーアは小企業資本主義が個人主義を発達させると考える。日本で個人主義が発達しなかったのは、小企業資本主義時代が「短命」だったからだというのだ。私は、日本で個人主義が発達しなかったのは資本主義うんぬんよりも日本がキリスト教社会ではなかったからだと考えているが、個人主義が資本主義と密接な関係があることはもちろん否定しない。

「小企業資本主義時代は、日本では短命に終わった」とドーアは言うが、短命というよりはほとんどなかったと言っていい。たぶん、「小企業資本主義時代」が存在したのはイギリスだけだ。

それはともかくドーアが強調したいのは、日本が封建主義から、助走期間なしに、一気に高度資本主義になってしまったということなのだが、私は彼が「封建集団主義」「企業集団主義」と「集団主義」と言っていることに注目する。

この集団主義が日本社会の特質であり日本経済の特質である。

これを最初に指摘したのはグレゴリー・クラークではなかったかと思うが、それはともかくとして、日本の集団主義については内外の研究者からつとに指摘されてきたことだから、いまさら何をと思われる人もいるかもしれない。

私たちは日常生活において自分たちの行動原理を考えることはない。だから、ときとして自分たちにとってあたりまえのことが他の人たちにとってはそうではないことに気がつかないことがある。島国であって他民族との接触が少なかった日本では特にそうである。

2022年の夏、政府は新型コロナ感染防止のいわゆる「水際対策」の緩和策として、外国からの観光旅行者の一日の入国者数を2万人から5万人に引き上げた。しかし、日本への旅行者は期待されたほどは増えなかった。対象をツアー旅行に限定し個人旅行者の入国を認めなかったからだ。

何かあったとき、個人旅行者よりもツアー旅行者のほうが管理しやすいと考えたのだろうが、緩和の意図を考慮するならツアー旅行に限定すべきではなかった。

日本では海外への観光旅行というと旅行会社の企画したツアーを利用する人

が多く、外国語が不得意ということもあって、自分で航空券を購入しホテルを予約し外国に観光に出かけるという人は少ない。欧米では個人旅行がほとんどだ。大体にして彼らは団体行動を嫌う。日本とは逆でツアー旅行者は少数派なのだ。旅行入国者が増えるはずがない。

欧米は個人主義、日本では集団主義、という知識はあっても、ふだんはそのことを意識していない、自分がこうだから他人もこうだろうという思い込みがある。それもまた、たぶん考えることはみな同じはずだと考える日本の集団主義から発している。

日本の社会経済システムを考えるさいは、やはりどうしても集団主義であることを強調せざるをえないのだ。

集団主義は日本人の「公」と「私」という概念に大きな影響を与える。「公」と「私」を英訳すれば、それぞれパブリック、プライベートとなるが、その概念は一致しない。パブリックとプライベートは対立する概念だが、「公」と「私」は区別はされるものの対立はしない。それは日本が集団主義の社会であるからだ。

渋沢栄一は、『青淵百話』（同文館1913年）で、「真の商業を営むは私利私欲ではなく、即ち公利公益であると思う。ある事業を行って得た私の利益というものは即ち公の利益にもなり、また公の利益になることを行えば、それが一家の私利にもなるということが真の商業の本体である。」（新仮名遣い、新字体に改めた、以下同じ。）と語っている。そして「公益と私利は一つである。公益は即ち私利、私利能く公益を生ずる。公益となるべき程の私利でないと真の私利とは言えぬ。」とも語った。

渋沢の思想が日本の経済思想を代表しているとすれば、日本では私利と公益は一致する。それはアダム・スミスが『諸国民の富』で「社会の利益のためにやると気取っている輩が多少とも役に立つことをした例を私は見たことがない」と言い切ったような英米の伝統的経済思想とは対極にあるものだ。

資本主義の基本的イデオロギーは個人主義であって集団主義ではない。G7諸国の経済システムを俯瞰してみると英米と独仏はかなり違う。フランスなどは社会主義国家といってもいいぐらいだ。しかし、英米も独仏も強烈な個人主義が根底にある。日本は個人主義ではない不思議な資本主義国家なのだ。小室に「鵺経済」といわれてもしかたがない。

日本の株式会社

集団主義と日本の経済システムとの関連について述べようとすれば、どうしても日本の株式会社の特殊性についてふれることになる。

日本の株式会社は英米からみれば実に不思議なものだ。英米では会社は株主のものだとされている。これは英米では常識だ、否定する者はいない。しかし、日本ではあきらかに、会社は株主のものだとは思われていない。それが望ましいことなのかそうではないのかは別にして、では日本では会社は誰のものか。それがよくわからない。たぶん「みんなのもの」だ。だから誰かが自分の一存で好き勝手に会社を処分できない、できないようにする仕組みをつくっている。

それを端的に示しているのが、「株式の相互持合い」だ。それは、たとえばＡ株式会社の株の一定割合をＢ株式会社が所有する、そしてＡ株式会社もまたＢ株式会社の株を一定割合所有するという、お互いに株を持ち合うという方式だ。つまり会社が会社を所有していることになる。日本特有のもので、外国では見られないらしい。

株式持合いは、株の買い占め、会社の「乗っ取り」の防止策であった。1960年代になると政府は資本自由化政策をとらざるをえなくなった。これによる外国資本の日本企業の「乗っ取り」の対策として「安定株主工作」が進められた。つまり会社が取引先の銀行や企業に自社の株を持ってもらうということだ。株を持つように依頼された企業も同じことを要求したから株式持合いはいっそう進むことになった。

経済評論家の奥村宏は、この「安定株主工作」を「**株式会社の原理に反するもの**」（『最新版 法人資本主義の構造』岩波現代文庫2005年　太字処理は庄司による、以下同じ。）だと厳しく批判する。

奥村は、「安定株主工作」は、経営者が株主を選ぶということであり、それは代議士が選挙民を選ぶことと同じだ、と言う。奥村は代議士が選挙民を選ぶ例として、選挙区を自分に有利にするように区割りする「ゲリマンダー」を挙げる。「ゲリマンダー」が「民主義の原則に反することはいうまでもない。」として、「安定株主工作もこれと同じで、会社民主主義を否定するものであり、**株式会社の原理に反する**ものである。」と断じる。

しかし、「安定株主工作」や株式持合いは、株式の買い占めや乗っ取りを防止する機能を充分果たしてきたと評価する人もいる。

株式持合いについては、昔から、これは合理的なものか非合理的なものかという論争があったが、第三章でふれた岩井克人は、『会社はこれからどうなるのか』（平凡社2003年）で、「アメリカやイギリスの資本主義とは、活発な会社買収活動を通じて、法人名目説を現実化している資本主義であり、日本の資本主義とは、株式の持合いを通じて、すくなくとも戦後の五〇年間、法人実在説を現実化してきた」と書いている。

ただし、岩井は株式持合いを賛美しているのではなく、「日本において株式持ち合いが崩れつつあるのは確か」だと認めたうえで、「重要なことは、少なくとも戦後五〇年間、この株式持ち合いというシステムが日本型の資本主義を支配してきたという事実です。それは、会社それ自体が純粋に人としての役割を果たしていたということが、日本型の資本主義の最大の特徴のひとつであった」と書いて、株式持合いが善か悪かという価値判断をすることなく事実として存在した株式持合いを評価している。株主主権を弱体化させ、ヒトを大切にし、企業を従業員との共同体とみなす日本型資本主義をポスト産業主義の先駆的なものとして評価している。

だが、奥村は『法人資本主義の構造』で、その岩井の評価に対して、「法人による株式所有、そして株式相互持合いを重視する岩井氏の議論は株式相互持合いが**株式会社の原理に反したもの**であり、その矛盾がいずれ爆発することは必至であるという認識がない。」と批判する。

私は岩井の見解を支持するが、これ以上株式会社論争に立ち入るのはやめる。ただし一つだけ言及するならば、奥村が「株式会社の原理に反する」と再三述べていることには違和感がある。奥村の考える株式会社の本来あるべき姿ではないという意味だろうが、「原理に反する」というと、まるでキリスト教の聖職者、神学者、ユダヤ教のレビやイスラム法学者のようだ。

日本の経済学もやはり神学に近いのか。

それはさておき、そもそも株式会社に「原理」があるとは思えない。しかし奥村は、前掲『法人資本主義の構造』第二編「株式所有の構造」で「株式会社の原理」というセクションを設け、そこで「原理」について解説している。

近代株式会社制度が確立した当時は、株主は個人＝自然人であり法人が株主になることは考えられていなかった、と彼は言う。法人は責任の主体となれないし、自然人ではない会社が最高の議決機関である株主総会に出席することはありえないし、そこで議決に参加することもありえない。だから「原理的にみて、会社が会社の株主になるということはありえない話であった。」と彼は言う。

そして「近代資本主義の原理である個人主義、そして株主主権の原理に立脚した株式会社のいずれの面からみても株主はすべて個人であるというのが原則であり、法人である会社が会社の株式を所有するということは本来ありえない話であった。」と書いてこのセクションを締めくくっている。

たしかに株式会社が出現したころは法人が株主になることは想定されていなかった。しかし、奥村も記しているように、アメリカでは1888年のニュージャージー州の会社法改正で持株会社が承認されたのをかわきりに各州も追随し、会社が会社の株を所有することは合法化された。奥村は「このことが**株式会社の原理に反する**ということなど全く議論されないで、ただ税収を増やすためという功利的な動機から州法が改正されたのである。」と嘆いている。

いくら「原理に反する」といっても奥村のいう「原理」に反する現実はアメリカでも日本でも存在し続けている。奥村の理想とする株式会社のモデルがどのようなものであるかは明確ではないが、日本の株式会社がそのモデルからかけ離れていることは確かだ。

それでも、「原理に反する」株式の持合いを続けていた日本の株式会社が一定のパーフォーマンスを示していたことは評価されるべきであろう。日本の株式会社は「原理」に反しているとしても、さまざまな問題を抱えてはいるが、存在し続けている。

株式持合いの話が少し長くなった。会社はだれのものかという話であった。

日本では株式持合いにより「安定株主工作」が行われ、その結果、「もの言わぬ株主」が増え、「ものを言う株主」は少なくなる。会社は株主のものではなく会社のものになっている。これを株主主権の無視と非難する意見は当然出てくる。一方で会社の安定を図るためにはやむを得ないものとする見方もでてくる。日本ではおそらく後者が優勢だ。

公器としての会社

日本では会社はみんなのものだと書いたが、そのことについて別の視点から考えてみたい。

「公器」という言葉がある。松下幸之助は「会社は社会の公器である」と語ったそうだ。松下のいう会社は自分の会社のことだと思われるが、株式会社が公共のものであるはずがない、英米においては。しかし日本では「公器」なのだ。株式会社というまったく私的なものが「公」ともみなされるのだ。

日本においては会社が社会経済システムの中心になっている。それは資本主義社会であるから当然なのだが、「中心」の意味は社会に対して大きく貢献し責任を負っているということだ。「企業の社会的責任」という言葉がある。アメリカでも言われることがあると思うが日本ほどひんぱんには言われない。

その一つが雇用創出だ。最近はリストラ（イコール首切りと誤解している経営者がいるが困ったものだ。）と称して、つまり英米型資本主義のまねをして従業員をかんたんに解雇することがあるが、雇用を守ることは企業の責任だという考え方は依然として根強い。日本の企業は英米の企業ほどかんたんに従業員を首にすることはない。日本の失業率が欧米と比較して著しく低いことがそれを物語っている。

社会貢献とは何か。雇用を守ることもそうだが、企業の社会貢献とは何よりもまず税金の支払いである。

企業のフィランソロピー（奉仕活動や芸術活動への支援）という言葉がひんぱんに言われた時期があった。そのときにトヨタはフィランソロピーに熱心でないと批判されたことがあった。その批判に当時のトヨタの奥田会長は、トヨタは多額の税金を支払っており特段フィランソロピー活動をするまでもなく社会に貢献している、と反論した。そのとおりだ。これみよがしにフィランソロピーに精を出さなくても、企業は利益を出して税金を払えば、それだけで社会に貢献しているのだ。

日本の代表的情報通信会社であるS社はプロ野球の球団も所有しているが実質は投資会社であるといっていい。そのS社の2018年度の法人税額はゼロであった。その年は1兆円もの利益が計上されるはずであったが、買収した海外の企業の株式を取得価額より安く売却し損失申告をして課税を免れたのだ。売却先はグループ内の関係会社である。つまり身内で株をやりとりし損をしましたというわけだ。そのことに違法性はないので、国税庁はその申告を認めざるをえなかったのだと思うが、国税庁の姿勢には何か釈然としないものが残った。そのことを批判した経済学者もいたが大きくとりあげられることはなかった。

おそらくS社は自分の会社が公器だとは思っていない。S社はずっと日本ではトップクラスの高配当を実施している。S社は株主のものなのだ、英米型資本主義の主役である投資会社なのだから当然であるが。

S社は例外であって日本の会社のほとんどは、資本主義における最大の社会貢献は納税であることを理解している。福祉国家など欺瞞だ、とミルトン・フリードマンは言い放ったが、資本主義、民主主義での福祉国家の重要な役割は、納められた税金を福祉などを通して再分配することだ。税金を納めることは、福祉国家においては、最大の貢献である。

繰り返すが、企業は利益を出して税金を払えばそれだけで社会に貢献している。そして利益を出せなくても雇用を守ることができればやはり社会に貢献している。日本の会社は「公器」なのだ。

間接金融の資本主義

ところで再三言及してきた奥村宏は「法人資本主義」という概念を提示した。「法人資本主義」という概念で日本経済を論じたのは奥村が最初だと思う。その奥村によれば、法人資本主義の構造が完成したのは1955年ごろだという（前掲『法人資本主義の構造』）。彼は、この時期に、日本の代表的な企業集団である、三菱グループ、三井グループ、住友グループ、芙蓉グループ、第一勧銀グループ、三和グループの「六大企業集団」が形成されたとする。これらの企業集団は海外では「ケーレツ」とよばれた。旧財閥系の銀行系列の集団であったからである（芙蓉グループは富士銀行）。

現在は旧都市銀行の合併再編成にともなって「六大企業集団」も再編成が進み、もう「六大企業集団」は崩れているが、銀行と企業の関係は維持されている。

企業の資金調達方法は二とおりある。一つは株式、社債などの発行によって証券市場から調達する方法で、これは直接金融とよばれる。もう一つは、銀行から融資を受ける方法で、これは間接金融とよばれる。直接金融、間接金融は日本独自の用語で、外国の経済学者やビジネスマンにdirect financeと言っても通じない。

英米は直接金融が主流で日本では間接金融が主流である。

証券市場が未発達であった日本ではもともと間接金融が優位であったが、その流れを決定的にしたのが1944年の「軍需融資指定金融機関制度」で、奥村宏は「これによってすべての大企業はそれぞれメインバンクを持つことを強制され、今日の系列融資の原型ができあがった。」（『日本の六大企業集団』朝日文庫1993年）と言う。

もちろんこれは軍部が金融システムの整備を意図したわけではない。軍部の意図は、軍需品を生産する企業には銀行は必ず貸せ、ということだ。つまり軍部が銀行に融資先を割り当てたのだ。

この「指定金融機関制度」はもちろん戦後に消滅するが、GHQは財閥は解体したものの財閥の銀行にはなぜか手をつけなかったので、戦前からの間接金融の優位性が崩れることはなかった。

ついでながら「メインバンク」も和製英語である。英米では商業銀行が企業に長期資金を融資することはないので「メインバンク」はありえない。私たちは銀行が企業に融資するのはあたりまえと思っているが、英米では日本の銀行はなぜ企業に金を貸すのかと思っている。

この間接金融が主体であることが、集団主義とともに、日本の資本主義の特質である。

集団主義であることは個人主義が発達していないということを意味する。個人主義が発達しなかったのは再三述べているように日本はキリスト教社会ではなかったからだ。間接金融が主体であるということは証券市場の発達が遅れたからだ。証券市場の発達が遅れたのは日本にGodがいなかったからだと先に述べた。

日本の資本主義は「神なき資本主義」なのだ。資本主義と称することが許されればの話だが。

2 神不在の社会システム

はじめに

では「神なき資本主義」であることはどういうことなのか。その短所、長所を述べてみたいと思うが、その前に私自身の立ち位置を説明しておきたい。

私はこれまで、「世界は宗教で動いている」のに、宗教に無関心の日本人はそのことを理解していないとか、資本主義の文化とキリスト教はイコールだとか、もっぱら物事と宗教（特にキリスト教）とのかかわりを強調してきた。しかし、私はすべてが宗教によって決定されるとは考えていない。宗教的観点からすべてを解釈しようとも思っていない。

アマルティア・センは前掲『議論好きなインド人』でこう述べた。

《宗教を主たる基準として世界の人々を異なる「諸文明」に区分けしようとする、近年の異常なまでの執念は宗教還元主義を一層強化している。その最も好い例は、サミュエル・ハンチントンによる、「西洋文明」、「イスラーム文明」「仏教文明」「ヒンドゥー文明」などへの世界の区分である。単一のアイデンティティによる特徴づけは、その結果として、多くの重要なものを見失わせるにもかかわらず、主に、というか、もっぱら宗教的観点のみから人を理解する傾向が見られる。この隔離作用は、他者が育んできた理念や関心に対するグローバルな歴史理解に、すでに深刻な害悪を及ぼしている。》

そのとおりだと思う。私もまた宗教還元主義を全面的には支持しない。

私が「世界は宗教で動いている」と言うのは橋爪大三郎の著作のタイトルからの借り物なのだが、その橋爪には『世界は四大文明でできている』(NHK出版新書2017年)という著作がある。彼はそこで、今世界には四つの集団があって、「これら四つの集団は、いずれも、宗教がもとになって、形成されたのですね。」と言っているので、センからは宗教還元主義だと批判されるかもしれない。

しかし、世界には四つの集団があることは事実であってそのことは否定できないだろう。それらが宗教がもとになって形成されたことも事実でありやはり否定できないだろう。それでも宗教還元主義に全面的に賛成できないのは、それがキリスト教、ヨーロッパ文明が発祥であるゆえに、時として、キリスト教、ヨーロッパ文明の他の文明に対する優越性を誇示することがあるからだ。そしてキリスト教、ヨーロッパ文明が世界で最も進んだ文明であり、他の地域はいずれこの文明に従属するようになるだろうという誤った進歩史観に結びつく可能性があるからだ。

私は日本の資本主義を「神なき資本主義」と表現し、その短所、長所を書こうとしているが、いわゆる宗教還元主義の立場によってではないことを強調しておきたい。日本は四大集団のいずれにも属さない、ごくごく少数派である。しかし、大集団の外にいることによって、大集団の中にいては見えないものも見えるかもしれない。そう考えて論を進める。

原理原則がないこと

神なき資本主義には原理原則がない。Godがいないからだ。

原理原則がないということは欠点であるのだが、どんな経済理論でも受け入れることができるという長所もある。たとえばケインズ経済学。

佐和隆光は前掲『経済学とは何だろうか』で、「ケインズ経済学のアメリカへの移入に際しても、米国内の保守派による頑強な抵抗を招き、かのマッカーシー旋風の吹き荒れた頃には、ケインズ主義者は共産主義者に擬せられ、幾人かのケインジアンがマッカーシズムの犠牲者となったくらいである。」と書いている。

現在ではケインズ経済学を共産主義と結びつける人はほとんどいない。しかし当時のアメリカの経済学者にとってはケインズの理論は悪魔の理論であったのだ。ケインズは市場における均衡は自動的には実現しないとした。つまり従来の経済学の大前提であった、「(神の) 見えざる手」を否定したのだ。これは新古典派の経済学者には耐えられないことであった、信仰を否定されたのだから。

だから彼らはニューディール政策(ケインズの理論を取り入れたものではない。フランクリン・ルーズベルトはケインズをほとんど無視していた。)を批判した。ニューディール政策の多くは連邦最高裁によって次々と違憲判決が下された。特にTVA(テネシー渓谷開発公社)は、「民間がやるべき仕事を政府がやるのは憲法違反だ」と訴訟が何度も提起された。ルーズベルトはTVAの組織を改編するなどの手段で対抗して結局は彼の政策を実現をさせるのだが、それには多くの労苦が伴った。

ところが、「米国において頑固な拒絶反応を招いた、「国家介入」や「経済計画」というケインズ主義の発想も、わが国においては、ほとんど一貫して肯定的な意味合いに解されてきた。」(佐和隆光『経済学とは何だろうか』) 日本では経済自由主義の伝統が希薄であったから、つまり、「市場への不介入」という信仰、いや原則がそれほど強くは浸透していなかったから、ケインズ主義は抵抗なく財政当局に受け入れられた。戦後、不況になるとひんぱんに積極的な財政政策が採られたことを私たちは知っている。財政政策という用語の正確な意味を知らなくても、年度末になると道路工事がやたら増えるとか、公共工事が多くなった少なくなったとかケインズ主義を肌で感じている。

しかし、ニューディールの政策が成功した後でも、アメリカでは財政政策は好まれない。財政政策よりも金融政策が好まれる。ニューディールはそれほどの成果を上げなかったと主張する論文がいまだに発表される。政府支出を増やす政策をどうしても認めたくないのだ。

そのようないわゆる「反ケインズ主義」がアメリカで有力なのだが、その理由の一つを理論経済学者の伊東光晴は、『現代に生きるケインズ』(岩波新書2006年)でこう書いている。

《アメリカの大学院は、外からの研究資金なしに運営できない。わが国の旧国立大学のように講座研究費があるわけではない。政治の保守化の下では、反ケインズ研究を条件に資金が供給されることが多く、これもあって新古典派の興隆を促していく。》

学問の自由は、もちろんアメリカでは保障されているはずだが、資金がなければ研究は制約されるから、実質的な学問の自由は、旧帝国大学で堂々とマルクス経済学が講じられていたわが国と比べると少ないということになるかもしれない。

そして経済学説だけでなくどんな経済政策でも受け入れることができる。

アメリカには財政赤字は好ましくないという財政均衡主義の伝統がある。たとえば、フランクリン・ルーズベルトの前の大統領ハーバート・フーバーは、1932年に財政赤字を解消しようとして増税を実施する。失業率が20パーセントを超えている状況での「この増税政策は、経済政策の典型的な失敗例であるとして、たえず引き合いにだされる。」(佐和前掲書)しかし、そのあとにフーバーとは正反対の政策を実行したルーズベルトも財政均衡主義者であった。財政均衡主義はかなり根強いものだ。

この考え方もポーキングホーンの「創造の教義」の一つ、「世界は秩序だっている」に基づいている。市場も財政も秩序正しく均衡しなければならない。ケインズの赤字国債発行による景気刺激策などは秩序を乱すものとして受け入れられないのだ。

日本においても、財政均衡は望ましいとは考えられていたが、「創造の教義」は頭にないから、アメリカほど真剣には考えなかった。たとえば1932年(昭和7年)から1934年(昭和9年)にかけて当時の大蔵大臣高橋是清は景気対策として「時局匡救事業」という公共事業を行った。これにより、日本は世界に先駆けてデフレから脱出する。ケインズの一般理論が刊行される4年前だ。高橋は財政家としての長年の経験から有効需要の概念を理論ではなくカンとして持っていたのだと思う。

髙橋の財政政策重視は第二次大戦後も引き継がれた。第一次吉田内閣の大蔵大臣であった石橋湛山は「石橋財政」とよばれるケインズ政策を実施した。これはインフレを招くことになり（それは石橋が意図していたことだ）、GHQの経済顧問であったジョゼフ・ドッジはインフレ対策として厳格な均衡予算の編成を命ずることになる。いわゆる「ドッジライン」の発令だ。

ドッジラインによってインフレは収束するが今度は深刻なデフレに悩まされることになる。不況の出口を見つけることができずにいた日本経済の救世主となったのが朝鮮戦争による特需だ。この降ってきた好景気によって日本経済は立ち直り、それ以後の高度成長の足がかりとなった。

マッカーサーが「共産主義から世界を守る聖戦」と意気込んだ戦闘は彼の期待した全面勝利とはならなかったが、日本を共産主義に対する強固なブロックにすることには成功したと言える。

朝鮮戦争の政治的評価はさておいて、朝鮮戦争特需はケインズの有効需要論の正しさを証明したことは疑いがない。これはもちろん日本政府が発注した公共事業ではなく、いわば受け身のケインズ政策であったが、これ以降日本ではケインズ政策は、アメリカでニューディールの成功にもかかわらず嫌悪されたのに反して、肯定的に受け取られることになる。

したがって、日本では財政政策が好まれることになり、1975年以降は財政赤字が恒常化することになる。2010年には赤字幅が大きく拡大し、2011年にムーディーズ、S&Pなどの格付け会社は日本国債の格付けを引き下げた。日本は財政改革に本気で取り組むつもりがあるのかと疑われたのだ。しかし、それでも日本国債はけっこう買われたのである。

ノーベル経済学賞受賞者のポール・クルーグマンはニューヨーク・タイムズのコラムで、「格付け会社はいつも間違ってきた。S&Pが2002年に格下げした日本の場合を考えてみよう。そう、9年たった今も、日本は変わらず自由に、低い利子で借金をすることができる。実際、先週金曜日の時点で、日本の10年物国債の利回りはたったの1%にとどまっている。」（「朝日新聞」2011年8月11日）と書いた。クルーグマンは格付け会社のS&Pがリーマン・ブラザーズが破綻したその月に「A」の格付けを与えていたことを信頼できないと非難した。信頼できないもう一つの例として日本国債の格付けを引き合いに出したのだ。

格付け会社は、英米の財政家や経済学者が信奉する「赤字財政は好ましくない」という財政均衡主義に基づいて日本国債を評価した。しかし市場は、日本の赤字財政をそれほど深刻には考えていなかった。
財政均衡主義は絶対的なものではないということだ。

時間の概念がない社会

原理原則がないことはもちろん欠点でもある。なんでも場当たり的になってしまうおそれがある。そのことは物事を長期的視点に立って考える習慣が希薄になることにつながる。

最近はそうでもなくなったが、踏切や橋梁にさしかかると突然道幅が狭くなるということがよくあった。周囲の道路は拡張されても踏切や橋梁は昔のままだからだ。昔の踏切や橋梁はその後の交通量の増加を考慮していない。

アメリカに滞在していたときマンハッタンとブルックリンを結ぶブルックリン橋を見て驚いた。二層構造の橋になっていたからだ。今でこそ、たとえば瀬戸大橋は二層になっていて下層は鉄道が走っているが、当時（1982年）の私には二層の橋梁など思いもつかなかった。ブルックリン橋は1883年に竣工している。モータリゼーションの契機となったＴ型フォードの発売は1908年であったから、その後の車の交通量を予測していたとは思えない。しかし、1944年までは下層を鉄道が走っていたから、何らかの交通手段の発達を見通していたのだろう。1936年に竣工したサンフランシスコ・オークランド・ベイブリッジも二層になっていて、これはあきらかにその後の交通量の増加を見込んでいる。

アメリカではすべてが長期的視点で考えられ、日本ではすべてが場当たり的に処理されるとは、もちろん言えない。逆の例もたぶんいくつかあげることができるだろう。しかし、私たちは長期的に物事を考えるのは苦手と言っていい。

現代経済学は物事を長期と短期に分けて考える。「短期」とは1年以内であり、1年を超えると「長期」だ。金融でも同じで「短期資金」とは1年以内に返済しなければならない資金をさす。

このように物事を時間によって区分するということも私たちは苦手だ。そもそも私たちには物事を時間によって区分する習慣がなかった。時間は無限だと考えていたからだ。

物事には始めと終わりがあると言えば、だれもが、そんなことはあたりまえだと思うが、昔の日本人はそうは考えなかった。物事には始めと終わりがあるというのはキリスト教の思想である。世界は神によって創られ、最後の審判を経て神によって閉じられる。だからキリスト教徒は始めと終わりを強く意識する。

イギリスの物理学者、スティーブン・ホーキングは、「宇宙の創生に神は必要なかった」と語って宗教界から非難されたが、やはり彼もキリスト教の影響を受けていると私は考える。彼のビッグバン理論は、物事には始めと終わりがあるという考え方に基づいているからだ。宇宙にも始まりがあると考えなければビッグバンを考えつくことはないだろう。

ホーキングは「時間のはじまりはビッグバンにあった、と言わねばならないのである。」(『ホーキング、宇宙を語る』早川書房1989年)と断言したが、これは聖アウグスティヌスの「時間は、神の創造されたこの宇宙の属性であり、宇宙のはじまる以前には時間は存在しなかった」という言を肯定しているものだ。

私たちは宇宙に関係なく時間は無限だと考えるかもしれないが彼らは時間は有限だと考える。だから物事を時間によって区分するのはあたりまえなのだ。

西暦2000年を迎えようとしていたときに、「2000年問題」が起こった。コンピューターが誤作動するかもしれない可能性があり、企業、官庁はこの問題に対処しなければならなかった。このときに私は「ミレニアム」という言葉があることを初めて知った。古い英和辞典にももちろんmillenniumという単語は掲載されていて「千年紀」と訳語がついているのだが、私は「千年紀」など考えたことはなかった。

だが「ミレニアム」はキリスト教徒にとってはなじみのある言葉だ。millenarianismという言葉がある。至福千年説あるいは千年王国説と訳されるが、キリストが地上に再来して1000年間統治し世界は終末に至る、という説である。すべてのキリスト教徒がそう信じているわけではなく、むしろ異端とされているらしいが、キリスト教徒は長期間にわたる時間区分もまったく平気なのだ。

「出口戦略」という言葉がある。たとえば、太平洋戦争時の日本軍には出口戦略がなかった、とよく言われる。戦争を始めたのはいいが、どう収めるかについては熟慮がかけていたというわけだ。

当時の日本軍に限らず、現代の私たちも出口戦略を意識することはほとんどない。出口戦略を考えることは苦手だと言ってもいい。「物事には始めと終わりがある」ということが、私たちにとっては、実は、確固とした認識ではないからだ。

最近「終活」という言葉をよく耳にする。まったくひどい日本語で私は口にする気にならないが、それはさておき、「終活」も一種の出口戦略といえないこともない。しかし、それもごく最近のことだし、「戦略」という概念からはかなり遠い。

人間は必ず死ぬが、法人は死ぬことはない。日本の企業は会社は永遠に存続すると考えている。英米の法人も死ぬことはないが、彼らは会社が永続するものとは考えていない。昔の株式会社が存続期間を定めていたことは先に述べたが、存続期間の定めがなくても、彼らは常に店じまいのタイミングを考えている。利潤率が下がってきたら会社を売ってしまうのだ。彼らにとって会社とは売り飛ばすものだ。日本では会社は存続し続けなければならない存在だ。だからギネスブックで認定される世界最古の企業は日本にある。

英米の企業は出口戦略に長けているが日本の企業は出口戦略を考えるのが苦手なのだ。

金融が苦手の資本主義

出口戦略が苦手なのは企業だけでない。日本人のほとんどは苦手だ。そして出口戦略だけでなく、「戦略」全般が苦手だ。

かなり乱暴な言い方だが、それは日本人が基本的には（キリスト教やユダヤ教が蔑む）農民であったからだと思う。あるいは職人と言ってもいい。農民や職人には戦略は必要ない、戦略が必要なのは商人だ。だから商業国家を自認するイギリスは戦略に長けている。基本的には商人であるユダヤ人も戦略に長けている。

ユダヤ人の戦略といえば私は「ネイサンの逆売り」を真っ先に思い浮かべる。ネイサンとは、マーチャントバンクのロスチャイルド&サンズの創業者マイヤー・アムシエル・ロートシルトの三男ネイサン・ロスチャイルドだ。マイヤーは息子たちをロンドン、パリなどヨーロッパの主要都市に送り込んだ。このうちイギリスで活動したネイサンが最も成功した。

1815年のワーテルローの戦いの帰趨はコンソル公債（英国国債の一種）の価格に大きな影響を与えると考えられていたから、当時の投資家たちはみなワーテルローの戦いの結果を知りたがった。ネイサンはロスチャイルド家の情報網からいち早くイギリスの勝利を知った。するとネイサンは手持ちのコンソル公債をすべて売ってしまった。それでネイサンの行動を注視していた投資家たちはイギリスが負けたと思いコンソル公債をいっせいに売りに出し、コンソル公債は大暴落した。そこでネイサンは今度は安い価格のコンソル公債を買い占めた。後にイギリスの勝利が知られてコンソル公債の価格は高騰しネイサンは莫大な利益を得た。これが「ネイサンの逆売り」だ。ただし、これは後世の作り話だという説もある。

ナポレオンは大陸封鎖令を出し、イギリスとの貿易を禁じた。そのためイギリスからの輸入に頼っていたコーヒー、砂糖、綿製品の価格は大陸では高騰しイギリスでは下落した。ネイサンはイギリスで安価となったこれらの物資を買い集め大陸に密輸し一族のルートで販売し巨利を得た。いずれにしてもネイサンはナポレオンの行動によって大儲けしたのだ。

明治期の日本だったら「ネイサンの逆売り」を賞賛する人はほとんどいなかっただろう。現代でもそれほど多くはないだろう。戦略は、策略や計略と同じように考えられている。

人を出し抜く、ということは日本では褒められることではないのだ。

私は先に、日本人には契約の概念が希薄だから日本人は金融業に向いていないと書いた。ここでもう一つ、その理由として戦略的思考に乏しいということをあげておきたい。さらにつけくわえれば情報収取能力が劣るということもあげられるだろう。

ネイサンはワーテルローの戦いでイギリスが勝ったことをより早く知ることができた。彼が、彼の一族がヨーロッパにはりめぐらしていたネットワークのおかげだ。

前期的商業資本の本質は投機である。投機の本質は人を出し抜くことだ。そのためには情報収集が必須である。現代の金融業を前期的商業資本だとするのは乱暴な考えかもしれないが、前期的商業資本の残滓はある。

それはともかく、日本にはロスチャイルド家のように情報網をはりめぐらすという伝統はなかった。私は、大蔵事務次官を務めた人が「外務省の仕事はスパイのようなものですから」と言ったのを直接聞いたことがある。それはある意味事実であろう。しかし、日本の外務省の諜報活動、情報収集能力が外国に比べて優れているとは思えない。

日本にはCIAもMI6もモサドもない。私が知らないだけで、ひょっとしたらどこかに秘密情報部があるのかもしれないが、少なくとも外国に比べ情報収集に熱心でなかったことは確かだ。それは情報収集が必要ない平和な農業社会であったからとも言えるのだが、情報をより早く多く集めるところにカネも多く集まるという金融業には向いていないということは確かだ。

第五章　特殊な現代資本主義

1　特殊な社会システム

経済の金融化は普遍的なものではない

現代資本主義の主役は金融業、金融関連サービス業になっているのではないか、そのような状況で、金融業が苦手だとすれば、日本は世界の潮流に取り残されるのではないかと危惧されるかもしれない。

フィナンシャリゼーション「経済の金融化」という言葉がある。これはロナルド・ドーアの造語で、彼は『日本型資本主義と市場主義の衝突』（東洋経済新報社2001年）で、1980年代に加速された現代資本主義の変化・趨勢（アメリカやイギリスにおいては以前から現れていた）を表す用語について、それを「脱工業化」とか「ネオ・リベラリズム」とかさまざまに呼んでいいが、「フィナンシャリゼーション」が端的にとらえているだろう、と言っている。彼はフィナンシャリゼーションをこう説明する。

《ここ10年か20年の間の飛躍的な技術進歩による通信・交通の低廉化とグローバル化の進展は、金融業を（そして金融関連の情報産業の大部分を）最大の潜在的輸出産業に変身させた。これらの産業は、伝統的な製造業の諸部門に取って変わって国際競争力の中心的な担い手となっている（今日ではアメリカ・オンライン社の株式の五パーセントでアメリカの鉄鋼業が全部買えるのだ）。》

P・F・ドラッカーは、1970年代に国際経済はグローバル経済へと変わったとして、「グローバル経済を動かすものは、財・サービスの貿易ではない。それは主として資本の移動である。」（『新しい現実』ダイヤモンド社1989年）と語った。これはフィナンシャリゼーションの別の表現にほかならない。ドーアもドラッカーも世界を動かしているのはマネーだと言っているのだ。

ドラッカーが貿易に言及しているので、貿易について言うと、外国為替の取引、通貨の売買は、昔は貿易という実物経済の動きとリンクしていた。しかし現在の世界の主要市場での外国為替取引高の9割以上は貿易に関係のないディーリング取引だ。外国為替取引だけでなく、さまざまな取引がマネーゲーム化している。

日本はこのようなことに気がついたとき、もうマネーゲームには負けていた。興銀マンであった吉川元忠は1998年に『マネー敗戦』（文春新書）というタイトルの本を著した。

彼は20世紀の最後の「失われた20年」の原因は「日本の金融政策当局がとった不可解な選択」だとし、「日本の政策当局には、もともとマネー戦略と言う発想がなかった。そこに今日の苦境を招いた根本的な原因があった」と言う。吉川の本が刊行されてから20年以上経過したが、いまだに「マネー戦略」は確立されてはいない。戦略なしにゲームに勝てるわけはない。

ギャンブルに必勝法はない。しかし絶対に負けない方法はある。ギャンブルをやらないことだ。ギャンブルとゲームは異なるが、マネーゲームに参加しなければ負けることはない。

しかし鎖国でもしないかぎり、どんな国でも多かれ少なかれマネーゲームに巻き込まれることは避けることができない。完全に避けることは不可能だが、積極的に参加する必要はない。金融立国、金融大国を目指している国の経済システムをまねる必要はない、金融至上主義の経済システムを取り入れなくてもいいということだ。

大澤真幸は前掲『アメリカ』で、「アメリカ仕様の資本主義はある意味で普遍的です—というか普遍性を偽装します。しかし、そうであるがゆえに、特殊でもある。アメリカにしか、ほんとうにはできないところがある。にもかかわらず、同時に、私たちは、それが普遍的である、というゲームを受け入れざるをえない。**苦手なのに、アメフトで勝負をさせられるようなものです。**」（太字処理は庄司による）と語っている。

アメフトはアメリカ以外ではほとんど行われていない。おそらくオリンピックの種目にはならない。およそ普遍的とはいえない、特殊なスポーツなのだ。

大澤の言葉を借りれば「アメリカ仕様資本主義」もアメフト同様特殊なシステムだ。つまりフィナンシャリゼーションも普遍的なものではない。ドーアもフィナンシャリゼーションには否定的であった。しかし晩年彼はフィナンシャリゼーションの波は止められないのではと悲観的であった。日本が「アメリカ仕様資本主義」に追随して行くのに失望しながら世を去った。

行き過ぎの民営化

ドーアの嘆きを無視するように日本はアメフト資本主義、あるいはクリケット資本主義の後を追った。その一つが「民営化」だ。

アメフト資本主義、クリケット資本主義はアングロサクソン資本主義と言いなおそう。アングロサクソン資本主義は、経済的自由主義に基づいている。

経済的自由主義は経済活動に対する国家の干渉を嫌う。これが徹底されると国家不要論が出てくる。国家不要論は、もちろん国家が全く不要というのではなく国は防衛とか警察とか最低限の仕事だけでいいとするものだ。だから民でできることは民でやるという「民営化」の考え方が出てくる。

経済的自由主義の本家本元イギリスでは、特にサッチャー政権のもとで1980年代に民営化が推進された。電話、ガスなどの国有企業が民営化された。これが日本にも伝播し、国鉄、電電公社、専売公社の三公社の民営化につながっていく。

しかし「民営化」という言葉が最も身近になったのは今世紀はじめの郵政民営化であろう。私は郵政民営化は誤りであったと考えている。

かんぽ生命保険の不正販売は記憶に新しい。この事件は郵便局員に厳しいノルマが課されたことが背景にある。民営化によって私企業になったのだからノルマは当然といえば当然だが、そう単純な話ではない。郵便事業を扱う日本郵便は赤字である。ゆうちょ銀行とかんぽ生命がこの赤字を補填するというビジネスモデルになっている。だからかんぽ生命は遮二無二に利益をあげなければならない。かんぽ生命の不正事件は、ガバナンスの問題ではなく、この無理のあるビジネスモデルによって引き起こされたものだ。

アメリカは日本の郵政民営化を応援していたが、自国の郵便事業を民営化することはなかった。郵便事業はどうしても赤字になることがわかっていたからだ。

郵政民営化を推進した当時の小泉首相も、おそらくそのことはわかっていたと思う。それでも彼が民営化を進めたのは、慶応時代の師、加藤寛教授の教えがあったからだと思う。小泉首相は郵政民営化法案が成立したとき加藤教授に「先生やりましたよ」と報告したという。ハーバードで現代経済学を学んだ加藤にとっては「民営化」は絶対的「善」であったろう。

日本郵政のビジネスモデルには無理があるということには、日本の経済学者の大半は気がついていたと思う。それでも郵政民営化に反対の意見を表明した経済学者はほとんどいなかった。民営化に反対する者は経済学者の風上にもおけないという風潮があったのだ。

そして、これが経済学と自然科学との決定的な違いなのだが、経済学者は理論と現実が相違すると、理論が誤っているとは考えない。現実が誤っていると考えるのだ（ほとんど神学だ！）。だから、かんぽ生命やその他の不祥事はガバナンスの問題だという。ガバナンスが徹底されていないのは事実だ。しかし、いくらガバナンスが徹底されても日本郵便の赤字は解消されることはない。

アメリカは郵便事業は民営化できないと判断した。民営化大国アメリカにも理性的なところがあるように見えるが、やはり民営化になると目が見えなくなる。その典型的な例が健康保険だ。アメリカでは医療費を払えずに自己破産する人が多い。低所得層は言うまでもなく、中間層もうかうか病気にはなれないのだ。

そのことはアメリカでも問題視されてきた。特にヒラリー・クリントンは国民皆保険制度の導入に熱心であった。夫のビル・クリントン大統領は1993年にヒラリーの考える国民皆保険制度の導入を提案したが共和党の反対で実現しなかった。共和党の反対の背後には保険会社への忖度があることは明々白々だ。

保険産業はアメリカの地場産業である。保険会社をぬきにしてアメリカ経済を語ることはできない。そのことは民主党のバラク・オバマも承知していて、2008年の大統領選挙では、ヒラリー・クリントンが国民皆保険制度の導入を公約に掲げたが、彼は国民皆保険制度の導入についてはふれなかった。彼のいわゆるオバマケアは、低所得者に医療保険への加入を義務づけるなど限定的なもので国民皆保険ではない。

2020年の大統領選挙では民主党のバーニー・サンダース候補が無償の医療保険制度の導入を公約に掲げた。しかし、この提案は、共和党には言うまでもなく、民主党内でも支持されなかった。保険会社への忖度だけでなく、アメリカ社会には国民皆保険は社会主義だという考え方が根強く存在しているのだ。

ノーム・チョムスキーは世界的な言語学者であるが社会問題についても積極的に発言している。彼は「アメリカという国は、もっとも進んだ資本主義国のなかで、きわめて特異な医療制度をもつ唯一の国です。医療制度のほとんどが、実質的に政府の統制の利かない私的民間医療に委ねられている唯一の国です。」

(『アメリカンドリームの終わり』ディスカバー・トゥエンティワン2017年）と語る。そして「健康保険システムは民営化されているために、アメリカ経済の大きな部分を占めるはめに陥っています。非常に複雑になっていて、非効率で、他の先進国に比べて、そのコストは一人当たり二倍にもなっている。しかも内容が悪い。もし、他の先進国並みの健康保険制度に切り替えることができたら、それだけでアメリカの負債は消えてしまうでしょう。」(『人類の未来』NHK出版新書2017年）と言っている。

最近のコロナ禍で、よく「医療崩壊」という言葉が聞かれた。アメリカにおいては、ある意味では、すでに医療は崩壊していたのだ。アメリカの医療は製薬会社と保険会社に支配されている。これまでも多くの破産者を出してきたし、新型コロナ禍では他の国よりも多くの犠牲者を出した。

宇沢弘文は『社会的共通資本』(岩波新書2000年）で、「医療を経済に合わせるのではなく、経済を医療に合わせるべきであるというのが、社会的共通資本としての医療としての考え方の基本であるといってよい。」と言っている。きわめて常識的な考え方である。

しかし、アメリカではこの常識が通用しない。アメリカでは、医療は経済に合わせられるのだ。なんでも民営化してしまう、市場で解決するというのがアメリカの常識なのだ。

ジャーナリストの堤未果は『ルポ 貧困大国アメリカ』(岩波新書2008年）で、「ラムズフェルド元国防長官はさらに、戦争そのものを民営化できないか？と考えた。」と書いた。堤によれば、イラクやアフガニスタンの戦場にトラックの運転手を派遣する戦争専門の人材派遣会社があるという。それは後方支援だが実際に戦闘を請け負う派遣会社もあるという。ジュネーブ協定で傭兵は戦闘員として認められていないが、戦闘請負派遣会社の社員は政府に雇われた者ではなく民間会社の社員なのだから「傭兵」ではないという理屈をつけているらしい。

とにかくラムズフェルドはイラク戦争で民間軍事会社を最大限活用した。そのうちに正規軍よりも民間軍事会社の社員のほうが多くなってしまう、ということにはたぶんならないとは思うが、アメリカには何でも民営化してしまうという性癖があるのだ。

その結果、あふれんばかりの貧困層がつくり出された、格差がより一層広がった。それは日本でも知られているはずなのに、なぜか日本はそのような、普遍的でない、あきらかに行き過ぎた市場主義の特殊なシステムを採用しようとするのだ。

特殊な法システム

経済システムばかりではない。日本はアングロサクソンの特殊な法システムまでを採用する。たとえば法科大学院と裁判員制度。

法科大学院はアメリカのロースクールをまねたもの、裁判員制度は英米の陪審制をまねたものである。まねたというのは不正確であった、アメリカから押しつけられたのだ。

これは2001年から2008年にかけてアメリカから提出された「日米規制改革及び競争政策イニシアティブに基づく要望書」、通称「年次改革要望書」に沿ったもの、つまりアメリカの要望に沿ったものであったことは第二章で少し述べたが、もう少し考えてみよう。

そもそも法科大学院はなぜ必要なのかよくわからない。法科大学院がないとすればどのような不都合があるのだろうか。

唯一考えられるのは、新司法試験では法科大学院の課程を終了していなければ受験資格がないとしたことだ。その理由もまたわからない。たんに法科大学院の必要性をむりやりこしらえただけではないのか。これによって大学三年生で司法試験に合格するという昔あった事例は消滅することになった。そして私立大学に設置された法科大学院の授業料はかなりの高額である。つまり法科大学院は司法試験の受験生に時間とカネの浪費を強いているだけなのだ。

このような法科大学院が機能しているとは思えない。現に74校あった法科大学院は現在は35校に減少している。

アメリカには大学に法学部がないから専門課程としてのロースクールを作ったのはわからないわけではない。しかし日本では法学部があって専門的教育を施していたのだから法科大学院は必要なかったと思う。アメリカは日本の大学に法学部があることを知らなかったのだろうか。知っていたとしても、自分たちのシステムは優れているのだから日本も採用しなさいということなのだろう。

裁判員制度もなぜ必要なのかわからない。

裁判員制度は英米の陪審制とは異なるが、素人が裁判に参加することは共通している。なぜ素人が裁判に参加するのか。

英米法学者田中英夫によれば、「陪審制は、ゲルマン法に由来し、既に中世のイギリスにおいてみられる。しかし当初は、その役目は、裁判所に情報を提供するという証人的なものであった。それが17世紀になって、証人兼審判者の性格のものになった。」(『英米法総論 上』東京大学出版会1980年)ということだ。中世期においては裁判官だけでなく誰でも自分の居住地以外の地域事情には詳しくなかったであろう。法律の専門家でなくても係争地の事情に詳しい人間が必要だったのだ。要するに陪審の仕事は事実認定だった。

現代ではそういう意味での陪審の意義は認められない。

フランスの政治学者トクヴィルは、「陪審の制度は、単純な事実問題以外は滅多に裁判にもちこまれることのなかった未発達な社会で生まれたものである。人間関係が著しく多様化し、また知性と教養がそれを特徴づけている時代に、これを文明の開けた国民の必要に適応させることは容易な仕事ではない。」(『アメリカのデモクラシー 第一巻(下)』岩波文庫2005年)と語っている。いかにもフランス人が言いそうなことだ。

田中によれば日本でも陪審制が採用された時期があった。「日本でも、大正デモクラシーの影響下に、1923年に陪審法が制定され、1928年10月から施行されたが、施行後数年にして利用率が顕著に低落し、第二次大戦中の1943年に施行停止になったまま、今日にいたっている。」田中は1992年に死去しているので、2009年に開始された裁判員制度は知らない。だからこのような表現になっている。

ところで田中は、「利用率が顕著に低落し」たと書いているが、その理由についてはふれていない。私はそれは陪審制は日本人の精神構造になじまなかったからだと考えている。

裁判員制度にかんしては、裁判員をやりたくないという人が少なからずいる。被告である暴力団員に「顔をおぼえたぞ」と声をかけられて恐怖心をおぼえたので、裁判員を降りたい、という声も聞かれた。しかし裁判員を忌避する最も大きな理由は「自分の判断で人を裁くのはいやだ」ということではないか。

これがアメリカ人との決定的な相違だ。

言語社会学者の鈴木孝夫は、『日本人はなぜ日本を愛せないのか』(新潮選書2006年)で、日本人にはなじみの薄い、欧米人に顕著に見られる五つの発想・考え方をあげている。

(一) リンチ

(二) ボイコット

（三）陪審員制度
（四）神に代わって個人が正義を行うこと
（五）世界征服の野望

鈴木は（三）陪審員制度について、日本に定着しなかった理由は、自分ひとりだけの判断で目の前にいる知らない人を有罪としたり、死刑と断じてよいかに日本人はためらいを感じるからだという。自分の判断に自信を持てなくなるのが一般の日本人だと言って、こう続ける。

《これに反してアメリカなどでは、自分の考えや意見（それがしばしば客観的には正しくなかったり、偏見や情報不足からくる思い込みだったりするのですが）が絶対だと信じ、それをもとに他人を裁きたくてウズウズしている人に事欠きません（この気持ちが強まるとリンチにつながってゆくのです）。》

第四の「**神に代わって個人が正義を行うこと**」も、実は陪審員制度と深い関係がある。鈴木はこの第四について、アガサ・クリスティーの推理小説『そして誰もいなくなった』の登場人物ローレンス・ウォーグレイヴ判事を取り上げている。

この小説はウォーグレイヴ判事が、裁判のさいに種々の策を弄して無罪放免となった9人の悪人を離れ小島に集めて殺害しまうというものだ。彼は有罪だと確信していた人物が無罪になったことに怒りを覚え、法律で罰することができないのなら、自分の手で正義を行うしかないと心に決め、それを実行した。

日本には「勧善懲悪」という言葉があり古代中国には「天網恢恢疎にして漏らさず」という考え方があった。これらはウォーグレイヴ判事のしたことと類似しているが、この両者のあいだには著しい違いがあると鈴木は言う。

《それは前者では一個人が自分の意志と決断で、彼の信じる神の摂理を代行するのに対し、日本と中国の考えでは、自然の定めや物事のなりゆきは、個人が手をださずとも、結局は辻褄が合うようになっているというものなのです。つまり、宇宙を支配する大きな定めに裁きをゆだねるという思想に支えられています。一方、このクリスティの裁判官は、自分が神の意志の地上における代理執行者となることを、進んで買って出ているのですから。》

このような精神構造があれば、陪審員が事実認定だけでなく審判者になっていくのはたやすい。そして（三）と（四）だけでなく、（一）から（五）まで、「実はある点で共通の基盤に立っています。そして**日本人にはこの土台に相当するものが文化的にかけているために理解しにくいものなのです。**」と鈴木は言い、「その共通する土台とは、自分が世界の中心に（自分が信じる神と共に）いると考えるか、それともおよそそんなことは考えたこともないかの違いです。つまり、「世界における自己の位置づけ・座標意識」に関する相違なのです。」（太字処理は庄司）と続けている。

鈴木は明示してはいないが、鈴木の（一）から（五）に共通する土台はキリスト教、一神教の文化なのだ。つまり経済システムだけでなくアングロサクソンの法システムもまた日本人にはなじみのうすいキリスト教精神に基づいたものなのだ。

司法国家アメリカ

イギリスでは刑事陪審は行われているが民事陪審はほとんど行われない。アメリカでは刑事でも民事でも行われる。アメリカで陪審制が積極的に採用されるのは、アメリカはキリスト教文化がより鮮明に出現するところであるからなのだが、もう一つ国家の成り立ちが大きく影響していると思われる。もっとも、アメリカはピューリタンが信仰をつらぬくために作った国だから、同じことを言っていることになるのかもしれないが。

トクヴィルは前掲書で、「アメリカの貴族階級は弁護士の席や判事の椅子にいる。」「合衆国では、ほとんどどんな政治問題もいずれは司法問題に転化する。」と書いた。

アメリカは司法国家なのだ。第二章で歴代アメリカ大統領の前職を掲げたが、45人中28人が弁護士出身であったことを思い出してほしい。

トクヴィルはフランス人であったからアメリカの司法優先は奇異に映ったかもしれない。フランスはアメリカとは対極にある行政国家だ。弁護士が大統領になることはない。フランスには国立行政学院というエリート官僚の養成校がある。フランスの大統領はここの卒業生が多い。

第五共和制になってから、つまりフランス国民の投票による直接選挙で選ばれた大統領のうち、ド・ゴールは軍人でポンピドゥーは教員であった。その後のフランス大統領、ジスカールデスタン、シラク、オランド、マクロンは国立行政学院で学んでいる。ミッテランとサルコジ以外は行政学院出身だ。トップにかぎらず政権中枢部は行政学院出身者で占められているようだ。

日本はアメリカとフランスの中間と言われるが、日本の歴代総理大臣で弁護士であったのは片山哲と鳩山一郎の二人だけだ。あとは軍人か官僚、あるいは二世、職業政治家だ。どちらかと言えばフランスに近いのかもしれないが、フランスほど官僚の力は強くない。かといってアメリカほどの司法優先でもない、やはり特殊なのかもしれない。

しかし、特殊かどうかということであればアメリカの司法優先は極めて特殊である。たとえば破産法。日本でもアメリカでも企業や個人が破産したら破産法にしたがって手続きが進められるが、日本の地方自治体については破産法に規定がない。つまり日本の地方自治体は破産しない、規定がないから破産できないということだ。

2006年に夕張市が財政再生団体（旧法の財政再建団体）となってしまったことは記憶に新しい。自治体も財政が破綻すれば企業と同じように倒産するのだ。しかしその再建の手続きは破産法ではなく「財政再生計画」という行政的手続きによって進められる。破綻した自治体は総務省または県の管理下に置かれることになる。

アメリカでは連邦破産法にチャプターナインと呼ばれる規定があり自治体の破産手続きも企業と同様に裁判所を通して行われる。つまりアメリカでは日本と違って自治体が破産する。しかし、自治体が破産するのはアメリカだけなのだ。どこの国でも自治体は破産しない。何度も言っているが、アメリカが特殊なのだ。

アメリカがこのように徹底した司法優先国家になったのは国の成り立ちの違いによる。日本が近代国家になったのは明治時代である。明治政府は中央集権的な国づくりを進めた。まず中央集権ありき、だった。ところがアメリカには最初は「中央」は存在しなかった。何もないところに自分たちで町を作っていった。なにかもめごとがあれば、自分たちで法律をこしらえて、あるいは裁判所をつくって自分たちで解決するしかなかった。役所もなにもなかったからだ。日本には大岡越前守のような「お奉行様」がいてもめごとを裁いてくれた。明治政府ができる前から「お上」が存在していた、近代国家になる前から「行政」は存在していた。

アメリカが司法優先の社会になったのは当然だったのだ。こういう、何事も司法的手続きによって解決するという社会であれば、法律の専門家でなくても裁判に参加するという陪審制が発達するのは何の不思議でもない。むしろ彼らは裁判に参加するのは市民として当然の義務と思っているのではないだろうか。

とにかくキリスト教社会でもなく司法よりは行政が幅をきかす日本では陪審制をはじめとしたアングロサクソンの法システムはなじまない。裁判員制度は陪審制とは異なるが、日本になじまないことは確かだ。無理に採用しなくてもいいだろう。

2 現代資本主義の矛盾

環境問題

この特殊な英米型の現代資本主義の最大の問題は環境問題を解決できないということだ。

たとえば、CO_2の大量の排出による地球温暖化の問題。

CO_2の排出は地球温暖化とは関係がないと主張する人もいる。しかしCO_2の温室効果は否定されえない。地球の平均表面気温は15℃だ。金星は地球より太陽に近いので447℃。最も太陽に近い水星はというと287℃で金星より低い。これはなぜか。水星には大気がない。金星には大気があり、その96パーセントはCO_2である。CO_2が金星の表面気温を高くしているのだ。ちなみに地球の大気に占めるCO_2の割合は0.03パーセントである。

各国がばらばらにCO_2を排出し続けても「見えざる手」によって調節されることはない。環境問題は市場の埒外にある。経済活動が活発になればなるほど環境は破壊されることになるのだ。経済が活発になればなるほど人々は幸福になるはずだったのに、環境破壊が人々に不幸をもたらす。資本主義の最大の難問である。

経済活動の発展はさまざまな環境破壊をもたらした。日本でも1950年代から80年代にかけて大気汚染、水質汚染などのいわゆる「公害」の問題が先鋭化した。「公害」はあきらかに人為的なものであるが、自然災害でも人為的な環境破壊によって被害が大きくなるものある。たとえば最近の日本の大雨災害についても、上流の森林伐採や中流、下流の農地の消滅による保水力の低下が被害を拡大している、と言われている。

そして大雨による洪水の被害は日本だけではない。2021年の夏には、中国河北省、ドイツでも洪水で多くの死者が出たことが報じられた。ドイツ政府は大雨洪水と地球温暖化の関連について調査するとのコメントを発表したが、関連はあるだろう。平均気温は上昇し温帯地方は亜熱帯化している。台風や大雨は恒常化している。

地球温暖化だけでなく、その他の環境破壊も経済活動の進展がもたらしたものだが、市場主義の現代資本主義の思想がそれに拍車をかけた。環境問題、自然界と人間社会のバランスの問題は数値化が難しいので市場の埒外であった。市場は万能ではないということはわかっていたはずなのに、特に、アメリカの新自由資本主義は何でも市場で解決しようとした。学校教育とか医療とか市場の原理になじまないのではないかと思われる分野でも市場原理を適用しようとする。とにかく経済優先である。

気候変動に関する国際連合枠組条約の京都議定書は1997年に採択されたが、その当時からアメリカは京都議定書には批判的であった。京都議定書を引き継いだパリ協定については、ドナルド・トランプはアメリカの製造業に悪影響を及ぼすとして協定から離脱した。たしかに、京都議定書やパリ協定は問題なしとはしないが、環境問題に真剣に取り組もうと姿勢は見られない。それどころかトランプはスゥエーデンの環境活動家グレタ・トゥンベリーの涙ながらの訴えに対し「落ち着け、グレタ」とSNSに書いた。

バイデン大統領になってアメリカはパリ協定に復帰したが、それでも地球温暖化の問題は先が見えない。それは、なによりもまず経済を優先させるという考え方をする勢力のほうが強いからなのだが、もう一つ近代ヨーロッパの自然に対する伝統的な考え方が邪魔をしているように思える。

宇沢弘文は前掲『社会的共通資本』で、

《キリスト教の教義が、自然に対する人間の優位にかんする論理的根拠を提供し、人間の意志による自然環境の破壊、搾取に対してサンクションをあたえた。と同時に、自然の摂理を研究して巧みに利用するための科学の発展もまた、キリスト教の教義によって容認され、推進されていった。》

と書いている。彼は、この記述の前に、1994年にナイロビで開催された「気象変動に関する政府間パネル」のコンファレンスで発表されたアン・ハイデンライヒとデヴィッド・ホールマンの論文「売りに出されたコモンズ　―　聖なる存在から市場的財へ」についてふれていて、「ハイデンライヒ＝ホールマン論文で、近代キリスト教の教義が、自然の神聖を汚し、伝統的社会における自然と人間との乖離をますます大きなものにしていった経緯がくわしく論ぜられていることは興味深い。」と書いているので、上記の記述は、おそらくハイデンライヒ＝ホールマン論文の要約であろう。

それはともかく、キリスト教に承認された人間の自然に対する優位という考え方が近代ヨーロッパの根本的思想であることはまちがいない。環境問題の解決が難しいのは、たんに経済優先という表面的な資本主義の論理だけではない。自然を聖なるものと見なさずに人間が征服できるものと見なし、自然をも一つの生産手段と考える資本主義、近代ヨーロッパの思想があるからだ。

貧困問題

次に貧困問題をとりあげたい。この問題は資本主義の進展によって解決済みであると考える人もいるかもしれないが、環境問題ほど取り上げられないだけであって、いまだに解決されてはいない。発展途上国には貧困のために学校教育を受けられない児童がまだ多くいるし、日本でもホームレスが消滅したわけではない、生活保護の受給者も少なくなってはいない。

貧困問題は資本主義経済システムとは無関係に昔からあった。中世ヨーロッパでは、救貧は教会の仕事であった。16、17世紀になると救貧は国家の仕事になる。

イングランドでは16世紀にヘンリー8世による貧民対策法が制定された。これが最初の救貧法とされているが、実質は社会不安を起こす貧民を処罰するものであり救貧からはほど遠いものであった。

1601年にはいわゆるエリザベス救貧法が制定され、これが近代的福祉制度の出発点と言われている。しかしこれもまた治安維持の性格を残している。

その後何回か改正が重ねられ、1834年のいわゆる新救貧法の制定が救貧法の一応の到達点となる。この考え方が他のヨーロッパ諸国にも導入され近代的福祉国家の誕生となっていくのだが、それは、貧民を救うという精神においては、かつて教会の仕事であったころとは意味は異なっていた。

人道的視点というよりは、貧民政策が社会の安定に資する、それが国家の安定、自らの政治権力の維持につながると考えられるようになったのだ。そして何よりも資本主義の発展が健全な労働力を求めたのだ。社会保障制度の充実は資本の側からの要請でもあった。

もう一つ、これは特にイングランドで顕著であったのだが、エリザベス救貧法のころから「自助」が強調されていたのだ。この考え方は当然アメリカに引き継がれ、「自己責任」、成功も失敗も自分の責任だ、という考え方につながっていく。これが、アメリカの貧困問題をいっそう拡大していった。

私は中学生のときだったか高校生のときだったか忘れてしまったが、英語の授業でGod helps those who help themselvesということわざを習った。50年以上たった今でもよどみなく出てくる。このことわざには「天は自ら助くる者を助く」という訳があてられていて定着している。こう訳したのは中村正直で、彼は1859年に出版されたサミュエル・スマイルズのSelf-Help（自助論）を1871年（明治4年）に『西国立志編』というタイトルをつけ出版している。このSelf-Helpの冒頭にこのことわざが出てくる。ただし、そこではGodではなくHeavenになっている。Godとしたのはベンジャミン・フランクリンだ。彼の『貧しいリチャードの暦』にもこのことわざが出てくるが、彼は、God helps them that help themselvesと書いている。

その違いはここでは問題にしない、問題は内容だ。私は「50年以上たった今でもよどみなく出てくる」と自慢げに書いたが、実は当時は意味をよくわかっていなかった。「自らを助ける」ということが理解できなかったのだ。助ける対象は自分以外の人ではないかと思っていたのだ。昔の日本人の発想だ。

最近は英語学習がいきわたっているから、中学生でも、何かの食べ物を前にしてHelp yourselfと言われたら、それは「自分で勝手にとって食べてね」という意味だということを知っている。しかし、明治時代にアメリカに留学した人が、たとえばアメリカの家庭に招かれて、はじめて、このフレーズに接したときは意味がわからなかったのではないだろうか。

とにかく英米ではhelp oneselfという言葉は日常生活でもよく使われる。彼らにとってはごく当たり前の考え方なのだ。

英語学者の奥津文夫は『ことわざの英語』（講談社現代新書1989年）でHeavenで始まるこのことわざを、いっとう最初にとりあげ解説している。彼によれば、この場合の「自分を助ける」というのは「他人に頼らずみずから努力する」という意味であって、このことわざを日本人にとってわかりやすく訳せば、「他人にたよらずみずから努力する人に運は向いてくる」となる、ということだ。なるほど、これならわかる。

私はこのことわざを習ってから20年後にようやく意味を理解した。奥津も日本人には理解しにくいことわざだと書いている。

しかし、「自助」という言葉が日本人には理解しにくかったから、日本ではアメリカほど貧困問題が深刻にならなかったのだと私は考えている。

「自助」をどこまでも徹底していけば、たとえば、ミルトン・フリードマンが言うような「福祉国家など欺瞞だ」という考え方に行きつく。「公助」は最後だから、というよりアメリカでは「公助」は社会主義であるとして、むしろ嫌悪されるから、経済格差はより拡大する。アメリカ型の資本主義では貧困問題を絶対に解決できないのだ。

日本では、「助ける」というのは他人を助けることであるから「公助」は受け入れられやすい。だから資本主義国家であっても、社会保障費の拡大に異を唱える人は少ない。問題となるのは増大する社会保障費の財源の捻出であった。

経済が右肩上がりの時期には税収も増え社会保障費の財源捻出にも苦労しないし、昔から利益の分配がアメリカのように著しく不平等な社会ではなかったから、経済活動が生み出した富を広く国民一般が享受でき、貧困問題は解決されたかのように見えた。しかし、不景気になると、また貧困問題が、ある程度は蓄積ができたので昔ほど苛烈ではないにしても、出現してくる。

それはやむを得ない。しかし問題なのは、不景気によって生じた経済格差を、小さくしようとするのではなく、この機会に経済格差を広げようとした人たちがいたことだ。

私は2006年の8月に経済アナリストの家森永卓郎の「構造改革と日本経済の展望」と題する講演を聴いた。もうだいぶ記憶が薄れているが、そのときのメモがまだ残っている。

森永によれば、日本の社長の平均年収は3000万円であるのに対して、アメリカの社長のそれは13億円だということだ。日本のエリートたちはなぜこんなに差があるのかと嘆いた。そして日本をアメリカにしてしまえばいいんだと考えた。そのためにはデフレにすればいい、デフレになれば格差が広がる。

戦後20年にもわたる本格的なデフレになったのは日本だけで、それは日銀が意識的に行ったものだ。「構造改革」はデフレを加速する。「構造改革」はデフレによって日本をアメリカ式の「弱肉強食」社会にすることを目的にしている、と森永は述べた。それは成功し、日本はアメリカについで世界第二位の不平等国となった、日本はもはや中流社会ではないと森永が言ったことは今でも鮮明に覚えている。衝撃を受けた。

森永が日本は中流社会ではないと言った根拠は1円も預金がない世帯の比率だ。彼によれば1996年のそれは3.2パーセントであったが、2005年には24パーセントになったという。つまり四分の一の世帯は1円も預金がない、これが中流社会であるわけがないというわけだ。

いま私の手元に大和総研が2018年4月に発表した「今を生きる「貯蓄ゼロ」世帯」というレポートがある。それによれば、1996年の「金融資産を持っていない」とする世帯は10パーセント、2005年では22.5パーセントとなっている。大和総研のグラフでは1996年から、その比率は急激に上昇していて2016年には30%を超えている。最近はコロナ禍の影響もありもっと高い数字になっているだろう。

つまり、コロナ禍の影響を除いても三分の一近くの世帯は「金融資産を持っていない」のだから、森永の言ったことは決しておおげさではなかった。たしかに格差は広がっているのだが、まだアメリカほど深刻ではない。しかし、アメリカのような社会にしようとする動きはときおり強く出てくるのでアメリカのように貧困問題が深刻になる可能性はある。

現に「囲い屋」などの「貧困ビジネス」と言われるものの問題が出てきているように、その兆しはある。

2021年7月3日のNHKの朝のニュースは、「パンデミックと正義」と題するハーバード大学教授のマイケル・サンデルへのインタビューを報じていた。サンデルはそこで「成功も失敗も自分の責任ということが強調されすぎ、社会が支援するということが少なくなりつつあり分断が進むことを危惧している。」と述べた。彼はパンデミックによって格差が広がり社会の分断がいっそう進んだと言っているのだが、パンデミック以前からアメリカ社会の分断を問題視する発言には事欠かない。

それを知ってか知らずか、アメリカ式の社会経済システムを、世界標準だとして何でも取り入れようとするのはどうなのか。たとえば先にあげた「年次改革要望書」に基づく労働者派遣法の改正は、派遣の規制緩和により大量の非正規労働者を産み出し、賃金格差を拡大し、それにデフレも手伝って、格差を広げ「貧困ビジネス」の成立を助けることになった。規制緩和により新たなビジネスが創出される、ビジネスチャンスが広がるとされたが、たしかに「貧困ビジネス」のチャンスは拡大した。アメリカのいう「世界標準」を取り入れた成果だ。

具体的なシステムだけでなく、考え方もアメリカ式になろうとしている。先に「公助」が受け入れられやすかったから日本では貧困問題が深刻化しなかったと述べたが、「公助」も後退しつつある。

菅前首相は就任してまもなく、「まずは自助、次に共助でそのあとに公助」と発言して物議を醸した。「自助」、「共助」、「公助」という順番は、資本主義国家であれば当然のことであるが、パンデミックで困難な状況に直面している人が多い状況で、なぜそのような発言をしなければならないのか理解に苦しむ。

批判はさておいて、日本の首相から「まずは自助」という発言が出てきたことということは、もはや「自助」という概念は日本人にとって理解しがたい概念ではなくなったということだ。新自由主義、アメリカ型資本主義の思想が日本にも浸透しつつあるということだ。

あるシステムを取り入れるということは、その背後にある思想をも取り入れるということなのだろうか。それが社会システムであれば、その社会思想も取り入れなければならないということなのか。

いずれにしてもアメリカ型資本主義をそっくりそのまま取り入れる必要はないだろう。それは再三述べているように普遍的なものではないし、世界標準でもないのだから。経済格差を広げ社会を分断するシステムが世界標準であるはずがない。

3 金融支配の経済システム

製造業の軽視

本章では現代資本主義の特質、問題を扱っている。これについて考えるときに、すでに再三ふれてきてはいるが、どうしても経済の金融化について書くことにならざるをえない。

経済の金融化は製造業の衰退を意味する。資本主義の発展の推進力となったのは製造業であるが、その資本主義の発祥の地のイングランドでは、実は製造業の軽視がイングランドの伝統的思想であったのだ。川北稔は『イギリス近代史講義』（講談社現代新書2010年）でこう書いている。

《ジェントルマンは、こうして、肉体的な意味での労働や人に雇われるような勤務はしないことが条件と考えられました。自らの資産からの所得によって、サーヴァントを雇い、政治活動とチャリティなどの社会奉仕と趣味・文化活動を事として暮らす「有閑階級」であり、独特の教養と生活様式を維持していることが求められたのです。逆に、織元、つまり毛織物業の経営者やその労働者である職布工のように、自ら労働をして報酬を得れば、原則として、ジェントルマンの地位を失うとされていました。》

上流階級は労働をしないというのは、英国に限らず、ヨーロッパの貴族はみなそうであったし、古代中国の支配者たちも自ら体を動かすことはしなかった。しかし、時代が進んで上流階級といえどもなんらかの仕事をしなければならなくなっても彼らは製造業に従事することはなかった。川北はこうも言う、「製造業に手を出せば、ジェントルマンでなくなるというのが、イギリスの伝統です。だから、オクスフォードやケンブリッジを出た人は、シティの証券会社、銀行には入っても、製造業に入っていくことはなかったのです。」

ロナルド・ドーアは前掲『日本型資本主義と市場主義の衝突』で、「日本には、文科系の男は紳士、技術者は俗物といったイギリス流の「二重の文化」はない。」と書いた。日本の学者だけでなく、イギリス人の学者もそう言っているのだからまちがいはない、イギリスでは製造業はあきらかに軽視されてきた。

それはなぜか。私は一神教の偶像崇拝禁止の影響もあるかもしれないといっときは考えた。イスラム界で製造業が振るわないのはやはり偶像崇拝禁止の影響だろうと思うし、ユダヤ人が製造業よりは商業を選んだというのも偶像崇拝禁止の影響はあると思う。しかし、一神教で偶像崇拝禁止がそれほど厳格ではなかったキリスト教界、特に、イギリスにあっては、まったく影響はないとは言えないかもしれないが、その影響は考慮しなくてもいいだろう。

それは産業革命がまずイギリスで起こったことを思い起こせば足りる。綿織物工業における紡績機の改良、コークス製鉄法の開発、蒸気機関の能力増大など産業技術の発展の過程は漸進的なものであり、革命と呼ぶにはふさわしくないかもしれないが、とにかく18世紀から19世紀前半にイギリスで起こった産業技術の発展が世界の工業化の進展に大きく貢献したことはまちがいない。

にもかかわらずイギリスで製造業が軽視されたのは、ブルーカラーへの蔑視に加え、製造業は儲からないものだという認識が存在していたからだ。

第二章で、イギリスの東インド会社は世界で最も成功した株式会社だと述べた。浅田實の前掲『東インド会社』には「一六七一年から八一年まで一一年間で配当は合計二四０パーセントに達したから、年平均二一・八パーセントの配当であった。これから一六九一年まで一０年間にはさらに、四五０パーセントの配当が出され、七０年代の大体二倍の年平均四五パーセントの高配当となった。」とある。

年45パーセントの配当。信じられないほど高額の配当だ。これでは製造業に投資する投資家はいなくなるだろう。

ちょうどそのころ、医師、測量技師そして経済学者であるウィリアム・ペティが『政治算術』という本を書いていた。これはペティの死後、1690年に刊行されたのだが、彼はそのなかで、「農業よりも製造業が、また製造業よりも商業（Merchandize）がずっと多くの利得がある。」と書いた。これが後世にペティ＝クラークの法則と言われるようになるのだが、ペティはもちろん法則だというつもりはなかった。

彼が『政治算術』で展開したのはフランスとイギリスとオランダの国力比較であった。当時、フランスは農業、イギリスは製造業、オランダは商業（貿易業）に力を入れていた。この三国を富んでいる順に並べればオランダ、イギリス、フランスの順番になる。したがって、農業よりは製造業、製造業よりは商業が儲かるという結論を出したのだ。そのことが前面に出すぎて後に法則と言われるようになってしまったのだが、彼の意図は優れたオランダの政策をイギリスも取り入れるべきだということであった。そうすればイギリスもオランダのように成功できるとペティは考えた。

ところで、ペティはオランダの諸政策を高く評価しているが、興味深いのは「オランダ人の第一の政策、すなわち信教の自由の問題」としてオランダ人がキリスト教とどう向き合っているかを解説していることだ。

彼は、オランダ人の大部分が「思慮深い・まじめな・そして辛抱づよい人間であって、（かれらの見解がどれほどまちがったものであれ、）労働および勤勉こそ、神に対する自分たちの義務だと信じている」、オランダは「僧職者への献金を避けるために、スペインと断交している」、「オランダ人は、自分たちがつかいもし必要ともしている聖職者一人に対して、フランスおよびスペイン（とくに後者）においては約一百人の聖職者がいること、またこれらの聖職者の主たる関心事が、〔教義〕の統一の護持だということを観察している。そしてこのことを、よけいな負担だと考えているのである。」と書いている。マックス・ヴェーバーも『プロ倫』で、ペティのこの記述を引用している。

ペティの見解は、思弁的なドイツ人には資本主義とプロテスタンティズムの関係について考察するヒントを与えたが、経験主義的なイギリス人には製造業は儲からないものだと思わせる契機を与えたのだった。

東インド会社とペティによって染みこまされた製造業軽視の考え方は、その後の経済構造の変化によってよりいっそう、イギリスだけでなくアメリカにも浸透していくことになる。

イギリスもアメリカも後発資本主義国家であるドイツや日本に追い上げられる。

規模の経済を重視する装置産業である重工業は、資本投入が多額になるので総資本回転率はどうしても低くなる。独占でもないかぎり利潤率はしだいに低下していく。投資家は効率の悪い事業に投資することを嫌うし、もちろん利潤が小さいところに投資はしない。投資家が支え資本主義国家であるイギリスやアメリカの重工業は、国家が産業政策に深くかかわるドイツや日本の重工業に太刀打ちできなくなった。

重工業からの撤退が、製造業の放棄になってしまった。ものづくりは後進国に任せておけばいいという思想の確立である。

効率の悪い製造業

そして、「経営者資本主義から投資家資本主義」へという最近の流れが製造業の軽視に拍車をかけている。「投資家資本主義」では会社の意思決定が投資家、つまり株主の意向によって大きく左右されることになる。投資家は世界の資本市場の情報を必要とする。

世界の国債市場、社債市場はなぜかアメリカの三大格付け会社（ムーディーズ、スタンダード・アンド・プアーズ、フィッチ）が定めた基準を採用している。これらの格付け会社は資本市場の情報という一種の公共財を提供しているのだが、アメリカの私企業である。

先にクルーグマンが、S&P（スタンダード・アンド・プアーズ）がリーマン・

ブラザーズの破綻の直前まで同社の格付けを「A」としていたと非難したのを紹介したが、それは不思議でも何でもない。S&Pだけでなく格付け会社は証券を発行する会社や投資銀行からの手数料収入で成り立っている純然たる私企業である。手数料によって格付けが変わることは充分考えられることだ。問題なのはアメリカの格付け会社の評価に投資行動を依存するというアメリカ基準が世界標準を装っているということなのだ。

格付け会社の評価そのものもアングロサクソン型資本主義の考え方に基づいている。

国債の格付けに当たっては彼らの伝統的な考え方である「調和」に基づく財政均衡が重視される。社債市場ではどうか。日本企業が社債を発行するとして投資家がその企業の格付けを調べたとする。投資家は格付け会社の評価が低いことに気がつくだろう。

格付け会社は日本の企業をそれほど高くは評価しない。まず長期借入金がある企業は評価されない。短期資金ならともかく長期資金を銀行から借りるという日本の間接金融を彼らは評価しないのだ。間接金融が非効率だからという理由からではなく、たんに自分たちのシステムと異なっているという理由からだ。おそらく間接金融は金融の「原理に反する」と考えているのだろう。

日本の企業の多くは不動産を所有している。日本では不動産、特に土地の価格は高いので多くの土地を所有している企業のバランスシートの「資産」はどうしても大きくなる。このことが経営指標に影響を与えることになる。

専門的になって恐縮だが、経営分析で用いられる指標に「総資本回転率」(「総資産回転率」ともいう）というのがある。売上高÷総資本（資産プラス資本）で得られる数字だが、この数字が大きければ、「総資本回転率が良い」、小さければ「悪い」とされる。

同じ業種の二社を比較してみる。A社は総資産1億円で売り上げが1億円だったとする。B社は総資産5千万円で売り上げが1億円だったとする。A社の総資本回転率は1.0、B社のそれは2.0で、他の指標は無視して総資本回転率だけを比べれば、B社のほうがいい企業とされる。少ない資本で多くの売り上げをあげる資本効率のいい企業とされるのだ。

高価な土地をたくさん所有している企業は資産が多くなるから、総資本回転率はどうしても悪くなる。イギリスでは土地は借りるものであるから、イギリスの会社はあまり土地を所有していない。アメリカでは地価が安いから土地をたくさん所有していても総資本回転率にはあまり影響はない。

日本の企業は、利益を上げれば不動産を購入する傾向がある。私たちには土地に執着する農民の遺伝子が残っているのかもしれないが、日本では不動産は資産価値があるし、銀行借入れのさいは担保にもなると企業は考える。そして特に中小企業にありがちなのだが、利益をあげると立派な本社社屋を建設する。それがいくら大きくて立派だとしても売り上げが倍増するわけでもないし利益が増えるわけでもない、売り上げに寄与しない資産が増えて総資本回転率が悪くなるだけだと、英米の投資家は評価しないのだ。

それはさておいて、英米の企業でも製造業、特に装置産業の製造業は多額の機械装置や工場などの多くの固定資産を有しているから、どうしても総資本回転率は悪くなる。

英米の投資家はこのような資本効率の悪い企業を嫌う。どうしても製造業は投資の対象としては敬遠されるようになる。

主役になってしまった金融業

製造業の軽視は金融業の重視につながる。経済がソフト化していくからだ。

経済のソフト化とは「ソフト産業」の比重が増え「ハード産業」の比重が低下していくことだ。「ハード産業」は装置化率が高いため常に設備資金を必要とする。省力化を進めるのにも資金は必要だ。また在庫管理のための運転資金も必要になる。いっぽう「ソフト産業」は装置化率は低いから設備資金はそれほど必要としない。ほとんど在庫をもたないから在庫管理の運転資金も必要としない。

つまり経済のソフト化は金融機関の融資先の減少をもたらす。金融機関の融資が減れば貯蓄が過剰の状態になる。いわゆる金あまりだ。経済発展によってもたらされた多額のマネーは経済発展によって行き場を失ったのだ。

特に先進資本主義国家としてすでに多くのマネーを所有していた英米では、この余剰資金の運用が大きな関心事になった。その結果行きついたのが誰がババをつかむかというマネーゲームだ。このゲームは戦略にたけた彼らが最も得意とするものであったから、勝利をおさめることは難しくはなかった。ドイツや日本やその他発展途上国に押されていた彼らは再び浮上した。

このことがもはや金融業が主役となったという錯覚を起こさせたのだ。それは従来の歴史認識をも変えるよう要求することになった。

産業革命は取るに足らない出来事であって、近代史の始まりとは言えない、そもそもイギリス経済が工業経済になったことは一度もないとする考え方の「ジェントルマン資本主義」がそれだ。「政治の実権は、伝統的な支配者である地主ジェントルマンと、彼らと生活文化や価値観を共にした大商人・金融業者、つまりロンドンのシティが握っており、マンチェスターやバーミンガムの経営者がイギリスを動かしたことは一度もない。」というのが「ジェントルマン資本主義」の見方だと川北稔は説明する（『イギリス繁栄のあとさき』）。

「ジェントルマン資本主義」の提唱者は、一つ重要なことを見落としている。たしかにジェントルマンは製造業には関わっていない。しかしシティに蓄積され彼らが運用したカネは、すべてとは言わないが、イギリスの製造業がつくり出したものだ。そうでないとすればフランシス・ドレークなどの海賊が他国から強奪した財貨が原資になったのではないか。だとすれば、これこそアングロサクソンの「ぶったくり資本主義」「強欲資本主義」の起源だ。そう言わずに「ジェントルマン資本主義」と言ってみても本質は変わらない、よそから持ってきた資本を増やすだけという本質は。

暴走する「金融」資本

英米でマネーゲームを仕切るシティの、ウオール街の多額の余剰資金は、海賊行為によるものでなければ、製造業が生み出したものだ。金融業で新たな富が創出されることはない。金が金を産み出しているように見えるがそれは錯覚である。金融業は主役たりえない。

誤解を避けるために強調しておきたいが、私は金融が不要だと言っているのではない。経済の円滑化に金融は不可欠だ、金融の働きなしには経済は発展しない。間接金融が主体の日本では金融機関が脇役に徹してきた、あるいは黒子であったと言ってもいい。日本が高度成長を成し遂げキャッチアップを果たしたのは、金融機関が脇役に徹してその機能を発揮してきたからだ。

ところがアングロサクソン資本主義が息を吹きかえすと、金融業が世界経済を牽引していると思われるようになった。特に注目されたのがアメリカ経済のサービス部門とりわけ金融関連部門の高収益性だ。これがアメリカ資本主義を支えているという認識が一般的になったのだ。アングロサクソンの証券化資本主義が世界の主役と見なされるようになったのだ。

しかし、英米でも証券化資本主義を礼賛しない人ももちろんいる。イングランド人のロナルド・ドーアは『不思議な国日本』（筑摩書房1994年）でこう書いている。

《およそブローカーとは二通りある。モノやカネを動かし、適正な価格でそれを使う人の手に渡すのは非常に有益な機能である。しかし、**モノやカネに対する権利を、将来の価格の見込みで投機的に売買して渡世する**のはまったく別。イギリスという国は前々から、実際に後者の、ばくち打ち的仕事に専念しながら、前者の有用な機能を果たしているかのように見せかけ、株式市場を、良家の子女が働く紳士の場に仕立てるのに成功した。イギリスの悲劇である。**工業国家としてのイギリス**の疲弊の一つの大きな原因である。（太字処理は庄司による）》

「ジェントルマン資本主義」の支持者はイギリスは工業国家であったとは認めないのだが、それはともかく、ドーアは「投機的」という言葉を使った。ドーアが証券化資本主義を嫌った理由がこれではないだろうか。

投機が暴走につながり経済を混乱させることは昔から知られていた。17世紀のオランダのチューリップバブル、18世紀イギリスの南海泡沫事件など、現代の「バブル崩壊」のはしりにあたるものがそれだ。これらについては、特に南海泡沫事件については、現代の経済学、政治学、会計学など社会科学を学ぶ者はその後始末がどのようになされたかを詳細に研究すべきと思われるが、ここでは立ち入って述べる余裕はない。ただ、オランダ、イギリスという成功した「商業国家」で起こった出来事であったということだけを指摘しておきたい。

南海泡沫事件はイギリスとフランスを混乱させただけだが、現代の、たとえばサブプライムローンの問題やリーマンショックなどは、世界の数多くの国の経済に影響を及ぼした。

ドーアは1991年の8月22日の東京新聞にこれを書いた。サブプライムローンの問題が顕在化したのは2007年であり、リーマン・ブラザーズが経営破綻したのは2008年であったが、彼はこれらの事件の発生を見通していたと思う。「モノやカネに対する権利を、将来の価格の見込みで投機的に売買して渡世」したのは、まさにサブプライムローンを証券化して世界中にばらまいた投資銀行そのものだったからだ。

サブプライムローンは返済される見込みないことは最初からわかっていた（それをごまかすために自動車ローンなどと組わせてCDOという証券にした。このような狡猾ともいえる金融技術の巧みさはとうてい日本人の及ぶところではない）のだから、私にいわせれば詐欺だ。

ドーアは「投機」と言っているので「投機」に戻ると、投機と投資はあきらかに異なる。投機は資本主義経済モデルには登場しない。ありえないのだ。投機は近代資本主義以前の前期的資本の根本的性格だ。だから古代中国にも投機は存在した。

司馬遷の『史記列伝』の「第六十九 貨殖列伝」には、投機によって財をなした人の話が詳しく書いてある。そして、「貧乏から富への道を求めるには、**農業よりも工業がまさり、工業よりは商業がまさる。**「刺繍をつくるよりは、市場の門へ行きなされ」といわれるのは、商業が貧乏人にとって、てっとり早いもうけの手段だからである。」（太字処理は庄司による）という記述が見られる。「農業よりも工業、工業よりも商業」というのは先に紹介したペティの見解とまったく同じである。ペティが司馬遷を読んでいたとは考えにくく、ペティは司馬遷とは無関係にこの思想に行きついたと思う。この思想は日本にはなかった。中国もイギリスも日本とは異質の社会なのだ。本論の冒頭で、「日本はアメリカやEU諸国よりも中国や北朝鮮に似ている」と述べたが、経済思想においては、日本は欧米にも中国にも似ていない。

現代中国には株式会社が存在し株式市場もあるが、前期的資本はいったん消滅していて現代中国の企業はまったく新しい資本だ。イギリスのシティは前期的資本の生き残りである。産業資本の成立とともに前期的資本は姿を消す、というのが大塚史学の言うところだが、シティの金融業者は産業資本が成立しても生き残った。それは前期的資本が産業資本に転化したものではない。シティの金融業者は産業資本と何の関係もない。

ルドルフ・ヒルファーディンクは『金融資本論』において、銀行資本と産業資本の結合形態を「金融資本」と呼び、これが今後の資本主義を牽引していくと考えた。ドイツや日本においては、ある程度はヒルファーディンクの考えたようになったかもしれない。しかしロンドンのシティはずっと昔から産業資本とは何の関係もなかった。だからシティの金融業者は「金融資本」ではないのだ。名称はさして問題ではない。カギカッコつきの「金融」資本でもいい。とにかく実質的には前期的資本である。

ウオール街の「金融」資本も前期的資本だ。シティから輸入、あるいは移ってきたものだ。サブプライムローンの証券化は詐欺だと言ったが、「正直は最良の政策」をモットーとしていたベンジャミン・フランクリンに代表されるような以前のアメリカの資本主義精神はどこに行ってしまったのか、と嘆く人もいるかもしれない。

実は、アメリカの「金融」資本主義は変質したのではない。「正直は最良の政策」というのは、おそらく産業資本にはあてはまるかもしれない。人を出し抜くことで存立する前期的資本にあてはまらないことは確かだ。アメリカの「金融」資本、ウオール街も前期的資本であるから、最初から「正直は最良の政策」とは考えていなかったのだ。

とにかく「金融」資本、前期的資本は投機がその最大の特質だ。投資でも投機であってもリスク管理（これも日本人が不得意とするところ）が重要だ。ウオール街の「金融」資本はリスク管理よりはリスク分散を重視する、リスク分散も広い意味でのリスク管理かもしれないが。サブプライムローンの問題でいえばCDOを、商業銀行、投資銀行、ヘッジファンド、保険会社、GSE（アメリカの政府後援企業）そして世界中の期間投資家に販売しリスク分散が行われた。これらの組織もまたそれぞれリスク分散を図る。彼らのリスク分散はねずみ講のようなものだ。「金融」資本の特質に投機に加え、ねずみ講をあげてもいいだろう。

ねずみ講はいつか必ず破綻する。だから「金融」資本は必ず世界経済の不安定要因となる。常に暴走する。暴走するようにできているのだ。

ギャンブル資本主義

「金融」資本の特質の一つは投機だといったが、投機はギャンブルに近い、いやほとんどギャンブルといってもいいだろう。

日本型と英米型の資本主義の相違点は会社の社会的理念の相違だと述べた。第三次産業の代表の一つである保険会社の性格も二つの資本主義では異なっている。損害保険がわかりやすいが、日本やドイツの保険は一種の社会制度であると言ってもいい。英米の保険は完全に商品である。日本やドイツでは、災害や事故に対する危険を保険でみんなと分かちあおうという共同体的発想がある。英米の保険には共同体的発想はまったくない。

ハーバード大学教授のマイケル・サンデルは、『それをお金で買いますか』（早川書房2012年）でイギリスの保険業の歴史を概観している。彼は、道徳的な理由から何世紀にもわたり、生命保険はほとんどのヨーロッパ諸国で禁止されていた、と書いてこう続けている。

《例外はイギリスだった。17世紀の末、船主、仲介業者、保険業者が、海上保険の中心地となるロンドンのロイズ・コーヒーハウスに集まりはじめた。ある者は、自分の船と船荷の安全な帰還に保険をかけるようになった。またある者は賭けの対象という以外には何の利害関係もない他人の命や出来事に賭けるようになった。海で沈没すればひと儲けと、所有もしていない船に「保険」をかける者も少なくなかった。保険ビジネスとギャンブルの区別はあいまいで、保険業者は賭けの胴元のような活動をしていた。

イギリスの法律では保険にもギャンブルにも制約はなかった。もっとも、この両者は事実上区別できなかったのだが。》

サンデルはここでイギリスの有名な保険会社ロイズの起源について言及している。法人としてのロイズは会社というよりは保険組合と言ったほうがいいかもしれない。仕組みは日本の保険会社とは異なりかなり複雑である。

ロイズは2万から3万人と言われている会員からなる。会員は政治家、弁護士、芸能人などの、特に保険の専門知識を持っているわけではない裕福な市民である。会員は何人かのグループとなりアンダーライターと呼ばれる保険の専門家を通じてシンジケートをつくる。ロイズには約300のシンジケートがある。このシンジケートが保険を引き受けるのだが、シンジケートの構成員は実際の業務には携わらない。実際の業務はアンダーライターが行う。

この仕組みは、会員がアンダーライターの手腕に期待することになるので、会員が投資ファンドに自分の財産の運用を任せるようなものだ。あきらかに投資であって、日本やドイツの保険の相互扶助という概念とはまったく無縁のものだ。

もちろんサンデルの狙いは、ロイズの仕組みの説明にあるのではなく、生命保険の道徳性とギャンブル性を問うところにある。かれはさらにこう続ける。

《とりわけおぞましい生保賭博の一つが、800人のドイツ人難民の事例だ。彼らは一七六五年にイギリスに連れてこられ、食料も住まいも与えられずにロンドン郊外に打ち捨てられた。ロイズの投機家と保険業者は、一週間以内に何人の難民が死ぬか賭けた。》

日本人はこのような賭けを好ましいとは思わないだろう。もちろんイギリスにもこの賭けを道徳的見地から非難する人はいるはずだ。しかし、この賭けによって難民の状況が悪化するわけではない、賭けをしてもしなくても難民の死亡には何の影響も与えない、であれば賭けをして何が悪いのか、法令で禁じられていなければ何をやってもかまわないのだ、これが彼らの資本主義の論理なのだ。

何でも賭けの対象にしてしまうブックメーカーというのがある。日本ではノミ行為として禁じられている。アメリカでは認められている州もあるが、イギリスでは完全に合法だ。イギリス人は昔から賭けが好きなのだ。近代競馬も発祥の地はイングランドである。イギリスからサッカーとギャンブルをとったら何も残らない。

初期の東インド会社は一航海ごとに清算をしていた。一つの航海ごとに出資者を募り配当を支払った。インドの綿花や胡椒など荷物を無事に運んで帰ってくれば高額の配当が支払われるが、途中で船が沈没でもしようものなら配当がないのはもちろん出資金も戻らない。東インド会社への投資はギャンブルだったのだ。保険業だけでなく株式投資もギャンブルなのだ。

彼らの「金融」資本主義の本質はギャンブルだ。ギャンブル資本主義と言ってもいい。この堕落した資本主義を彼らはジェントルマン資本主義と称する。手っ取り早く金儲けをする行為をジェントルマン資本主義と名付けて盲信させてきたのだ。

「金融」資本主義は暴走すると書いた。暴走してしまう理由はいくつかあるか、その一つにギャンブル性があることは言うまでもない。暴走するのがわかっているのに規制緩和を主張し暴走に歯止めをかけることができない経済システムを採用してもいいことはない。

第六章 ノーベル経済学賞はとれなくてもかまわない

1 さまざまな資本主義

日本は世界からとりのこされたのか

ここまで、貧困問題や暴走する「金融」資本について言及してきたが、では日本はこれらの問題にどう対峙してきたか。

実はそれほど真剣に対峙してはいない。日本では資本主義の矛盾がそれほど先鋭には出現しなかったからだ。

貧困問題にしてもそれほど深刻ではなかった。もちろん日本は貧困問題を解決したとは言えない。2021年の7月1日中国共産党創建100年祝賀式典で習近平国家主席は「われわれは貧困問題を解決した。」と誇らしげに演説した。日本では、そう言える人はたぶんいない。かといって「貧困問題に取り組む」と宣言する政治家もいない。もともと日本にはいわゆる大富豪がいなくて貧富の差が大きくない社会であった。そのことに加え戦後の高度経済成長により大きな問題となる貧困はなくなった。中国のように貧困問題がまっさきに解決されるべき課題ではなかった。

もちろん、いまでもホームレスが完全にいなくなったわけではないし、生活保護に依存せざるをえない人も少なからずいる。しかし、発展途上国のように貧困のために学校に行けない児童が多くいるということはないし、貧困者が暴動を起こし社会に不安をもたらすということも考えられないから、まずは貧困問題が重要だということにはならない。

「金融」資本の暴走の問題も同じ。たとえば2008年のサブプライムローンの問題やリーマン・ブラザーズの破綻に端を発した世界的な金融危機では、実は日本経済は外国に比べるとそれほど大きな影響を受けなかった。日本の金融機関も欠損を強いられたのだが、その程度はアメリカやアイスランドに比べれば、それほど深刻ではなかった。日本の金融機関がリスクの大きい金融商品にあまり手を出さなかったからだ。ファイナンス理論学者の野口悠紀雄はそのことについてこう語った。

《日本は新しいタイプの金融商品、証券化商品にほとんど手を出していませんでした。ただ、これは自慢のできることか疑問があって、自らの判断で投資してこなかったというよりも、世界の潮流の蚊帳の外にあったというほうがあっていると思います。要は新しい金融商品の存在を知らなかった。（TKC発行『経営戦略』2009年6月号）》

私はこの発言は言い過ぎだと思うが、日本の金融機関が世界の金融業界で重要なプレーヤーとなったことはなかったから、少なくとも金融にかんするかぎりは「世界の潮流の蚊帳の外」だったと言われても否定できない。

「蚊帳の外」ということは、日本は一人前の資本主義国家として認められていないのか。たぶんそうだ。前章で小室直樹が「日本経済は鵺経済だ」と言ったことを紹介した。資本主義でもないし社会主義でもなかったから、資本主義の矛盾は先鋭化しなかったのだ。

それは鵺経済のメリットであったかもしれない。しかし経済学者は鵺経済こそが日本が「世界に取り残された」原因だと考える。

小室は、国家統制という社会主義的要素が加わった戦時統制経済の枠組みは戦後にも引き継がれた、と言った。野口悠紀雄はこの戦時統制経済を「1940年体制」（以下「40年体制」と略す。）と呼ぶ。そして戦後の復興、高度成長を支えたのは40年体制であったと言う（『戦後経済史』東洋経済新報社2015年）。

1980年代になると世界は大きく変化し始める。新興国の工業化、IT革命による情報通信技術の革新、それによるビジネスモデルの変化など。日本経済はこうした変化に対応できず、20年以上停滞することになる。日本以外の国は経済成長を果たしていたのに、日本だけが世界から取り残されることになったのは、政府介入型の40年体制に執着していたからだと野口は言う。80年代以降の経済環境の変化のなかで40年体制は有効性を失ったと言う。

《新しい産業は、市場における競争から生まれるのであり、政府の指導や保護によって生まれるものではありません。90年代以降のアメリカ経済は、IT関連の新しい企業に牽引されていますが、これらの企業は、政府の指導で生まれたものではなく、市場の競争の中から生まれたものです。90年代以降のイギリス

経済は、先端的金融業により成長しましたが、これは「ビッグバン」と呼ばれた規制緩和策によって新しい金融機関が参入したために実現したものです。》

野口はこの後に「民間経済活動への政府介入を是とするか否とするかは、今後の日本経済の発展にとって極めて重要な意味を持つのです。」と述べているが、彼が民間経済への政府介入を是としていないことはあきらかだ。

これら野口の見解は彼の著書『戦後経済史』から引用しているが、この本には「私たちはどこで間違えたのか」というサブタイトルがついている。彼の主張は、経済の金融化に日本経済が対応できなかった、それは40年体制をずっと引きずってきたからだ、というものだ。

しかし私は野口の見解を全面的に支持することができない。

彼が『戦後経済史』であきらかにした戦後まもなくの官僚たちの行動には、誰しもが、そうだったのかと膝を打つだろうし、高度成長のメカニズム、石油ショック、バブル崩壊などにかんする記述は説得力がある。最近発表された日本経済論のなかではナンバーワンだろう。それでも私はなにかすっきりしないものを感じる。わたしたちは本当に「間違えた」のだろうか。

国の関与

野口は、アメリカのIT関連企業は政府の指導によって生まれたのではなく競争的市場で生まれたと言った。そのとおりだ。日本のトヨタ自動車もソニーも政府の指導で生まれた企業ではない。政府の指導で生まれた世界的な企業はない。いや、野口の言いたいことはそのようなことではなく経済活動に国が関与すべきではないということなのだ。

国の関与についてもう少し大学の先生の意見をきいてみよう。少し古くなるが2015年10月24日の朝日新聞は「成長を取り戻すには」というタイトルの記事を掲載している。これは、いわゆるアベノミクスの新しい「三本の矢」をどう評価するか、つまり、国家主導の経済主張は本当に可能なのか、というテーマで、官僚出身である二人の大学教授にインタビューしたものをまとめたものだ。

経産省出身の東京大学教授、坂田一郎はこう語る。

○世界を見渡すと、もはや国家が関与せずに、経済成長をめざせるとは思えない。
○オバマ大統領は3月、アメリカの繊維産業の先端技術に官民共同で投資すると表明した。
○こうした米国の動きの背景には国、大学、民間企業が垣根を越えて結集し、社会が抱える課題を解決しようとする思想がある。
○安倍政権は「新三本の矢」で経済成長と課題解決の同時達成をめざしている。これはOECDの「戦略」に合致するビジョンでもあり、もっと前向きに評価されるべきである。
○成長のために「何でも自由に任せておけばいい」という考え方は間違っている。国がその役割を果たしてこそ、真の成長が実現する。

財務省出身の慶応大学准教授、小幡績はこう語る。

○アベノミクスの「新三本の矢」は高く評価できる。理由は中身がないからだ。
○中身が空なのは実は健全なこと。経済とは、民間が自分で成長するもので、政府がどうこうできるものではない。
○政府の支援が得られなかったから成功したビジネスも多い。政府が支えなかったからこそアイデアが生まれた。
○アニメやマンガが大成功したのは通産省にアニメ課もマンガ課もなかったからだ。
○本当の経済成長に必要なのは人を育てること。近年、基礎的な労働力のレベルが落ちている。その対策として基礎教育を立て直すことこそ政府のやるべきことだ。

坂田も小幡も同年代で東大の経済学部を卒業して官僚となり、アメリカの大学に留学するという同じようなキャリアであるが、考え方は正反対だ。坂田は国の役割を重視するが小幡は国は何もしないほうがいいという。

英米の経済学者はいうまでもなく日本の経済学者もほとんどは坂田の意見よりも小幡の意見を支持するだろう。私は、この記事だけならば、どちらかといえば小幡の意見を支持する。

でもすっきりしないところがある。

問題は国の関与の程度だ。ほとんどの経済学者は国は市場において自由に競争ができる環境整備を図るだけでいいという。そうすればあとは市場が解決してくれるというわけだ。しかし、市場主義を唱える経済学者でも市場が万能であるとは思っていないだろう。たぶん市場が万能だと思っている経済学者は一人もいない。意見が分かれるのは関与の程度だ、関与のなかに規制が含まれるとすれば。

財界もビジネスマンも経済学者も規制緩和を訴える。しかし、ある程度の規制は必要だ。何でもありの規制緩和大国のイギリスの高名な経済ジャーナリストのマーティン・ウルフは、薬品の製造販売については非常に厳重な法律があるとして、「金融も同じです。規制がなかったら何をつかまされるかわからない。」と言ってから、「過去200年の間に**うまく発展した国々は、国家が弱かったところではなく、国家が強かったところ**だということです。これは偶然ではありません。国家がある程度強くて、遠い将来にまたがった市場を作り出すために必要な規制を、責任をもって施行することができた国だけです。」（前掲『人類の未来』太字処理は庄司による。）と語っている。

彼はその最もいい例は19世紀初めのイギリスだと言って、「われわれの経済に対して無政府主義的なイル―ジョンを抱く人たちがいますが、そういう人たちはたいてい強い国に住んでいて、その恩恵に浴しているということを自覚していない。コンゴ民主共和国のように政府が機能していないところに行ってみれば、経済そのものが成り立たないことがわかると思います。」と締めくくる。

規制から経済活動の環境整備に話が変わっているが、ウルフは国家の役割を重視する。

しかし、ただたんに国家があればいいというわけではない。彼は「うまく発展した国々は国家が強かった」と言った。逆に言えば「国家が弱いとうまく発展しない」ということだ。これは最近の日本によくあてはまる。

たとえば、先の坂田と小幡が意見を交わしたアベノミクスの安倍政権。特に後半はスキャンダルまみれでどうみても強い国家とは言えなかった。

森友、加計学園、「桜を見る会」の問題など行政を私物化し、政治不信をまねいた。そのあとの菅政権はほとんど仕事らしい仕事ができなかった。岸田政権にいたっては、目玉として打ち出した「新資本主義」はどのような資本主義なのかよくわからず、国葬と旧統一教会の問題で支持率を大きく下げた。

こんな政府であれば、いくらウルフが坂田の肩を持つような発言をしたところで、誰もが小幡の発言を支持するだろう。国家は経済活動に関与するなという声はますます大きくなり、ある程度は規制が必要だという声はかき消されることになる。

めざすべき資本主義

最近の日本の政府の行動には首をかしげざるをえないのは確かだが、国家は関与すべきではないというのが、ほんとうに資本主義の絶対不可侵の原則なのだろうか。それは実は英米のローカルな資本主義の原則ではないのか。

世界にはさまざまな資本主義がある。たとえばフランスでは国家の関与が非常に強い。かつてカルロス・ゴーンが逮捕されたときフランス政府は日本政府に善処するよう要請したが、日本政府は私企業の問題であるからとフランス政府の要請を断った。そのときにフランスの事情に詳しい舛添要一は「フランスは社会主義の国なんだよ。」と言った。ルノーの筆頭株主はフランス政府だ。アメリカで名門といわれる大学はほとんど私立だが、フランスには私立大学はない。

英米では資本市場から資金を調達する直接金融、日本では銀行融資が中心の間接金融が支配的であることは先に述べた。ドイツは労使共同決定という独自のシステムを有する国だが銀行の力は強い。日本と同様間接金融の国である。あきらかに英米型の資本主義国家ではないが、EU諸国のなかでは優良な経済的パフォーマンスを示している。

その他、デンマーク、スェーデンなどのアメリカとは正反対の福祉国家をあげるまでもなく世界にはさまざまな資本主義がある。にもかかわらず日本はアメリカ型資本主義しか見ていない。野口も小幡も明言してはいないが彼らの念頭にあるのはアメリカ型証券資本主義であることはあきらかだ。

アメリカ型資本主義を目指さなければ道をまちがえたことになるのか。前掲『戦後経済史』は「私は、戦後70年目が、日本人の基本的なものの考え方を転換する時点になることを願っています。」という文章で終わっている。野口の言いたいことは、日本人の「頭の中にある40年体制」を打破しろ、日本人の頭にしみついている政府依存の考え方を転換しろ、ということだと思う。

政府依存の考え方を改めるというのは正しい。ただし、40年体制を打破した後の行き着く先がアメリカ型資本主義であるとすれば、それはどうなのか。

では中国のような社会経済システムはどうか。

中国共産党しか政党が存在しない中国は共産主義国家なのか。そうは言えない。中国にも資本市場があり商品市場があり労働市場がある。つまり中国も資本主義国家と呼べないことはない。しかし、それらをただ中国共産党だけがコントロールしている。資本主義を否定するはずの共産党が資本主義を管理運営するというふしぎな国なのだ。

理解に苦しむ資本主義ではあるが評価できるところもある。たとえば、先に述べたように中国はたしかに貧困問題を解決したといっていい。現代資本主義の矛盾の一つは中国では克服されたかもしれない。

しかし中国の指導者たちは選挙によって選ばれた人たちではない。民主主義の理念からは程遠い専制国家である。言論の自由はない。国民の言動行動は政府によって監視されている。

うろ覚えの話で申し訳ないが、中国の壁新聞、だったかどうか思い出せない、とにかく中国の民衆の世相を表現するもので、現代でいえばツイッターなどのSNSで拡散したものを、中国文学研究者の藤井省三が紹介していた。何で読んだのかも覚えていないが、いつごろだったかはわかる。たぶん2003年だ。中国でサーズが蔓延していた時期だ。そのころ中国の巷ではこんなことが言われたという。

毛沢東からはスローガンを叫ぶことを教わった
鄧小平からは株を買うことを教わった
胡錦涛からはマスクをつけることを教わった

今なら上の三行に

習近平からは沈黙を守ることを教わった

と付け加えられることになるのではないか。

表現の自由がないところに民主主義は存在しない。民主主義が存在しない国家が長続きしたことはない。中国の現体制を維持していくことは困難であろう、いずれ大きな変革があると思われる。

将来のことはともかく現在の中国は私たちが見習うべき対象ではないことは

たしかだ。不自由はあるが食うには不安のない社会か、食っていけるかという不安はあるが自由がある社会か、という選択になったとすれば、私たちの大半は後者を選ぶのではないか。さまざまな制限があったとしても結果が満足できるのならいいではないかという功利主義に浸るには私たちは賢くなりすぎた。

では私たちはアングロサクソン型資本主義をめざすべきなのか。私はそう思わないのだが、日本はあきらかにアングロサクソン型資本主義の方向に舵をきっている。

これまで私は、アングロサクソン型資本主義は普遍的なものではないのだから世界標準ではないのだから無理に取り入れる必要はないと再三再四述べてきた。ここでは言い方を変えてみたい。普遍的であるかどうかは別にしても、私たちにはアングロサクソン型資本主義はなじまない、採用することはたぶん不可能である。

その理由は、これもまた再三再四述べてきたのだが、日本はキリスト教社会ではないからだ。

2 成長パラノイアからの脱却

成長パラノイア

このような意見に対しては、だから日本は経済成長できないのだ、40年体制のような旧態依然とした経済体制であるかぎりは日本は成長できず、世界から取り残される、経済のサービス化に対応していかなければ成長はありえない、というような意見が必ず出る。これらの意見には、ほとんどの場合明示されないが（まれに明確に言う人もいるが）、アングロサクソン型資本主義を取り入れなければ、という大前提がある。

つまり、日本型資本主義ではもう経済成長は望めない、アングロサクソン型資本主義の考え方を取り入れなければ経済成長は望めない、というわけだ。

それはたぶん正しいのだろう。しかし、経済成長は絶対必要なのだろうか。

先に朝日新聞の坂田と小幡に「国家主導の経済成長は可能か」というテーマでインタビューした記事を紹介した。この記事のタイトルは「成長を取り戻すには」なのだ。あの朝日新聞ですら成長を取り戻そうと考えている。本論で再三引用しているロナルド・ドーアは、日独型資本主義とアングロサクソン型資本主義を比較し、前者が後者よりも優れているとしながらも後者が優勢になっていく世界の傾向を憂えていた。そのドーアでさえ経済成長は必要だと主張していた。日本は世界第二位の経済大国（当時）であるから日本経済が失速すれば世界経済に影響を与えるからというのがその理由であった。

私は経済成長それ自体はもちろん悪いことだとは思っていない。

経済成長はなぜ必要か、それは貧困から脱却し豊かな生活を営むためだと思う。だとすれば私たちは、日本では、その目的を一応は達成したのではないだろうか。ある高みにまでは私たちはまちがいなく到達したのだ。

それは日本の国民一人当たりのGNPが世界一になった時だと思うが、そのころから経済成長ばかりを追い求めていていいのかという声が聞かれるようになった。自動車が売れればGNPは増大する、その自動車が事故を起こせばGNPはさらに増える、乗っていた者が負傷すればもっと増える、日曜大工でテーブルを作ってもGNPは増えない、などという類のことがよく言われた。そして、日本の経済成長率が鈍化してくると、「低成長の中での質の高い生活」を目指そうというようなことも言われるようになった。

しかし、そのような声は、アメリカの大学に留学して「ふしぎな経済学」の学位を取得し「市場主義」を掲げた経済学者たちと「構造改革なくして成長なし」というスローガンを掲げた小泉内閣によってかき消されてしまう。

スローガンはスローガンであって経済理論ではないから、それが正しいかどうかを云々するつもりはないが、正しかったかどうかは証明されなかった。構造改革の「本丸」と言われた郵政民営化の最大のポイントは財政投融資の改革であったはずだが、郵政民営化が決定したときはすでに財投の改革は完了しており、小泉内閣の手による構造改革はなされなかったのだからあのスローガンが正しかったのかどうかはわからない。

問題は「構造改革」が田中派の票田の切り崩しという政治ショーの錦の御旗として使われたことだ。そのことを疑問に思う人は少なかった。

このころから私たちは再び高度成長病に罹ってしまったのだ。成長しなければ不安になってしまう、落ち着かない。成長はぜひとも必要なのだという強迫観念をいだく。成長パラノイアだ。

世界は化石燃料、特に安価な石油を主要なエネルギー源として使用するようになった。日本は石油を外国から買わなければならない。それ以外の天然資源も日本では乏しいので輸入に頼らざるをえない。食料も「比較優位」という資本主義の論理に席捲され外国から多くを輸入する体質になってしまった。

資源も食料も外国から買わなければならないから購入代金を稼ぐために私たちは懸命に働いてきた、経済成長は必要だという時期はまちがいなくあった。だから成長パラノイアに罹患したのはまったくゆえないことではない。

しかし、私たちはだいぶ豊かになった。日銀の資金循環統計によれば2022年3月末の家計部門の金融資産の残高は2005兆円ということだ。おそらく世界一の金持ちだろう。これ以上稼いでどうしようというのか。

現在世界では脱炭素化の動きが進んでいる。そして再生エネルギーの開発、利用が進めば石油への依存度は小さくなる。石油購入代金は節約されるだろう。もう遮二無二に金を稼ぐ必要はない。成長パラノイアからは脱却してこれまでは異なった質の社会経済システムに移行していくべきだろう。

サスティナブルな社会

サスティナブルとかサスティナビリティという言葉を最近よく聞く。私の手元にある英和辞典でsustainableをひくと、「①持続〔維持〕できる、耐えうる ②（資源が）環境を破壊せず利用できる」とある。したがってsustainabilityは「持続可能性、環境保全」ということになる。

つまり、このセクションのタイトルの「サスティナブルな社会」とは「持続可能な社会」であるが同時に「環境保全に配意した社会」でもある。私たちが今後めざしていくべきだと思われる社会はこれではないか。

環境問題は現代資本主義では解決できないことは前章で記述したので繰り返さないが、日本は環境問題の改善に貢献できる可能性を有している。

日本では人間は自然の一部であり、人間は自然と一体である。鈴木孝夫は前掲『日本人はなぜ日本を愛せないのか』で、日本人の長所は二つある、一つは「異質な物や文化を自分の社会に平気で取り入れ、他の国からみれば呆れるほどの混合文化をつくる才能」だとして、こう続けている。

《二つ目にあげられる長所は、日本人の深層心理にある**「アニミズム的な世界観」**です。生きとし生けるものすべて、いやそれどころか山や森といった無生物にさえ魂や精神性を感じる世界観こそ、日本人が持っている大きな財産であろうと思います。》

これはいうまでもなくキリスト教を基礎とする近代ヨーロッパの世界観とはまったく異なるものだ。

古代にあっては世界中どこにでもアニミズム的な世界観が存在していただろう。ヨーロッパ人は、一神教の強力な宗教を普及させてそれを否定し、自然を征服し生産手段とすることによって資本主義社会をつくりあげていった。

日本は、おそらく、アニミズム的な世界観を残したまま資本主義となった唯一の国だ。もちろん、日本でも公害にみられるように環境破壊がなかったわけではない。しかし、鈴木が指摘しているように、日本人はいまだに、まちがいなくアニミズム的な世界観を所有している。そのことは、日本が環境問題の解決に向けて何らかの可能性を持っているように思える。

では何をすればいいかというと、それはさまざま考え方がありかんたんではないが、先にふれたハイデンライヒ＝ホールマン論文のタイトルにある「コモンズ」が一つのヒントになるのではないか。commonとは「普通の」、「共通の」、「共有の」という意味だが、名詞になると「共有地、公有地」を意味する。具体的には遊牧民が自由に使用できる牧草地を指すらしい。

もちろんここではコモンズは牧草地だけでなく自然環境一般を指すものとされている。それは聖なるもので売りに出されるものではなかったはずだという意味がその論文のタイトルに込められている。コモンズは共有するものであるから市場の財であるはずがないのだ。宇沢の提唱する「社会的共通資本」の考え方はコモンズの考え方を発展させたものだ。環境問題に取り組むには、コモンズ、社会的共通資本の考え方、いっさいを市場に任せるには不適当な資源があるという考え方を採用しなければならないだろう。

コモンズの考え方をさらに進めていけば、最終的には文字どおり共産主義communismにつながる。これはアングロサクソン型資本主義の最も嫌うものであるから英米ではどうしても社会的共通資本の考え方に対して身構えることになる。好き嫌いを別にしても、アングロサクソンの「金融」資本主義はそもそも社会的共通資本の考え方になじまないのだ。

日本は「私」より「公」が優先される社会であるからコモンズ、社会的共通資本の考え方は受け入れられやすい。アニミズム的な世界観もコモンズの考え方になじむものだ。そして精神的なものだけでなく、社会的共通資本の管理・維持などの実際運営面でも日本型資本主義はメリットを有している。

　コモンズ、社会的共通資本の考え方をつきつめていけば、徹底した規制管理の国家統制経済になるかもしれない。それも選択肢ではあるが、たぶんそれを好む人は少ない。社会的共通資本であっても、ある程度は市場との関りをもつことになるだろう。ということになれば社会的共通資本の管理・維持は私企業が負う部分が多くなる。

　日本の会社は「公器」であるから、会社の存在そのものがコモンズといえないこともない。そして英米の会社とは異なり、日本の会社は存続していくべきもの、サスティナブルなものであると考えられている（だから世界最古の企業は日本にある。）。ある意味では、会社の維持が社会的共通資本の維持になっている、日本はそういう社会なのだ。

初めに人ありき

　私は大学生のときに「経営組織論」の講義を聴き、「組織の三要素」というものを教わった。それは、組織が維持されるためには、「コミュニケーション」、「貢献意欲（協働の意欲とも）」、「共通目的」の三つがある程度のレベルに達していることが必要だというものである。この三つのうち、どれか一つでも欠ければ組織は充分に機能しない。

　講義をきいてからもう50年近くになるが、今でもこの「三要素」はしっかりと覚えている。長いあいだ金融機関という組織で働いてきて、この三つについてしばしば考えさせられることがあったからだ。特に管理職となってからは、私自身にはこの三つが不充分であったことを棚にあげて、この三つを部下の評価の基準としてきた。自分のことはさておいて、日本の企業で管理職にある者は誰もがこの三つを重視していることはまちがいない。

「組織の三要素」はアメリカの電話会社の経営者でもあった経営学者のチェスター・バーナードによって提唱されたものだ。彼は実際に会社を経営していくうえで自らの体験の中からこの理論にたどりついたと思われるが、その理論がアメリカで脚光を浴びたということはアメリカの企業が組織の維持にいかに苦心していたかということを示している。

　日本の経営者でバーナードの名前を知っている人はたぶん少ない。「組織の三要素」を知っている人もたぶん多くはない。それはバーナードに教えられるまでもなく、日本の企業ではごくあたりまえのことであったからだ。

　最近はコロナ禍によるリモートワークが当たり前になっているから、いわゆるアフターファイブが問題になることはなくなったが、以前は、5時以降に酒につきあわない奴はだめだ、などとよく言われた。これはコミュニケーション能力についての完全な誤解であるが、職場におけるコミュニケーションを重視する熱意のあらわれと言えないこともない。もっともそれで迷惑するほうが多いのではあるが、日本の企業が職場内のコミュニケーションを重視してきたことはまちがいない。

社会学者の小熊英二は『日本社会のしくみ』(講談社新書2019年)で行政学者の大森彌が日本の官庁の特徴について述べていることを紹介している。

《大森によれば、欧米その他の官庁では、まず職務があり、それに即した人を雇う。それに対し日本では、まず人を雇い、それに対して職務をあてがう。大森はこれを「初めに職務ありき」と「初めに職員ありき」の違いとして論じている。》

ここでは日本の官庁に言及されているのだが、民間企業でも同じことが言える。日本では官庁でも企業でも「初めに人ありき」なのだ。人が大事にされていることが確認されれば、組織に対する貢献意欲も高まるし共通目的を認識するのは容易だ。

現代経済学はモノとカネの動きにしか関心はなく、人間はただ合理的な行動をするという抽象的な存在にすぎず、人間の行動は現代経済学では関心はもたれない。そこを補うのが経営学であろうが、アメリカ経営学も、テーラーの「科学的管理法」に見られるように、経営管理や生産管理、そして職務分析が中心であって、やはり人間という視点はない。

「初めに職務ありき」の世界なのだ。

そのような世界にあって、バーナードが提示したのは、組織を構成しているのは人間なのだという画期的な結論だった。彼の考えたことは、まちがいなく正当性を有している画期的な理論であったのだが、「初めに人ありき」の日本型資本主義では特に意識されることでもなかったのだ。

「初めに人ありき」の日本の企業は欧米からみれば合理的でない非効率的なものと見なされるだろう。そして、製造業を重視して、なかなか「金融」資本主義に移行しきれない日本の資本主義も非効率的なものと映っているだろう。

たしかに金融サービス業に比べれば製造業は効率は悪い。しかし製造業は暴走しない。物を作るためには一つ一つの工程を積み重ねていかなければ完成には至らない。途中を省略して一気に完成にもっていくことはできない。暴走のしようがないのだ。

日本経済は暴走しない、サスティナブルな経済システムだ。たとえ効率的でないシステムであっても、現代資本主義が抱えている問題の解決にあたっての一つのヒントを示しうる可能性があるシステムではないだろうか。

しかし、「初めに人ありき」の、サスティナブルの、国の関与する、鵺経済の日本型資本主義は世界の主流ではない。将来のことはともかく、これまで世界経済の主流であったのは、暴走して世界を混乱に陥れる英米型の資本主義であった。そしてその理論的支柱は、経験科学から決別した、応用数学の、経済的強者のための新古典派経済学、現代経済学であった。

そのような現代経済学に日本人は無理に貢献しなくてもいい。つまりノーベル経済学賞をとれなくてもかまわない。

私たちは本当にまちがえたのか

東京四谷の日米会話学院で英会話を学んだことは先に書いた。そこでのアメリカ人教師とのやりとりのなかで、この人たちのものの考え方は私たちのそれとはかなり異なるということに気がついた。それ以来、現在に至るまで、この違いはどこからくるのかということをずっと考え続けてきた。

それは宗教に対する向き合いかたの違いだということに気がついたが、金融の世界に身を置いて、否応なしに日本の世界の金融経済事情に関心を持たざるをえなくなると、世界経済における日本の位置、居場所が気になった。どうも居心地が悪いのだ、なにか違和感があった。

高度成長が終わり、バブル崩壊を経て、いわゆる平成不況になると、日本は取り残された、成長のためには構造改革が必要だ、いつまでも製造業にこだわっていては経済成長はできないという大合唱が起こった。私の感じた違和感はいっそう強くなった。

それは、日本型資本主義は遅れているのか、ほんとうにアングロサクソン型資本主義が進んでいるのかという疑問だ。

キリスト教社会でない日本が、キリスト教に由来する徹底した個人主義に基づくアングロサクソン型の資本主義を、社会経済システムを取り入れるのは難しいのではないだろうか。それが唯一の道であるならともかく、なくてもほとんど困らない、ほとんどの人に不必要の投機的ギャンブル的金融サービス業が主役であるシステムをあえて取り入れる必要はないだろう。

2022年の夏から秋にかけて急激な円安が進行し、政府は市場に介入せざるをえなくなった。2022年10月には二度介入を実施したが、効果は一時的で円安が完全にストップしたわけではない。介入の規模は6兆円を超えたといわれている。日本には1兆億ドルの外貨準備高があるとはいうものの、無制限に介入を続けるわけにはいかないだろう。

外国為替の取引、通貨の売買は昔は貿易という実物経済の動きにリンクしていたが、現在の世界の主要市場での外国為替取引高の9割以上は貿易に関係のないディーリング取引だ、と先に述べた。このことを如実に表しているのが10月の日本政府の市場介入だ。政府も投機筋といっしょに膨大な金を動かしマネーゲームに参加することを余儀なくされている。

このようなマネーゲームが主体の経済システムが効率的な進んだシステムなのか。私たちがめざすシステムなのか。

「私たちはどこで間違えたのか」という問いに対して、いや、まちがえてはいないと断定することは私にはできないのだが、もし、まちがえたとすれば、それはアングロサクソン型資本主義を、アングロサクソン型の社会経済システムを進んだ普遍的なものと思いこんでしまったことではないだろうか。

終章　むすびにかえて

1　世界は宗教で動いている

マレーシアの盆踊り

これまでの記述に対しては、社会経済システムと宗教の関連をあまりにも強調しすぎているという批判が出るかもしれない。たしかに、私は宗教還元主義にはくみしないと言っておきながら、多くのことを宗教と結びつけて論じてきた。

それは日本人があまりにも宗教に無関心であることが気になったからだ。そのことがときに判断を誤らせることがあるかもしれない、もう少し宗教に目を向けるべきではないかと思ったからだ。

もちろん、だからといって何かの宗教を信じろというつもりはない。ただ、世界の大部分は宗教で動いているということは知っておくべきたろう。

2022年6月の地方紙に「盆踊り「イスラム信仰に反する」」というタイトルの共同通信社の配信記事が掲載された。マレーシアの宗教担当相（外国にはこのような閣僚がいることを私たちはふだんは意識していない）が、日本文化の紹介や草の根交流を目的に現地で40年以上続いてきた盆踊り大会について「イスラム教徒が参加しないように忠告する。」と語ったということだ。盆踊りは仏教の行事であるからイスラム信仰に反する、という理由であるらしい。イスラム教にあってはイスラム教以外の宗教を信じることは許されない。

私たちは、盆が祖霊信仰と仏教が結びついた行事であることを知っているが、そこに宗教的意義を見出す人はほとんどいない。盆踊りを楽しむいっぽうでクリスマスをも祝うという人は多かろう。だからこの記事を読んで、考えすぎでは、と思った人が多いのではないか。主催者であるマレーシア日本大使館も仏教を広めるという意図は皆無だったことはあきらかだから意外に思ったのではないだろうか。

しかし、世界では日常生活において宗教を意識している人のほうが多数派であることは知っておいたほうがいい。

東アジアのキリスト教

西アジア、中央アジア、東南アジアはイスラム教、インドはヒンズー教で、アジアとキリスト教はすぐには結びつかないかもしれない。しかし、私たちは、ふだんはあまり意識することはないが韓国はキリスト教国家であると言っていいだろう。先に中国では旧統一教会の問題は存在しないと書いたが、実は韓国でも旧統一教会の問題はほとんど存在しない。それは中国とは逆の理由で、韓国ではキリスト教が強いからだ。韓国の主要キリスト教派は旧統一教会を異端とみなしている。だから、もし政治家が日本のように旧統一教会と関係を持てば、キリスト教界から反感をもたれ選挙では不利になるのだ。

大韓民国の初代大統領李承晩はプロテスタント信者であった。彼はハーバード大やプリンストン大で学位を得たが、当時プリンストン大の学長であったウッドロウ・ウィルソンは彼がことのほかお気に入りだったという。それは李承晩が、たぶんウィルソンが好感を持っていなかった日本からの独立運動の士であったことや優秀な学生であったからなのだが、彼が熱心なプロテスタント信者であったことが大きいと思う。

その李承晩は国事犯として漢城監獄に収監されていたときに『独立精神』という本を書いた。その一節が『反日種族主義』(文藝春秋2019年)で紹介されている。少し長くなるが引用してみる。

《神は人間を尊い存在として創造されました。**他人に頼らずに自分の力で生きて行き、**世の中で貴重な役立つ存在になるように、という神の召命を実践する人が自由人です。自由とはこのような存在感覚を言います。**自由人が自然に働きかけ生産した財物は、国家も勝手に奪っていくことができない彼の権利です。**自由人は、自分の囲いの中だけで全ての生活材料を工面することはできません。自由人は隣の人、隣の村、隣の国と通商をしないわけにはいきません。通商は、その範囲が広いほど財貨の質を高め、量を豊かにしてくれます。神がこの地球をあまりにもすばらしく創造されたためです。つまり、資源と知識を広く多様にちりばめました。そうであるから**通商は、学問と技術を発達させます。通商はまた、競争を触発します。競争は、他人を害そうという心から生ずるものではなく、他より先を行こうとする、自分の能力を発現しようとする、美しい過**

程です。

このような自由が花開いたところが、**宗教改革以後**の西洋でした。西洋人は地球が丸いということを知り、五大洋、六大州を駆け巡り、通商しました。これが今日、西洋が全ての面で東洋を圧倒した原因です。**将来世界は通商を通して一つになるでしょう。**多様な人種が自由な世界家族として統合されるでしょう。戦争がなくなり、永久の平和が訪れるでしょう。**これはどの国も逆らうことのできない神の摂理です。**（太字処理は庄司による。）》

自力救済、絶対的所有権、まず通商ありき、競争の賛美、これらはアングロサクソン型資本主義そのものである。イギリスの首相かアメリカの大統領の演説を聴いているかのようだ。ウィルソンが李承晩を評価したのもよくわかる。

これを読むと資本主義とプロテスタントの思想が一体のものであるということがよくわかる。そして通商によって世界が統一されるのは神の摂理だと明言したのはアジアの指導者では李承晩だけではなかったか。大韓民国はこのような思想を持った人によって建国されたのだということを私たちは知っておくべきだろう。

ついでながら元台湾総統の李登輝もプロテスタントであった。彼は多くの著作をものしたが、『愛と信仰』という著作もある。「総統退任後は、山地に入って福音をひろめたい。」と語っていた。2013年に同性婚を容認する多元成家法案が提出されたときには、「聖書に何と書いてあるか」と言い、宗教的立場から賛成できないと明言した。

現総統の蔡英文は、李登輝が反対した同性婚を合法化する法律をアジアで初めて成立させた。彼女はクリスチャンではないが、台湾長老派教会とは深い関係があることは知られており、コーネル大学で学位を取得しているのでアメリカの受けはいいだろう。

蔣介石もアメリカの受けはよかった。1975年に彼が死亡したとき、ニューヨークタイムズは「蔣介石は1931年にメソジスト教会の洗礼を受けた。新約聖書の理想への思いを公表し、多くのアメリカ人の心をつかんだ。」というオールディン・ホイットマンの筆になる死亡記事を掲載した。

キリスト教とは縁遠いと思われる東アジアでも、キリスト教は一部の政治的指導者に浸透していた。アメリカなどはそのような指導者に好意的なまなざしを向けたことは覚えておいてよい。

ヨーロッパのキリスト教

ではキリスト教の本家本元のヨーロッパではどうか。

ヨーロッパではキリスト教の影響はアメリカほどではなくなってきている。ディアメイド・マクローチは前掲『キリスト教の歴史』で、「1900年には英国の子供の55パーセントは日曜学校に通っていた。その数字は1960年にはまだ24パーセントだったが、1980年には9パーセントとなり、2000年には4パーセントとなった。」(訳文は庄司) と書いている。

イギリスだけでなく、たぶんヨーロッパ全般でこのような傾向になっているだろうと思われる。しかし、それは表面的なものであってキリスト教が消滅してしまうことはない。キリスト教の文化、ものの考え方は依然として健在なのだ。

私はこれまで、アングロサクソン型資本主義と日本・ドイツ型資本主義を対比してきた。しかし、ドイツもまた、いうまでもないことだがキリスト教国家である。隅谷三喜男は前掲『日本の信徒の「神学」』で、

《ドイツのR・ヴァイツゼッカー前大統領が十年前『荒れ野の40年』(岩波ブックレット55号) という有名な演説をして、戦後四十年、ドイツはやっとここまで、カナンの地をのぞめるところまでやってきたというふうに話し、多くの人に感銘を与えましたが、戦後四十年経った時、日本はそのことにまったく関心を示しませんでした。》

と語っている。

旧約聖書の「出エジプト記」にはイスラエルの民がエジプトを出てカナンの地にたどりつくまで40年かかったことが記されている。ヴァイツゼッカーの演説は「出エジプト記」を基にしているから欧米に、そしておそらくイスラエルにも、感銘を与えたのだ。日本人にはタイトルにある「40年」がどういう意味をもつのかわかっていなかった。そのことを隅谷は嘆いているのだが、とにかくドイツも欧米に同胞と認知されるキリスト教国家なのだ。

私は、ドーアもそうなのだが、アングロサクソン型資本主義への対抗型としてドイツを日本型に引き寄せたが、ドイツは迷惑かもしれない。神を畏れぬ輩と一緒にしないでほしいと言うかもしれない。

以心伝心

先に韓国の話をしたが、かつて韓国は世界の各地に少女像を設置したり、アメリカ下院や欧州議会に従軍慰安婦非難決議を出させることに成功した。それは日本がキリスト教国家ではなく韓国がキリスト教国家であるからだと私は考えているが、やはり韓国の熱心な運動が効果をあげたとみるべきだろう。

韓国は反日がエネルギーになっているのではないかと思われるほど日本叩きには必要以上の情熱を示すように私には思われるのだが、韓国にいる知人（日本人）はそうでもないと言う。彼によれば韓国はデモが非常に多いところであるが、日本非難のデモはむしろ少なく、あったとしても、ほかの問題に比べて特段エスカレートすることはないらしい。とにかく韓国ではデモが多い。韓国人は自己主張に熱心なのだ。

実は韓国がとりわけそうだというのではない。世界じゅうどの国でも自分たちの主張を他国に懸命に伝えようとしているのだ。日本が淡白なだけだ。そのことも日本人が宗教に無関心であることと関連がある。

化学者の山本尚は『日本人は論理的でなくていい』（産経新聞出版2020年）で、

《内向型の日本社会では、自分以外の他人に自分の考えを伝えることをあまりに簡単に考えている。また、人が自分とは全く違う人間であることに無関心である。あるいは気付いていない。これは、社会の均質性や民族性から来るのだろう。基本的には人は自分と同じことを考えているという前提で話を始めているのである。　…（略）…

アメリカ人のように、自分と他人とは全く違う人間であることを前提としている民族とは根本的に違っている。

一言で言えば、自分の気持ちや感覚を他人に伝えることに日本人はあまり関心がない。》

この日本人の性向は「社会の均質性や民族性から来る」と山本は言っている。そのとおりだと思う。そしてもう一つ日本人が宗教に関心がないということも、この性向を助長していると私は考える。

特に一神教の信者はそうなのだが、自分と異なる宗教の信者は、つまり異教徒は自分たちとは全く違う人間であるということを明確に意識している。異教徒は自分たちが唯一無二の絶対的存在であると信じている神を信じない「不逞の輩」なのだから。だから考え方が根本的に異なっている人たちには、自分たちがいかに正しいかを熱心に説明しようとする。そもそも宗教をもたない日本には「異教徒」という概念がない。考え方が異なる人たちはいなかった。自分たちの考えを強く主張する必要はあまりなかったのだ。

議論、討論は日本人の苦手とするところだ。議論、討論は西洋でも東洋でも宗教の教義の解釈をめぐって発展し習慣となったものだ。無宗教の日本では議論、討論の習慣は根付かなかったのである。「以心伝心」という言葉があるが、たとえばこれを英語で説明しようとしてもなかなかわかってもらえないのではないか。

信じる人は強い

私のかってな思い込みかもしれないが、日本人は、虚無的な傾向に陥りがちだし必要以上に無力感を漂わせる傾向があるのではないだろうか。そういった傾向があるとすれば、これもまた日本人が宗教を信じていないからだと私は考えている。信仰を持つ人は強靭な精神力、確固とした意思を持っている。虚無的になることはない。日本人でも信仰を持っている人はそうだ。

世界で評価された日本人といえば、私は、日本のチャンドラーと言われた杉原千畝とアフガニスタンで医療活動、灌漑活動を行った中村哲を思い浮かべる。二人ともクリスチャンであった。

杉原千畝はロシア正教徒であった。彼は外務省の訓令を無視して「命のビザ」を発給した。杉原には、医者になれという父の命令に反して、医大の入試で白紙の答案を出したという逸話があるとおり、自分の信念をつらぬく姿勢をもともと持ち合わせていた人ではあったが、クリスチャンであったから、神以外に畏れるものはないという信念があったから外務省の訓令を無視できたのではないだろうか。

中村哲はプロテスタント（バプティスト）であった。にもかかわらず、イスラム教徒が多いパキスタンやアフガニスタンで現地の人々の信仰を尊重しながら人道支援を行い、マグサイサイ賞やアフガニスタン国家勲章などを受章した。哲学者の鶴見俊輔は「中村哲は日本の希望だ」と言ったそうだが、中村はまちがいなく日本の誇りであった。

現地の人々からも信頼されていた彼をなぜ武装勢力が襲撃したのか私には理

解できない。たぶん彼は自分の身が必ずしも安全ではないということを承知していたと思う。それでも活動を続けたのは、彼がクリスチャンであったからだと思う。「他人に善を施すこと」をまず最初に考えるのがクリスチャンだそうだが、中村は自分の身の危険もかえりみずそれを実践したのだ。

もちろん、すべてのクリスチャンが杉原や中村のような強靭な精神の持ち主ではないし、信仰を持たなければ「他人に善を施す」ことができないというわけでもない。しかし、世界から認められる二人の活動を支えていたものの一つは信仰であったのではないかということは、無視すべきではない。

非宗教的社会

ここまで書くと、私が日本人もキリスト教徒になることを奨励しているように思われるかもしれないが、そうではない。おそらく日本人はキリスト教に向いていない。

阪神大震災や東日本大震災では多くの人が亡くなった。戦争は人間に責任があるが、地震や津波のような自然災害は防ぎようがない。地震や津波を起こすのがGodだとすれば、それは人間をいじめているとしか思えない、そのようなGodをどうして信じることができるだろうか、多くの日本人はそう考えるのではないだろうか。だとすれば日本人はキリスト教には向いていないのだ。

それはGodの試練であると考えなければよきキリスト教徒にはなれないのだろう。私は宮城県人であるので先の東日本大震災の津波による大惨事を目のあたりにしている。医師であった高校の同級生が津波に巻き込まれて命を落としている。私にはどうしてもあの津波をGodの試練であると考えることはできない。

私の個人的感慨はさておいて、日本人の多くがキリスト教徒になることは難しい。日本にキリスト教が伝わるのが遅すぎたのだ。16世紀には、もうキリスト教にはなじみにくい性向が固まっていた。6世紀に仏教が伝来したのだが、そのころにキリスト教が伝わっていれば日本もキリスト教社会になっていたかもしれない。

その仏教も、日本では独自の発展というか変容を示した。中世の日本では、神道や仏教でも、今日は何々をしてはならないとか約束ごとがたくさんあったが、特に浄土真宗は、そのような約束ごとを取り払ってしまった。ほとんど戒律はなくなってしまった。教えも簡潔明瞭であったので庶民に広く受け入れられた。

日本人がすべて浄土真宗の信徒になったわけではないが、浄土真宗が宗教的タブーをいっさい取り払ってしまったことが、日本が他のアジア諸国にさきがけて近代化を成し遂げた一因であったと私は考えている。

そのことは別の機会に述べることにして、とにかく日本は非宗教的な社会になってしまった。今後もそれが改まる可能性はほとんどないだろう。

そして、現代日本では政治家や企業経営者や知識人は宗教から遠ざかるというのが常識とされている。それはそれでいい。何か宗教を信じないといけないというわけではない。しかし、問題なのは世界も日本と同じだと思い込んでしまうことだ。日本の常識は世界の常識ではない。世界も日本と同じように考えるはずだと思い込んでしまうとうまくいかないことが、特に外交問題では、多くなる。世界は日本とは異なる行動原理で動いていると思ったほうがいい。

そのことは他国の文化を知ることになり文化の多様性を認めることになる。視野が広がる。

それで、日本は宗教で動いてはいない少数派ではあるが、そのことを悲観する必要もないということを知ることができる。宗教で動いていないということは悪いことでもなんでもない。むしろ、そのことに私たちは自信をもってもいいのだ。

2 新しい目標

宗教的束縛のない社会

先ほど宗教的タブーがなかったからいち早く近代化できたと書いたが、それはさまざまな思想や制度を自由に取り入れることができたということだ。たとえば明治期に進化論が入ってきたとき日本は、アメリカではなかなか受け入れられることができなかった、このアイデアをさほど抵抗なく受け入れることができた。日本では神による天地創造という概念がなかったからだ。本論のテーマの一つである経済思想などについてもそうだ。マルクス経済学もケインズ政策も自由に取り入れた。

外来の文化は自分たちに都合の悪いことは切り捨てられ自分たちに合いそうなところだけ採用された。取捨選択できる自由があったのだ。

欧米では神が人間を選ぶ、予定説を信じようが信じまいが、最後の審判を避けることはできない。すべては神の手に委ねられている。日本では人間が神を選ぶ。八百万の神々から自分の好きな神を選択できるのだ。とてつもない自由を持っていると言っていい。何かと制約の多いイスラム教界や、それよりはるかに自由度の高い欧米でも考えつくことができないような文化を作り出すことができる可能性があるのだ。

ただし、独創性の源泉は私たちの歴史文化にあるのであって、よその文化を模倣することから独創は生まれえない。よその文化をまねることに血道をあげる必要はない。

社会経済システムについていえば、日本の資本主義は（ノーベル経済学賞をとるような）現代経済学者からみれば純粋なものではないのかもしれない。鵺経済といった人もいたが、それはあんまりなので、私はハイブリッド経済と言いなおしたい。カタカナにすると何となく格が上がったような気もするが日本語に直せばしょせん「雑種」である。しかし、動物の世界では、雑種が純粋種よりも勝っている例は少なからずある。それは人間世界の社会経済システムにおいてもあてはまるであろう。

欧米パラダイムからの脱却

明治期に近代国家の仲間入りを果たしてきてからずっと、私たちはキリスト教がその精神世界にある欧米を基準として、欧米の尺度で物事を考えてきたが、これまで世界をリードしてきた欧米のパラダイムが行き詰まりを見せていることはたしかだ。それが普遍性を持ってはいないことも露呈してきた。

たとえば2022年のロシアによるウクライナ侵攻。30年前にソビエト連邦が崩壊したとき私たちは、それを西側の、つまり欧米の自由、民主主義、資本主義という価値観の社会主義に対する勝利と考えた。そして、冷戦構造も崩壊し、ロシアも東欧諸国も「普遍的な」欧米型の社会経済システムを取り入れ欧米に近づくはずであった。ところがロシアのウクライナ侵攻はそれが思い違いであることを明確に示した。

ロシアは社会主義を捨て、冷戦構造は崩壊したかのように見えたがそうではなかった。西欧の価値観とは別のロシアに根付いていた価値観は健在で、プーチンはそれを世界に示した、西欧の価値観は普遍的なものではないことを示したのだ。

ロシアのウクライナ侵攻をめぐって、国連、特に安保理の「機能不全」ということが言われるようになった。しかし、それは最初からわかっていたことではなかったか。国連は世界平和の維持のための組織ということになっているが、第二次世界大戦の連合国（アメリカ、イギリス、フランス、ソ連、中華民国）つまり戦勝国が中心になって設立した組織である。連合国はただ枢軸国に対抗するために連合したのであって価値観が同じだったから連合したわけではない。安保理の常任理事国がみな同じことを考えているわけではないことは最初から明らかだった。

それにもかかわらず機能不全というのは欧米の見かたである。ロシアや中国から見れば、すべてを欧米の思うがままにさせないという意味で安保理は機能しているのだ。

そしてウクライナ問題にかんする国連の諸決議をほとんど棄権したインドの姿勢も注目を集めた。世界にはいろいろな考え方があるということだ。

社会経済システムについても同様だ。経済成長・経済優先の英米の経済システムが絶対唯一のものではない。今、私たちは、欧米の物差しで世界を測ることをやめ、人間が安全に生きていくための新しい目標、経済成長・経済優先ではない目標を探していくべきだろう。

ここまで、私は英米型資本主義の問題点を指摘し、まねる必要はないと強調してきたが、いうまでもなく学ぶべきところも多かった。経済システムだけでなく、私たちは欧米の文化から多くのことを学んできた。私たちはこれまで欧米の文化から多くの恩恵を受けてきたことはまちがいない。今後は新たな文化、新たな目標で欧米に恩返しをするばんだ。

日本の新しい目標が国際的に評価されるようになれば、日本語も広く学ばれるようになるだろう。そして日本語で書かれた日本人の経済論文が認められ、ノーベル経済学賞を受賞することになったら、そのとき私ははじめてノーベル経済学賞を評価する。

参考文献（単行本のみ掲載した。）

『菊と刀　日本文化の型』ルース・ベネディクト　長谷川松治訳　講談社学術文庫　2005年

『ザ・ジャパニーズ』エドウィン・O・ライシャワー　國弘正雄訳　文藝春秋　1979年

『日本人　ユニークさの源泉』グレゴリー・クラーク　村松増美訳　サイマル出版会　1977年

『フランス病』アラン・ペイルフィット　根本長兵衛　天野恒雄訳　実業之日本社　1978年

『マッカーサーの二千日』袖井林二郎　中公文庫　1976年

『マッカーサー大戦回顧録』ダグラス・マッカーサー　津島一夫訳　中公文庫　2003年

『國破れてマッカーサー』西鋭夫　中公文庫　2005年

『アメリカはいかに日本を占領したか　マッカーサーと日本人』半藤一利　PHP文庫　2019年

『ザ・コールデスト・ウインター　朝鮮戦争　上』デイビッド・ハルバースタム　山田耕介、山田侑平訳　文藝春秋　2009年

『ザ・コールデスト・ウインター　朝鮮戦争　下』デイビッド・ハルバースタム　山田耕介、山田侑平訳　文藝春秋　2009年

『国民の道徳』西部邁　産経新聞ニュースサービス　2000年

『アメリカと宗教』堀内一史　中公新書2076　2010年

『新しい現実 ―政府と政治、経済とビジネス、社会及び世界観にいま何がおこっているか―』P.F.ドラッカー　上田惇生、佐々木実智男訳　ダイヤモンド社　1989年

『宗教国家アメリカの「本能」を読め』並木伸晃　光文社　1993年

『アメリカ』橋爪大三郎、大澤真幸　河出新書　2018年

『シリーズ・アメリカ研究の越境　第1巻　アメリカの文明と自画像』上杉忍、巽孝之編　ミネルヴァ書房　2006年

『宗教と資本主義の興隆』上下　リチャード・トーニー　出口勇蔵　越智武臣訳　岩波文庫　1956年

『田中小実昌エッセイ・コレクション１　ひと』田中小実昌　大庭萱朗編　ちくま文庫　2002年

『プロテスタンティズムの倫理と資本主義の精神』マックス・ヴェーバー　大塚久雄訳　岩波文庫　1989年

『経済史の理論』J.R.ヒックス　新保博、渡辺文夫訳　講談社学術文庫　1995年

『マックス・ウェーバーを読む』仲正昌樹　講談社現代新書　2014年

『アダム・スミス』高島善哉　岩波新書　1968年

『ユダヤ人と経済生活』ヴェルナー・ゾンバルト　金森誠也訳　講談社学術文庫　2015年

『恋愛と贅沢と資本主義』ヴェルナー・ゾンバルト　金森誠也訳　講談社学術文庫　2000年

『イギリス　繁栄のあとさき』川北稔　講談社学術文庫　2014年

『コーラン（上）』井筒俊彦訳　岩波文庫　1957年

『宗教社会学』マックス・ヴェーバー　武藤一雄　薗田宗人　薗田担訳　創文社

1976年

『世界は宗教で動いている』橋爪大三郎　光文社新書　2013年

『世界がわかる宗教社会学入門』橋爪大三郎　ちくま文庫　2006年

『日本人の法意識』川島武宜　岩波新書　1967年

『福翁自伝』福沢諭吉　白鳳社　1970年

『日本の銀行と世界のBANK』庄司進　幻冬舎ルネッサンス新書　2013年

『イングランド銀行史』アンドリュー・アンドレアデス　町田義一郎　吉田啓一訳　日本評論社　1971年

『舊新約聖書　引照附』日本聖書協会　1979年

『ユダヤ人とユダヤ教』市川裕　岩波新書　2019年

『選択の自由』M&R・フリードマン　西山千明訳　日本経済新聞社　1980年

『福音派とは何か？　トランプ大統領と福音派』鈴木崇巨　春秋社　2019年

『ふしぎなキリスト教』橋爪大三郎　大澤真幸　講談社現代新書　2011年

『宗教と資本主義・国家　激動する世界と宗教』池上彰　佐藤優　松岡正剛　碧海寿広　若松英輔　KADOKAWA　2018年

『マルティン・ルター　―ことばに生きた改革者』徳善義和　岩波新書　2012年

『カルヴァン』渡辺信夫　清水書院　1968年

『日本人のための宗教原論』小室直樹　徳間書店　2000年

『金融恐慌とユダヤ・キリスト教』島田裕巳　文春新書　2009年

『英国ユダヤ人』佐藤唯行　講談社　1995年

『テンプル騎士団』佐藤賢一　集英社新書　2018年

『新約聖書Ⅱ』共同訳聖書実行委員会／日本聖書協会訳　佐藤優解説　文春新書　2010年

『神なき国ニッポン』上田篤　聞き手：平岡龍人　新潮社　2005年

『東インド会社 巨大商業資本の盛衰』浅田實　講談社現代新書　1989年

『アメリカ資本主義とニューディール』楠井敏朗　日本経済評論社　2005年

『経済学とは何だろうか』佐和隆光　岩波新書　1982年

『自然科学とキリスト教』ジョン・ポーキングホーン　本田峰子訳　教文館　2003年

『小室直樹　日本人のための経済原論』小室直樹　東洋経済新報社　2015年

『いまこそ、ケインズとシュンペーターに学べ ―有効需要とイノベーションの経済学』吉川洋　ダイヤモンド社　2009年

『経済学の宇宙』岩井克人・前田浩之　日本経済出版社　2015年

『経済学の歴史 ―いま時代と思想を見直す』J.K.ガルブレイス　鈴木哲太郎訳　ダイヤモンド社　1988年

『モラル・サイエンスとしての経済学』間宮陽介　ミネルヴァ書房

『ケインズの哲学』伊藤邦武　岩波書店　1999年

『ファシスタたらんとした者』西部邁　中央公論新社　2017年

『市場主義の終焉』佐和隆光　岩波新書　2000年

『確率論と私』伊藤清　岩波書店　2010年

『翻訳語成立事情』柳父章　岩波新書　1982年

『日本人はなぜ英語ができないか』鈴木孝夫　岩波新書　1999年

『議論好きなインド人　対話と異端の歴史が紡ぐ多文化世界』アマルティア・セン　佐藤宏　粟屋利江訳　明石書店　2008年

『ノーベル経済学賞　天才たちから専門家たちへ』根井雅弘編　講談社　2016年

『経済と人間の旅』宇沢弘文　日本経済新聞出版社　2014年

『都留重人自伝　いくつかの岐路を回顧して』都留重人　岩波書店　2001年

『なぜ日本にキリスト教は広まらないのか　近代日本とキリスト教』古屋安雄　教文館　2009年

『日本の信徒の「神学」』隅谷三喜男　日本キリスト教団出版局　2004年

『都鄙問答』石田梅岩　加藤周一訳・解説　中央公論新社　2021年

『加藤周一 最終講義』加藤周一　かもがわ出版　2013年

『21世紀は個人主義の時代か』ロナルド・ドーア　加藤幹雄訳　サイマル出版会　1991年

『青淵百話』渋沢栄一　同文館　1913年

『最新版　法人資本主義の構造』奥村宏　岩波現代文庫　2005年

『会社はこれからどうなるのか』岩井克人　平凡社　2003年

『日本の六大企業集団』奥村宏　朝日文庫　1993年

『世界は四大文明でできている』橋爪大三郎　NHK出版新書　2017年

『現代に生きるケインズ』伊東光晴　岩波新書　2006年

『ホーキング、宇宙を語る〈ビッグバンからブラックホールまで〉』S・W・ホーキング　林一訳　早川書房　1989年

『アメリカンドリームの終わり　あるいは、富と権力を集中させる10の原理』ノーム・チョムスキー　寺島隆吉　寺島美紀子訳　ディスカバー・トゥエンティワン　2017年

『日本型資本主義と市場主義の衝突』ロナルド・ドーア　藤井眞人訳　東洋経済新報社　2001年

『マネー敗戦』吉川元忠　文春新書　1998年

『人類の未来　AI、経済、民主主義』ノーム・チョムスキー他　NHK出版新書　2017年

『新しい現実 ―政府と政治、経済とビジネス、社会および世界観にいま何が起こっているか―』P・F・ドラッカー　上田惇生　佐々木実智男訳　ダイヤモンド社　1989年

『社会的共通資本』宇沢弘文　岩波新書　2000年

『ルポ 貧困大国アメリカ』堤未果　岩波新書　2008年

『英米法総論　上』田中英夫　東京大学出版会　1980年

『アメリカのデモクラシー　第一巻（下）』トクヴィル　松本礼二訳　岩波文庫　2005年

『日本人はなぜ日本を愛せないのか』鈴木孝夫　新潮選書　2006年

『ことわざの英語』奥津文夫　講談社現代新書　1989年

『イギリス近代史講義』川北稔　講談社現代新書　2010年

『政治算術』ウィリアム・ペティ　大内兵衛　松川七郎訳　岩波文庫

『不思議な国日本』ロナルド・ドーア　筑摩書房　1994年

『世界の名著11　司馬遷』責任編集 貝塚茂樹　中央公論社　1968年

『それをお金で買いますか　市場主義の限界』マイケル・サンデル　鬼澤忍訳　早川書房　2012年

『戦後経済史　私たちはどこで間違えたのか』野口悠紀雄　東洋経済新報社　2015年

『日本社会のしくみ　雇用・教育・福祉の歴史社会学』小熊英二　講談社現代新書　2019年

『反日種族主義 日韓危機の根源』李栄薫編著　文藝春秋　2019年

『日本人は論理的でなくていい』山本尚　産経新聞出版　2020年

A HISTORY OF CHRISTIANITY　Diarmaid MacCulloch,　Penguin Books 2010

THE WEALTH OF NATIONS　Adam Smith,　Bantam Classic Edition 2003

ECONOMICS ELEVENTH EDITION　Paul A. Samuelson　INTERNATIONAL STUDENT EDITION　McGRAW-HILL KOGAKUSHA,LTD. 1980

The Theory of Moral Sentiments　Adam Smith　Liberty Classics 1982

庄司　進（しょうじ すすむ）
フリーライター
1952年（昭和27年）仙台市に生まれる。
東北大学経済学部卒業後、国民金融公庫（現日本政策金融公庫）入庫。小企業への融資事務に従事。
公庫定年退職後、２０１３年（平成２５年）から２０１８年（平成３０年）まで宮城県経済商工観光部に期限付職員として勤務、補助金の交付事務に従事した。
著作
『日本の銀行と世界のＢＡＮＫ』　幻冬舎ルネッサンス新書　2013年
『お役所仕事の倫理と論理』　創栄出版　2018年
『危険な思想 — 狩野亨吉と安藤昌益』無明舎出版　2018年
『補助金の倫理と論理』　幻冬舎ルネッサンス新書　2020年　　がある。

ノーベル経済学賞は取れなくてもかまわない

2023年6月8日　　第1刷発行

著　者―――庄司進
発　行―――日本橋出版
〒103-0023　東京都中央区日本橋本町2-3-15
https://nihonbashi-pub.co.jp/
電話／03-6273-2638
発　売―――星雲社（共同出版社・流通責任出版社）
〒112-0005　東京都文京区水道1-3-30
電話／03-3868-3275

ISBN 978-4-434-32084-2